율곡 이이의 교육론

- 조선의 지도자교육과 국민교육론 이해 -

신창호(申昌鎬)

고려대학교 문학사(교육학, 철학), 한국학중앙연구원 문학석사(철학), 고려대학교 교육학박사(Ph.D, 한국교육철학), 한국교육철학학회 회장, 율곡학회 교육분과위원장, 한국고전교육원 교수, 현) 고려대학교 교육학과 교수
주요 저역서로는 「동양사상의 이해」(2002), 「수기, 유가 교육철학의 핵심」(2005), 「관자」(2006), 「함양과 체찰」(2010), 『대학』 유교의 지도자 교육철학(2010), 「유교의 교육학 체계」(2012), 「교육과 학습」(2012), 「한글논어」(2014) 외 다수

율곡 이이의 교육론 값 22,000원

2015년 3월 31일 초판 1쇄 발행
2016년 7월 12일 초판 2쇄 발행

저   자 : 신 창 호
발 행 인 : 한 정 희
발 행 처 : 경인문화사
경기도 파주시 회동길 445-1 경인빌딩 B동 4층
전화 : 031 - 955- 6900, 팩스 : 031 - 955- 6910
이메일 : kyunginp@chol.com
홈페이지 : http://kyungin.mkstudy.com
출판등록 : 406-1973-000003호

ISBN : 978-89-499-1072-7 93100
ⓒ 2015, Kyung-in Publishing Co, Printed in Korea
* 파본 및 훼손된 책은 교환해 드립니다.
* 이 연구는 2014학년도 고려대학교 사범대학 특별연구비 지원을 받아 수행되었음

율곡 이이의 교육론

- 조선의 지도자교육과 국민교육론 이해 -

신 창 호

景仁文化社

머리말

조선 시대의 유학자들은 철학자인 동시에 정치가이자 교육자였다. 우주론(宇宙論)과 인간론(人間論), 수양론(修養論) 등 유학의 여러 차원을 사유하는 사상가인 동시에 그것을 현실 정치에 적용하고, 교육으로 실천하려는 지적 거장들이었다. 이중에서도 율곡 이이(栗谷 李珥, 1536~1584)는 어떤 학자보다도 교육에 관심을 갖고 체계적인 교육이론을 저술하는 동시에 학교를 세워 교육을 실천한 교육사상가이자 교육자였다.

율곡의 교육이론서 저술은 『성학집요(聖學輯要)』를 비롯하여 『격몽요결(擊蒙要訣)』 『학교모범(學校模範)』, 「은병정사학규(隱屛精舍學規)」 등 여러 저작에 구체적으로 드러나 있다. 주지하다시피, 『성학집요』의 경우, 선조에게 올린 저술로 군주(君主)의 교육, 이른 바 제왕학(帝王學) 이론서이다. 그에 비해 『격몽요결』과 『학교모범』은 당시 교육받을 만한 사람들을 위한 교육이론서라고 볼 수 있다. 그것은 유학이 지향하는 일상에의 충실, 수기치인(修己治人)의 길 등을 핵심 내용으로 하는 유교 교육의 원리와 지침을 담고 있다.

모든 사유의 근저에 인간의 지향(intention)이 녹아들어 있듯이, 율곡도 유학의 보편적 기준에 따라 성인(聖人)이라는 이상적 인간형, 또는 군자(君子)나 대인(大人)이라는 현실에서 실현가능한 도덕적 인격자나 행동하는 양심을 구현하려고 하였다. 그것은 유학이 추구하는 사람됨과 사람다움을 실현하려는 공부였고, 조선 유학이 염원하던 교육의 목적이기도 하였다.

율곡은 특히, 『격몽요결』 서문에서 학문에 대한 자신의 견해를 다음과 같이 간결하게 밝히고 있다.

"사람이 이 세상에 태어나서 학문(學問)을 하지 않으면 사람다운 사람이 될 수 없다. 학문이란 일상에서 일어나는 삶의 질서를 알고 실천하는 일과 다른 별개의 것이 아니다. 부모의 자식에 대한 사랑, 자식의 부모에 대한 효도, 군주에 대한 신하의 업무 충실, 부부의 상호 공경과 역할 분담, 형제자매 사이의 우애, 젊은이의 어른에 대한 존경, 친구 사이의 신의 등, 일상생활에서 사안에 따라 어떻게 실천해야 하는지, 그 본분과 역할을 인식하고 행동하는 것일 뿐, 쓸데 없이 마음을 이상한 방향으로 움직여서 특별하거나 신기한 효과를 노리는 것이 결코 아니다!"

학문의 실천! 바꿔 말하면, 교육은 일상생활에서의 마땅함, 충실, 행위의 합리성을 얻는 일에 다름 아니다. 일상에서 벗어나 형이상학적이거나 초월적인 어떤 특별한 차원의 이상을 지향하거나 색다르고 이상야릇한 작업을 시도하여 삶에서 일탈하는, 그런 일상을 꾀하지 않는다. 교육은 단지 '일상생활 그 자체(life itself)'를 얼마나 도덕적이고 정의롭게 살아가느냐라는, 삶 자체의 적절한 구현에 있다.

하지만 인간은 일상의 합리적 삶이 무엇인지 쉽게 깨우치지 못하는 경우가 많다. 때로는 편벽(偏僻)에 가리고 자포자기(自暴自棄)의 삶을 선택하거나 강요당하기도 한다. 어쩌면 일상은 합리적이고 정당하고, 도덕적이고 인격적이라기보다 불합리와 부조리, 모순과 실수가 반복되고 순환하는 부정의 혼합이자 혼돈일지도 모른다. 그러기에 유학은 수천년에 걸쳐 그런 일상에서 벗어나 새로운 일상을 꿈꾸는, 일탈된 일상을 정상으로 되돌리고 싶은 일상의 건전함을 간절히 원하였는지도 모른다.

율곡도 정치와 교육을 통해, 일탈된 일상의 인간 삶을 변화시켜, 합리적인 삶을 연출하려는 소박하면서도 거대한 기획을 한 것 같다. 어지러운 인간 사회를 정의로운 사회로 바꾸어 올바로 잡을 수 있다는 의미에서, 유교적 소강(小康) 사회에 대한 꿈은 소박한 기획이지만, 우리가 꿈꾸는 평화로운 이상 사회, 유교적 대동(大同) 사회는 영원히 도래하지 않을 수도 있고, 어쩌면 존재하지도 않고 불가능하다는 점에서는 거대한 기획일 수 있다. 그렇다고 하더라도 율곡이 인간을, 또는 인간 사회를 변화시켜 가려는 의지는 확고한 듯하다. 그의 정치 일생과 교육 정신이 그것을 잘 대변한다. 이 책은 율곡이 그의 사상과 신념, 교육에 거는 기대를 통해, 인간 사회의 변화 가능성에 기초한 교육론을 탐색한 것이다.

조선조 사회에서 율곡은 어떤 사상가보다도 교육 문제에 심혈을 기울인 학자관료였다. 그것은 그의 저작이 사적이건 공적이건 교육의 이론과 실천에 관한 내용을 구체적으로 기술하고 있는 데서 발견할 수 있다. 앞에서 거론한 『성학집요』는 말 그대로 성학(聖學)으로 가는 길을 조목조목 제시한 저작이고, 『격몽요결』은 개인적 차원에서 사람들이 어떤 양식을 통해 어리석음을 깨쳐 나가면 좋을지 그 요체를 담고 있으며, 『학교모범』은 국가적 차원에서 국민교육의 모델을 이론적으로 제시하고 있다. 그것은 아동교육에서 성인교육, 서민의 생활교육에서 지도자의 정치교육에 이르기까지 다양한 내용을 포괄한다. 이런 점에서 율곡의 교육 관련 저작은 조선 유학의 교육 이론 체계를 가장 모범적으로 제시한 것으로 판단된다.

이 책에서는 「자경문」「화책」『성학집요』『격몽요결』『학교모범』「은병정사학규」「서원향약」「해주향약」등 개인의 다짐에서 국민교육, 지도자교육, 사회교육에 이르기까지 율곡이 교육을 말하고 실천한 부분들을 종합적으로 분석 검토하였다. 율곡은 「자경문」에서 자기 인생의 방향을 기초한다. 그것은 정치가로서 국민의 삶을 인도하는 <향약>에서, 교육자로서 국민교육을 고민하는 <학교> 설치에서, 자기다짐을 넘어 현실의 실천으로 드러난다. 이를 통하여, 조선시대 교육의 보편적 체계를 이해하고, 교육사상가로서 율곡의 정신, 그의 교육적 지향이 어떠한지를 성찰하며, 한국 교육의 여러 문제를 고민하는 데 조금이라도 기여할 수 있으면 좋겠다.

끝으로 원고 정리와 참고문헌 정돈을 도와 준 제자 한지윤과 상업성이 거의 없음에도 불구하고 학술서적 출판에 애써 주는 경인문화사에 고마움을 전한다.

2015년 2월

안암동 운초우선교육관 연구실에서

수당(邃堂) 신창호(申昌鎬)

목　차

머리말

일러두기

- 이 책은 栗谷 李珥의 교육론을 담고 있는 「自警文」「化策」『聖學輯要』『擊蒙要訣』『學校模範』「東胡問答」「隱屛精舍學規」「西原鄕約」「海州鄕約」 등을 기초로 하고, 기 발표한 논문, 「修己·治人의 차원에서 본 『大學』에서 『聖學輯要』로의 학문적 심화」(2009), 「栗谷의 『聖學輯要』에 나타난 家교육의 位相」(2010), 「율곡 교육론의 구조와 성격」-『격몽요결』과 『학교모범』의 비교-(2012)을 대폭 수정·보완하여, 교육기초론, 지도자교육론, 일반교육론, 국민교육론, 가정교육론, 사회교육론으로 대별하여 새롭게 구성하였다.

- 이 책에서는 각주를 통해 대부분의 원문 전문을 표점 처리하여 표기하였으나, 분량이 많거나 기타 필요한 곳은 부분적으로 원문을 발췌하여 수록하였다.

- 『격몽요결』과 『학교모범』「동호문답」의 번역에는 별도의 원문을 표기하지 않았다.

- 한글과 한문을 병기하되 한문은 ( )로 처리하였으며, 한문 개념이 필요한 경우에는 [ ] 속에 한문을 표기하여 이해를 도왔다. 저서는 『 』, 편명이나 논문은 「 」로 표시하였다.

제1장

율곡 교육론의 단초; 「자경문」과 「화책」

  교육은 입지(立志)에서 시작하여, 입지의 달성과정을 통해 지속적으로
진행된다. 율곡의 교육론은 바로 그의 입지론에서 단초를 찾을 수 있다.
율곡의 입지는 유교에서 최고의 인간인 '성인(聖人)이 되기를 스스로 기
약한다'라는 '성인자기론(聖人自期論)'을 바탕으로 한다. 유교에서 성인
은 인간으로서 가장 선한, 궁극의 경지에 도달한 존재이다. 천인합일(天
人合一)을 이룬 최고의 인격자로서, 인간이 타고난 성선(性善)을 온전히
달성하는 동시에 자아실현의 종결자로 이해할 수 있다. 율곡은 20세에
「자경문(自警文)」을 지으면서, 성인을 지향하는 입지를 선언하였고, 그
과정은 「화책(化策)」을 통해 교화와 감화의 원리로 진행할 것을 요청하
였다. 이런 점에서 「자경문」과 「화책」은 율곡이 지향하는 교육의 원초
적 모습을 성찰할 수 있는 기본 텍스트이다.

1. 「자경문(自警文)」과 입지(立志)

  나는 생각한다. 의도적인 교육의 첫 단추는 '입지(立志)'라고. 공자(孔
子)가 15세 무렵에 지학(志學)을 선언한 이후,[1] 전통 유학에서 강조하는
입지는 학문수도(學問修道)의 자각적 태도 확립이다.[2] 율곡도 그런 과정
을 거친 듯하다.

---

1) 『論語』「爲政」: 子曰, 吾十有五而志于學, 三十而立, 四十而不惑, 五十而知天命,
   六十而耳順, 七十而從心所慾不踰矩.
2) 손인수, 『율곡의 교육사상』, 서울: 박영사, 1987, 45쪽.

주지하다시피 율곡의 나이 16세 때, 어머니 신사임당은 세상을 하직한다. 3년의 시묘살이를 마친 율곡은 어머니를 잃은 슬픔에서 벗어나지 못한 탓인지, 금강산으로 들어가 불교와 마주하였다. 어머니를 잃은 실존적 슬픔은 광활한 우주에서 인간이 무엇인지에 대한 근원적 물음을 던지게 만들었고, 19세의 율곡을 출가하게 만들었으리라.[3] 당시의 심경을 율곡은 다음과 같은 시로 읊조렸다.

> 하늘과 땅은 누가 열었는가/ 해와 달은 누가 갈고 씻었는가/ 산과 강 녹아들어 얽혔는데/ 추위와 더위는 번갈아 오고 가네/ 우리네 인간 온갖 생명 가운데/ 으뜸가는 지각 지니고 있네/ 어찌 매달린 조롱박 되어/ 바들바들 떨며 묶여 있는가/ 우주의 저 드넓은 세계를/ 유유히 가려니 누가 나를 막아설까/ 저 봄빛 산 천리 밖으로/ 지팡이 잡고 나 이제 떠나가네/ 나를 따라 올 사람 그 누구일까/ 노을 진 저녁에 부질없이 섰네.[4]

금강산 입산 1년 후, 불교와 만나 수행하던 율곡은 무슨 깨달음이 있었는지, 다시 유학으로 돌아왔다. 분명한 건, 불교에 대한 율곡의 심취와 탐구가 그의 내적 욕구를 충분히 채워주지 못했다는 점이다. 그때 그는 과감히 다시 사회로 돌아올 결심을 하였다. 그리고 유학의 정맥을 짚으며 시원하게 노래하였다.

> 도를 배우니 이내 집착이 없고/ 인연 따라 어디든지 유람하는구나/ 잠깐 청학동을 떠나/ 백구주에 와서 구경하노라/ 신세는 구름 천 리/ 건곤은 바다 한 귀퉁이로세/ 초당에서 잘 자고 가는데/ 매화에 비친 달 이것이 풍류로구나[5]

---

3) 한형조, 「율곡사상의 유학적 해석」, 김형효 외, 『율곡 사상과 그 현대적 의미』, 성남: 한국정신문화연구원, 1995, 212-213쪽.

4) 『栗谷全書』卷1 "出東門": 乾坤孰開闢, 日月誰磨洗. 山河旣融結, 寒暑更相遞. 吾人處萬類, 知識最爲巨. 胡爲類匏瓜, 戚戚迷處所. 八荒九州間, 優游何所阻. 春山千里外, 策杖吾將去. 伊誰從我者, 薄暮空延佇.

이 노래를 계기로 율곡은 20세 되던 해 봄, 외가인 강릉 오죽헌으로 돌아왔다. 그리고는 과감하게 자신의 뜻을 세운다. 이때 세운 인생의 이정표가 바로 그 유명한 「자경문(自警文)」이다. 자경문은 자신에 대한 환성(喚醒)이자 마음 자세의 재확립이다. 그것은 학자로서의 입지를 돈독히 정하고, 이를 힘써 실천하기 위한 일종의 좌우명이자 지침으로, 자기 교육의 지향점을 분명하게 밝힌 글이다. 따라서 율곡 교육론의 최초 근거는 이 「자경문」에서 찾는 것이 정도라고 생각된다.

「자경문」은 모두 11개조로 되어 있는데, 그 전문은 다음과 같다.

1) 뜻을 크게 지니자

공부에서 가장 중요한 것은 내 인생의 뜻을 크게 지니는 작업이다. 유학에서 말하는 최고의 인간인 성인(聖人)을 인생의 모델이자 목표로 삼자. 내 인생에서 조금이라도 성인과 같은 삶에 미치지 못하면 나의 인생, 나의 할 일은 절대 끝난 것이 아니다.

2) 말을 줄여 상황에 적절하게 하자

무엇을 할 것인지 마음이 정해진 사람은 말이 적다. 마음을 정하는 작업은 말 수를 줄이는 것으로부터 시작한다. 어떤 상황이건 때에 맞게 말하면 말이 간략하지 않을 수 없다.

---

5) 『栗谷全書』 卷1 “與山人普應下山, 至豐巖李廣文之元家, 宿草堂”: 學道卽無著, 隨緣到處遊. 暫辭靑鶴洞, 來玩白鷗洲. 身世雲千里, 乾坤海一頭. 草堂聊奇宿, 梅月是風流.

3) 마음을 정하는 공부에 집중하자

오랫동안 제멋대로 하도록 내버려두었던 마음, 그 마음을 하루아침에 거두어들이는 일, 그런 힘을 얻기가 어디 쉬운 일인가? 마음은 살아있는 존재이다. 마음을 정할 수 있는 힘을 지니기 전에는 흔들리는 마음을 정하기가 어렵다. 생각이 어지럽게 일어날 때, 의식적으로 그것을 싫어하여 끊어버리려고 하면 더욱 분잡해진다. 마음은 금방 일어났다가 금방 없어졌다가 하여 나 자신에게 말미암지 않은 듯하다. 잡념을 끊어버린다고 해도, 끊어야겠다는 마음 자체가 내 가슴에 가로질러 있으니, 이것 또한 망령된 생각이다. 분잡한 생각들이 일어날 때, 정신을 모아서 집착하지 않고 그것을 살펴야 하지, 그 생각에 머물러 집착해서는 안 된다. 그렇게 지속적으로 공부해나가면 반드시 마음이 정해지는 때가 있다. 일을 할 때 몰입하고 집중하는 자세 또한 마음을 정하는 공부이다.

4) 늘 조심하며 홀로 있을 때를 삼가자

일상생활에서 늘 경계하고 두려워하며 홀로 있을 때를 삼가는 생각을 하자. 그 생각을 가슴에 담고 유념하여 게을리 하지 않으면, 모든 나쁜 생각들이 저절로 일어나지 않으리라. 모든 악은 홀로 있을 때를 삼가지 않은 데서 발생한다. 홀로 있을 때를 삼간 뒤에야 '기수에서 목욕하고 시를 읊으며 돌아온다'와 같은 삶의 즐거움을 맛볼 수 있으리라.

5) 할 일을 한 후에 글을 읽자

새벽에 일어나서는 아침나절에 할 일을 생각하자. 아침을 먹은 뒤에는 낮에 할 일을 생각하자. 잠자리에 들기 전에 내일 할 일을 생각하자.

일이 없으면 그냥 지나칠 수도 있지만, 일이 있으면 반드시 생각을 하여, 합당하게 처리할 방도를 찾자. 그런 다음에 글을 읽자. 글을 읽는 이유는, 옳고 그름을 분간하여 일을 할 때 적용하기 위한 것이다. 일을 제대로 살피지 않고, 가만히 앉아서 글만 읽는다면, 그것은 쓸모없는 학문이 된다.

6) 욕심에 대해 깊이 살피자

재물을 이롭게 여기는 마음과 영예를 이롭게 여기는 마음, 이에 대한 생각을 쓸어 없앨 수는 있다. 그런데 일을 처리할 때 조금이라도 편리하게 처리하려는 마음이 있다면, 이 또한 이로움을 탐하는 마음이다. 그러니 이런 문제에 대해 깊이 살피자.

7) 해야 할 일은 최선을 다하자

어떤 일이 나에게 닥쳐왔을 때, 그것이 해야 할 일이라면 최선을 다해 임하자. 일을 할 때 싫어하거나 게으름을 피울 생각은 하지 말자. 해서는 안 될 일이라면 단번에 잘라버리고, 내 가슴에서 옳으니 그르니 하면서 마음이 흔들리지는 말자.

8) 정의를 가슴에 품고 살자

'한 가지의 불의를 행하고, 한 사람의 무고한 사람을 죽여, 세상을 얻을 수 있다고 할지라도 그런 일은 하지 않는다.'라는 생각을, 늘 가슴에 품고 살자.

9) 사람을 감화시키는데 힘쓰자

어떤 사람이 이치에 맞지 않은 나쁜 짓을 가해오면, 나 스스로 돌이켜 자신을 깊이 반성하고, 그를 감화시키려고 하자. 한 집안 사람들이 선행하는 쪽으로 변하지 않는 것은 나의 성의가 미진하기 때문이다.

10) 마음을 늘 깨어 있게 하자

밤에 잠을 자거나 몸에 질병이 있는 경우가 아니면 눕지 말자. 비스듬히 기대지도 말자. 한밤중이더라도 졸리지 않으면 눕지 말자. 그렇다고 밤인데 억지로 잠자지 않으려고 하지는 말자. 낮인데 졸음이 올 때는 마음을 다잡고 졸음을 깨우도록 노력하자. 눈꺼풀이 무겁게 내리누르거든 일어나 여기저기 걸어 다니며 마음을 깨어 있게 하자.

11) 평소에 꾸준히 공부하자

공부를 할 때는 늦추지도 말고 급하게 하지도 말자. 평소에 꾸준히 하여 내몸이 죽은 뒤에야 끝나는 것 아닌가! 공부의 효과를 빨리 얻으려고 한다면 이 또한 이익만을 노리는 마음이다. 제대로 공부하지 않고 이익만을 보려고 한다면, 부모가 물려준 몸에 치욕을 입히는 꼴이 되니, 어찌 사람이라고 할 수 있으랴!6)

---

6) 『栗谷全書』卷14「自警文」: 先須大其志. 以聖人爲準則. 一毫不及聖人, 則吾事未了. 心定者, 言寡. 定心, 自寡言始. 時然後言, 則言不得不簡. 久放之心, 一朝收之, 得力豈可容易. 心是活物. 定力未成, 則搖動難安. 若思慮紛擾時, 作意厭惡, 欲絶之則愈覺紛擾. 倏起忽滅, 似不由我. 假使斷絶, 只此斷絶之念, 橫在胸中, 此亦妄念也. 當於紛擾時, 收斂精神, 輕輕照管, 勿與之俱往. 用功之久, 必有凝定之時. 執事專一, 此亦定心功夫. 常以戒懼謹獨意思. 存諸胸中, 念念不怠, 則一切邪念, 自然不起. 萬惡, 皆從不謹獨生. 謹獨然後, 可知浴沂詠歸之意味. 曉起, 思朝之所爲之事. 食後,

2. 「화책(化策)」과 교화(敎化)·감화(感化)

「화책(化策)」은, 율곡이 문답을 통해, 정치적 교화(敎化)와 도덕적 감화(感化)의 근거를 제시하고, 그 가능성을 해명한 책문이다.[7] 교화는 정치와 교육을 동일한 행위로 보는 유교 철학의 핵심 개념이다. 천지자연의 운행 질서와 원리를 깨달아 국민들에게 자연법칙을 가르치고, 그것을 인간의 일상생활에서 사회법칙으로 적용하는 교화는, 중국을 비롯한 동양 고대사회의 최고지도자들이 국민들을 대상으로 하는 기본적 정치행위였다. 이때 교화는 최고지도자가 주체이고 국민들이 객체라는 점에서 계급적이며 권위적이기는 하지만, 교육자가 중심이 되는 심오한 교육 실천 행위였다. 이런 점에서 유교에서는 본질적으로 '교육이 바로 정치'이고 '정치가 바로 교육'이다.

공자 이래로 유교 정치의 일차적인 목표는 국민들의 물질적 생활을 보장해 주는 일이었다. 율곡도 마찬가지 생각을 한다. 그러나 물질적 생활의 보장은 말 그대로 국민의 생존권 확보 차원이요 삶에서 선차적인 문제일 뿐, 유교가 지향하는 정치의 궁극 목적은 아니었다. 그것은 한

思晝之所爲之事. 就寢時, 思明日所爲之事. 無事則放下, 有事則必思, 得處置合宜之道, 然後讀書. 讀書者, 求辨是非, 施之行事也. 若不省事, 兀然讀書, 則爲無用之學. 財利榮利, 雖得掃除其念. 若處事時, 有一毫擇便宜之念, 則此亦利心也. 尤可省察. 凡遇事至, 若可爲之事, 則盡誠爲之. 不可有厭倦之心. 不可爲之事, 則一切截斷, 不可使是非交戰於胸中. 常以行一不義, 殺一不辜, 得天下不爲底意思, 存諸胸中. 橫逆之來, 自反而深省, 以感化爲期. 一家之人不化, 只是誠意未盡. 非夜眠及疾病, 則不可偃臥. 不可跛倚. 雖中夜, 無睡思則不臥. 但不可拘迫, 晝有睡思, 當喚醒此心, 十分猛醒. 眼皮若重, 起而周步, 使之惺惺. 用功不緩不急, 死而後已. 若求速其效, 則此亦利心. 若不如此, 戮辱遺體, 便非人子. 「자경문(自警文)」 번역은 '스스로를 경계하는 자경(自警)'이라는 글의 특성을 살려 '다짐하는 형식'으로 의역하였고, 분류의 편의상 번호(1)~11)를 붙였다.

7) 김태완, 『율곡문답』, 서울: 역사비평사. 2008, 78-87쪽, 참조.

발짝 더 나아가 국민들을 교육하여 올바른 길로 이끌어 내는 작업이었다. 물질적 차원을 바탕으로 진행되는 도덕적 차원의 승화로, 사람을 사람답게 인도하는 일이었다.

> 공자가 위나라에 갈 때, 염유가 수레를 몰았다. 공자가 "사람들이 참 많기도 하구나"라고 하자, 염유가 "사람들이 많아졌으면 또 무엇을 더해야 합니까?"라고 물었다. 공자가 "경제적으로 부족함이 없이 잘 살게 해주어야 한다."라고 답하자, 염유가 "부유하게 되었다면, 또 무엇을 더해야 합니까?"라고 물었다. 이에 공자가 "가르쳐야 한다"라고 하였다.8)

공자와 염유가 주고받은 대화의 내용은 나라의 다스림에 관한 것이었다. 공동체 사회를 어떻게 운용하면 좋은지, 그 원리원칙과 기준에 관한 내용이다. 나라가 세워졌을 때, 무엇이 일차적인가? 나라는 공동체이다. 그러므로 표면적으로 국민 개개인의 교육에 대한 언급은 숨겨져 있다. 공동체의 유지와 지속에서 선차적인 문제는 공동체 구성원이 존재해야 하는 것이고, 다음으로 구성원의 생존 문제이며, 구성원 사이의 도덕적 교화인 교육의 문제가 제일 마지막에 자리한다.

다시 말하면, 나라 구성의 요건은 첫째, 인구 증가, 둘째, 경제적 부, 셋째, 교육이다.9) 이 중 첫째와 둘째는 나라가 구성되어 지속하기 위한 물질적 바탕이다. 인구 증가로 인한 노동력이 확보되어야 농사를 짓고 외부의 침입으로부터 보호받을 수 있다. 그 다음으로는 부의 산출을 통한 생활의 안정이다. 이것은 어느 사회에서나 공동체 지속을 위한 기초적 조건이다. 그 바탕 위에 세 번째 요건인 정신적인 기초를 적극적으로 마련해야 한다. 즉 국민들에게 정치 윤리 교육을 시행하여 인간관계의

---

8) 『論語』「子路」: 子適衛, 冉有僕, 子曰, 庶矣哉. 冉有曰, 旣庶矣, 又何加焉. 曰富之. 曰旣富矣, 又何加焉. 曰敎之.

9) 신창호, 『유교의 교육학 체계』, 서울: 고려대학교출판부, 2012, 137-138쪽, 참조.

질서를 넓혀 가야 하는 것이다.

여기에서 왜 교육이 필수적인 동시에 궁극적 목표처럼 느껴지는가? 인간은 생산물이 풍부하여 배불리 먹을 수 있으면서 인간성을 상실하는 순간, 금수(禽獸)와 다름없이 행동하기 쉽다. 물질적 향락에 빠져 인간 자신의 존재 의의를 상실하기 일쑤이다. 그러므로 인간의 가치에 대한 교육을 통해 인간을 도덕적으로 의식화해야 한다. 인간의 가치 중 금수와 가장 차이나는 것이 예의(禮義)가 있다는 점이다. 그러기에 인간은 사회를 구성하고 예의라는 도덕 질서로 사회를 지속시켜 가는 것이다. 사회를 지속하는 생명력이 바로 인간의 도덕적 질서인데, 교육만이 이를 담보할 수 있다.

여기에서 교육에 앞서 진행되는 정치는 일시적인 교화이고, 교육은 오랜 세월에 걸쳐 지속적으로 적용되는 정치이다. 때문에 유교의 지도적 인격자인 군자는 기회가 주어지면 나아가서 정치를 행하고, 시기가 적당하지 않으면 물러나 교육을 하였다. 전자를 행도(行道)라고 하고 후자를 수교(垂敎)라고 한다.

행도수교(行道垂敎)를 자신의 소임으로 하는 유교의 지도자들은 국민을 교육할 수 있는 덕을 갖추어야 했다. 그것은 의무인 동시에 도리였다. 특히, 하늘에 비유되는 최고지도자인 왕은 진실함[誠]이라는 천도(天道)를 체득해야만 했다. 개인적으로 완성된 인간이라는 인격도야의 과정을 거쳐야 하고, 이를 기반으로 국민을 교화할 임무를 동시에 안고 있었다. 그것이 다름 아닌 교화라는 양식의 정치와 교육 행위였다.

유교의 초기 교육은 교화라는 형태로 시행되었다. 교육은 왕 자신으로서는 왕 노릇 하는 자세의 확립인 수기(修己)와 국민을 교화하는 일인 치인(治人)을 담보하는 데서 진행되었고, 그 궁극 목적은 국민들에게 인간의 기본 도리인 오륜(五倫)의 관계 질서를 깨닫게 하는 일이었다. 하지만 왕과 국민이라는 교육 당사자의 관계 맥락에서 볼 때, 교화는 국민의 자발적 자기각성이라기보다는 왕이라는 타인에 의한 교화, 교도를 통한 가치 지향성을 드러낸다.

그런데 이때의 교화, 즉 교육은 새로운 무엇을 가르치는 행위가 아니다. 새로운 이론이나 객관적 사물에 대한 지식을 인지적으로 알아가는 것과 거리가 있다. 맹자가 말한 선단(善端)처럼, 누구나 지니고 있는 인의예지(仁義禮智)의 착한 본성을 발휘할 수 있도록 이끌어내는 작업이다.

율곡에게서 교화(敎化)나 감화(感化)의 원리는 성실(誠實)에 있다. 성실은 『중용』에서 언급하고 있듯이 "성실하면 드러나고, 드러나면 뚜렷해지고, 뚜렷해지면 밝아지고, 밝아지면 움직이고, 움직이면 변하고 변하면 감화한다. 오직 세상에서 가장 성실한 사람이라야 감화하게 할 수 있다."[10]라는 데 근거를 둔다. 유교에서 최고지도자요 최상의 교육자들인 요, 순, 우, 탕, 문왕, 주공은 모두 인간으로서 최고의 덕과 스승의 지위를 갖추고, 또 지성으로 온 세상에 교화를 펼쳤다. 그것은 세상을 향해 열린 마음을 베푼 인간교육의 전형에 해당한다. 그들이 베푼 인간교육에 따라 사람들은 모두 도덕적으로 감화하였고, 복락을 누리며 태평성대를 누렸다. 그럼에도 불구하고 자포자기(自暴自棄) 하여 감화되지 않은 몇몇 인간은 어쩔 도리가 없다. 이러한 감화나 교화의 이상은 온 인류의 앞길을 제시하는 것과 마찬가지이다.

율곡은 자신의 교화와 감화에 관한 대책인 「화책」을 통해 그것을 보여준다. 정말 인간을 감화시킬 수 있는가? 감화시킨다는 것은 과연 무엇을 의미하는가? 이런 문제에 대한 해답 제시를 통해, 율곡의 교육론이 무엇을 단초로 하였는지 감지할 수 있다.

맹자는 "유교의 최고 인간인 성인(聖人)이 지나가는 곳에는 누구나 감화를 받고, 성인이 머물러 있는 곳에서는 신묘한 작용이 일어난다."라고

---

10) 『中庸』 23章: 誠則形, 形則著, 著則明, 明則動, 動則變, 變則化, 唯天下至誠, 爲能化.

했다. 이런 점에서 성인은 어떤 세상이건 어떤 조건에 있건 감화시키지 못할 사람은 없다. 그러나 과거의 사실로 볼 때, 성인 가운데 아들이나 형제를 감화시키지 못한 경우도 있고, 심지어 자신이 화를 입은 적도 있으니, 이 어떻게 된 일인가? 성인도 감화시키지 못할 사람이 있는가?

최고의 스승이라고 하는 공자나 아성(亞聖)이라고 하는 맹자는 사람으로서 최고의 덕을 지니고 있었지만, 사회경제적, 정치적 권력의 차원에서 일정한 지위가 없이 천하주유를 하였다. 그런 가운데 이들이 감화시킨 사람은 몇이나 되고, 감화시키지 못한 사람은 몇이나 되는가?

한나라나 당나라 시대에는 인간으로서 지켜야 할 유교적 질서나 유교적 인간의 삶을 밝힌 성인의 도가 다른 시대에 비해 밝지 못했다. 그런 가운데도 능력이 뛰어나 명교(名敎)를 부지한 사람은 누구인가? 송나라의 낙당(洛黨)과 촉당(蜀黨)은 옳고 그름을 논할 만한 것이 있는가? 사람을 끝내 감화시킬 수 없다면, 요임금이나 순임금 시대의 태평성대나 『중용』에서 강조한 변화와 감동은 무엇을 근거로 말한 것인가?

율곡은 이런 물음에 대해 진지하게 자신의 견해를 밝힌다. 그 요점은 '지극히 성실한 사람만이 감화시킬 수 있다!'라는 성실감화(誠實感化)의 강조이다. 다음은 율곡의 책문을 요약한 것이다.

유교에서는 '인간의 본성은 모든 사람이 선하다. 하지만 사람마다 타고난 기질은 다르다.' 때문에, 하늘이 하늘의 질서를 체득한 최고지도자인 성인을 내어 자신의 본성을 제대로 파악하지 못하고 있는 국민들을 다스리고 가르쳐 자신의 착한 본성을 회복하게 하였다. 최고지도자로서 성인은 자기의 본성을 다하고 남의 본성을 다하게 해주는 사람이다. 자기의 본성을 다하기 때문에 본성이나 마음이 자신의 몸에서 늘 밝게 빛나고 있으며, 남의 본성을 다하게 해주고 그것을 바탕으로, 모든 사람의 본성과 마음이 착하게 되어 세상을 밝힌다. 그러나 사람을 감화시킬 수 있는 덕만 있고, 그것을 실현할 수 있는 지위가 없으면, 세상은 감화를 받지 못한다. 감화시키는 덕은 최고지도자로서 성인의 덕이요, 감화시킬 수 있는 지위는 최고지도자로서 스승의 지위이다. 그러므로 성인의 덕을 가지고 스승의 지위에 있어야 세상을 감화시킬 수 있다. 그것이 교육의 힘이다. 그러나 간혹 온 세상을 감화시키면서도, 한 사람을 감화시키지 못하는 수도 있다. 이는 성인이 도리를 다하지 않아서가 아니라, 상대가 자포자기(自暴自棄)하기 때문이다.

요임금과 순임금이 아버지의 도리를 다했는데도 그 아들인 단주와 상균은 감화되지 않았고, 주공이 아우의 도리를 다했는데도 그 형인 관숙과 채숙은 감화되지 않았다. 탕과 문왕이 신하의 도리를 다했는데도, 임금인 걸왕과 주왕은 감화되지 않았다. 그러므로 감화시키는 도리를 다하지 않아서 감화시키지 못한 것은 감화시키는 자의 탓이나, 감화시키는 도리를 다했는데도 감화되지 않은 것은 감화되지 않은 자의 탓이다. 그것은 교화의 과정, 교육에서 발생할 수 있는 비교육적 처사의 한 유형이다. 교육자는 최선을 다하였으나 교육받는 자는 최선을 다하지 않고, 엉뚱한 길로 가고 있다.

공자와 맹자는 성현의 덕으로 세상의 여러 나라와 국민이 의지하게 만들었다. 따라서 당연히 나름대로의 지위를 얻어서 그 도를 행해야만 했다. 하지만 도리어 그것을 실천할 방법은 점점 어려워지고 험해졌으며, 가는 곳마다 뜻대로 되지 않아 천하를 돌아다니다가 끝내 길에서 늙어버렸다. 맹자가 죽고 나자 도학(道學)은 전해지지 않고, 공리의 설과 불교(佛敎)와 도교(道敎)가 세상을 현혹시켜 유교의 인의(仁義)를 막아버렸다. 이러다보니, 공자와 맹자는 때를 얻지 못하여 뜻을 행하지 못한 것이다.

그러나 공자는 3,000여명의 제자를 두었고, 중도 지역을 맡아 다스렸을 때는 사방이 공자의 정치를 본받아 감화가 펼쳐졌으며, 노나라에서 재상의 일을 할 적에는 나라가 제대로 다스려졌고, 제나라와 회합을 할 적에는 제나라 사람이 두려워하며 복종했다. 이런 점에서 공자가 세상에 사람답게 살 수 있는 도를 행했더라면 세상이 감화했을 것은 분명하다. 다만 그런 상황이나 자리가 지속되지 못해 안타까울 뿐이다. 맹자는 "큰 나라는 5년, 작은 나라는 7년만 잘 다스리면 세상에 훌륭한 정치를 펼 수 있다."라고 했으니, 맹자도 인간의 길을 세상에 행할 수 있었다면, 세상을 감화시켰을 것이다. 공자와 맹자가 감화시키지 못한 것은, 그들이 덕이 부족해서가 아니라, 세상의 형세가 그러했을 뿐이다.

자연과 사회의 이치와 운수, 이른 바 자연법칙과 사회법칙이 상황에 따라 변하면, 아무리 훌륭한 최고지도자인 성인도 어쩔 수 없다. 한나라의 동중서와 당나라의 한유는 그나마 공자와 맹자를 존숭할 줄 알아 명교(名敎)를 부지했고, 이들이 나오자 공리(功利)의 설이 날뛰지 못하고, 불교와 도교가 쇠퇴해진 것이니, 유교의 도를 펼치는 데 큰 도움을 주었다라고 할 수 있다.

정자의 학문은 아주 공평하여 마음이 한쪽으로 치우치지 않았으니, 붕당을 짓는 잘못을 저지른 것은 아니다. 이때 쫓겨난 소인들이 절치부심하며 틈을 노리고 있었는데, 문하생 가운데 속이 좁아, 자기 쪽이 이기기를 좋아하는 자들이 공격을 해서 당으로 갈라지게 되었다. 정자는 정말 이런 사실을 몰랐을 것이다. 또한 소동파는 어리석은 자가 아닌데도 정자에게 감화되지 못한 것은 형세가 불가능했기 때문이다. 위학이라고 지목되어 공격받기에 바빴으니 정자인들 어찌 하겠는가? 이치와 운수가 변하는 때를 당하면 누구도 어찌할 수 없다.

앞에서 언급한 것처럼, 『중용』에도 "성실하면 드러나고, 드러나면 뚜렷해지고, 뚜렷해지면 밝아지고, 밝아지면 움직이고, 움직이면 변하고, 변하면 감화한다. 세상에 지극히 성실한 사람만이 감화하게 할 수 있다."라고 했다. 또한 지극히 성실해서 사람을 감화시킬 수 있다는 말은 들었지만, 성실하지 않고서 사람을 감화시킨다는 말은 듣지 못했다. 최고지도자인 성인들은 가장 성실한 자세로 실천하여 감화를 이루었으니, 최고의 성실함으로 세상을 감화시켰다면, 한두 사람이 감화되지 않았다 하더라도 세상 전체를 감화하는데 큰 문제가 되지는 않는다. 요임금과 순임금의 도는 한때에 행해졌으니 한때의 스승이요, 공자의 도는 만세에 밝아졌으니 만세의 스승이다. 요임과 순임금의 감화는 한정이 있으나, 공자의 감화는 끝이 없다. 공자가 지위를 얻어 도를 행했는데 요임금이나 순임금처럼 했을 뿐이라면, 옛 성인을 잇고 후학을 계몽하여 후세에 교훈을 주는 일은 누가 맡겠는가? "요임금과 순임금은 중국을 영토로 삼았고, 공자는 만세를 영토로 삼았다."라고 했으니, 이것이 바로 유교 최고의 스승인 공자가 공자인 까닭이다.11)

---

11) 「化策」 번역은 「化策」의 주요 부분을 발췌하여 번역한 후에 정돈하였고, 부분적으로 교육적 해석을 추가하였다. 교화(敎化)나 감화(感化)는 교육(敎育)으로 의역하였고, 성인이나 임금[王]의 경우에도 최고지도자로 바꾸어 현대성을 부여하면서 이해를 도왔다. 『栗谷全書』拾遺卷6「化策」; 問, 孟子曰, 所過者化, 所存者神, 上下與天地同流. 是則聖人於天下也, 無不可變之人也. …… 聖人亦有所未能化者歟. 孔孟有德無位, 周流天下. 能化者幾人, 其不能化者幾人歟, 降及漢唐, 聖道不明. 其間出類而扶持名敎者, 誰歟. 宋之洛黨蜀黨, 亦有是非之可議歟. 若以人終不可變, 則堯之於變時雍, 舜之風動四方, 中庸之變動, 據何以言歟. …… 對, …… 人莫不善, 而氣質之稟, 有不齊者, 故天生聖人, 使之治而敎之, 以復其性. 聖人者, 能盡己之性, 而能盡人之性者也. 盡己之性, 故明德明於一身矣. 盡人之性, 故明德明於天下矣. …… 雖然, 有化人之德, 而無化人之位, 則天下不被其化矣. 何謂化人之德, 聖人之德, 是也. 何謂化人之位, 君師之位, 是也. 必也以聖人之德, 處君師之位, 然後天下可化矣. 其或有能化天下, 而不能化一人者, 則此非聖人之不能盡其道也. …… 此則自暴自棄之謂也. …… 堯舜盡其爲父之道, 而朱均不化. 周公盡其爲弟之道, 而管叔不化. …… 是以, 不盡化之之道而不能化者, 則化之者之過也. 雖盡化之之道, 而不能化者, 則不化者之過也. …… 孔子旣有三千之徒矣, 其爲中都宰而四方則之, 則化被一都矣. 攝行相事而魯國大治, 則化被一國矣. 會于夾谷而齊人畏服, 則化及鄰國矣. 若使孔子得行其道於天下. 則天下必被其化矣. 孟子之言曰, 大國五年, 小國七年, 必爲政於天下矣. 孟子必非大言自誇者. 如使孟子得行其道於天下, 則天下亦必被其化矣. …… 値理數之變而不能化者也. 董子之於漢, 韓子之於唐, 則旣値理數之變. 而又無聖人之德者也. 程子之於宋, 則有同於孟子焉. 嗚呼, 聖人之迹雖殊, 而聖人之道

一也.…… 中庸曰, 誠則形, 形則著, 著則明, 則動, 動則變, 變則化, 唯天下至誠, 爲
能化, 至誠而能化人者, 愚聞之矣. 不誠而能化人者. …… 若孔子則其可謂不能化人
乎. 噫, 孰知夫孔子之化. 反盛於堯舜之化也. 堯舜之道, 行乎一時, 一時之君師也. 孔
子之道, 明於萬世, 萬世之君師也. 堯舜之化有限, 而孔子之化無盡也. 噫, 孰知夫孔
子之時, 天地之否者. 反爲萬世天地之泰者乎. 如使孔子得其位行其道, 而其化只若堯
舜而已,…… 堯舜以九州爲土, 孔子以萬世爲土, 嗚呼, 此其所以爲孔子歟.

제2장
율곡 교육론의 철학적 기반

율곡 교육론의 단초는 입지에서 출발한다. 아울러 그의 교육 형이상
학은 자연과 인간에 대한 그의 세계 인식과 밀접하다. 왜냐하면 교육은
우주라는 시공간에서 이루어지는 인간의 활동이기 때문이다. 율곡의 세
계 인식은 조선조 유학, 성리학(性理學)이라는 보편 구도 속에서 이해된
다. 율곡은 자신의 철학 체계를 성리학의 구도에 충실하게 전개해 나갔
다. 교육론도 그에 따라 전개된다. 그것은 퇴계를 비롯한 조선조의 다른
성리학자들과 여러 측면에서 관점에 차이를 드러내며, 특성을 보인다.
율곡의 교육이론은 세계관을 드러내는 리기지묘(理氣之妙)와 리통기국
(理通氣局)의 리기론(理氣論)을 비롯하여, 사단칠정론(四端七情論)과 인
심도심(人心道心)의 심론(心論)으로 대변되는 인간관, 그리고 교기질(矯
氣質)로 상징되는 기질 변화의 교육관에서 구체적으로 드러난다.

1. 세계에 대한 견해와 관점; 우주자연관(宇宙自然觀)

1) 리기지묘(理氣之妙)

성리학(性理學)에서 리(理)와 기(氣)는 이 세계, 우주를 파악하는 중심
개념이다. 성리학에서는 리는 '태극(太極), 형이상(形而上), 도(道), 우주
의 질서·원리·자연법칙, 소당연자(所當然者), 소이연자(所以然者), 무형
무위(無形無爲), 무조작(無造作)·무정의(無情意)·무계탁(無計度), 자명(自
明), 자족(自足), 주재만물(主宰萬物), 무소부재(無所不在), 초경험적, 불

변성(不變性)' 등으로 표현된다. 기는 '음양(陰陽), 형이하(形而下), 기(機), 세계의 현상·질료, 유형유위(有形有爲), 응결(凝結), 조작(造作), 경중(輕重)·청탁(淸濁)·잡박(雜駁)한 성질, 생멸(生滅)·취산(聚散)·굴신(屈伸) 작용, 경험적, 가변성(可變性)' 등으로 설명된다. 리기에 대한 인식은 우주 자연의 본질과 현상, 본체와 작용에 관한 해석이다. 그것은 그 구성 체계와 존재 원리를 어떤 관계에서 보느냐에 따라 수준과 정도가 달라진다.

율곡을 비롯한 성리학자들이 논의한 리기론은 우주자연의 질서에 대한 규명이기는 하지만, 그것을 논의하는 궁극적 이유는 인간의 문제를 논의하기 위해서이다. 성리학은 『중용』의 머리 장에서 선언하고 있듯이, 자연의 질서를 인간 사회의 질서로 요청하려는 의도를 지니고 있다. 이른 바 천인합일(天人合一)의 정신에서 보면, 유학에서 우주자연, 세계를 규명하는 이유는 유학의 최고 목적이자 이념인 성인(聖人)이 되기 위한 방법론을 제시하고, 그 본질을 논의하려는데 지나지 않는다.[1]

문제는 다른 데 존재한다. 인간이 과연 현실적으로, 리기로 설명되는 완벽한 우주자연의 질서처럼, 완전한 인간인 성인(聖人)이 될 수 있느냐이다. 조금만 생각해 보면, 이는 불가능한 물음이자 하나의 이상에 불과하다. 예컨대 공자(孔子)가 유교적 이상형의 대명사이지만, 현실적으로 인간이 성인의 완전한 성취를 이룩함은 적어도 거의 불가능하다. 구체적으로 성인의 경지에 이른 자만이 완전한 뜻에서 중용(中庸)과 시중(時中)의 도리를 행하는 이라고 할 수 있는 데, 중용의 이치를 온전히 실행하는 일도 성인되기만큼 힘들고, 또 현실적으로 거의 불가능하다.[2]

율곡은 주희(朱熹: 朱子, 1130~1200)의 성리학을 충실히 계승했지만,

---

1) 宋錫球, 『栗谷의 哲學思想硏究』, 서울: 형설출판사, 1994, 144쪽.
2) 김형효, 「道學者로서의 栗谷과 哲學者로서의 栗谷」, 『東西哲學에 대한 主體的 記錄』, 서울: 고려원, 1985. 182쪽.

조선 유학사에서는 남다른 리기론(理氣論)을 펼쳤다. 그 중의 하나가 리기지묘(理氣之妙)라는 세계 인식이다. 율곡이 리와 기를 묘(妙)라는 관계로 직물 짜기 하여 세계를 이해하는 데, 다음과 같은 성리학의 개념 규정과 그 관계망 사이를 인식할 필요가 있다.

① 이 세계는 형체가 없지만 의미가 있다.[無極, 太極]

② 무형유의(無形有義)한 가운데 일정한 질서가 있다.[理]

③ 그 질서는 상황에 따라 다르게 파악되고 드러나며 운동한다.[氣]

④ 인간세계는 오묘한 질서 속에서 움직이며, 결국 모든 세계는 오묘한 질서를 유지하려는 방향성을 가진다.[妙]

율곡은 『성학집요』에서 『주역(周易)』「계사(繫辭)」를 들어 리학(理學)의 근본으로 삼았다. 그리고는 주돈이(周敦頤, 1017~1073)의 『태극도설(太極圖說)』과 장재(張載, 1020~1077)의 『정몽(正蒙)』, 주자의 견해를 들어 세계의 구성과 존재 원리를 설명했다.

① 『주역(周易)』「계사(繫辭)」하(下): 역(易)에 태극(太極)이 있다. 이것은 양의(兩儀)를 낳고 양의는 사상(四象)을 낳고 사상은 팔괘(八卦)를 낳는다. 한 번 음(陰)하고 한 번 양(陽)하는 것을 도(道)라고 한다.

② 『태극도설(太極圖說)』: 무극(無極)이면서 태극(太極)이다. 태극이 움직여 양을 낳고, 움직임이 지극하여 고요해지며, 고요하여 음을 낳고, 고요함이 지극하여 다시 움직임이 된다. 움직이기도 하고 고요하기도 하니 서로 그 근본이 되고, 음으로도 나누어지고 양으로도 나누어지니 운동의 두 축이 성립된다.

③ 『정몽(正蒙)』: 귀신이라는 것은 본래 움직이고 있는 운동의 두 힘이다.

④ 『주자대전(朱子大全)』: 만물의 일원(一原)으로 보면 리(理)는 같고 기(氣)는 다르며, 만물의 이체(異體)로 보면 기는 오히려 서로 가까우나 리는 절대로 같지 않다. 기의 다른 것은 순수하고 섞인 것이 같지 아니한 것이고, 리의 다른 것은 편벽되고 온전한 것이 간혹 다른 것이다.[3]

---

3) 『聖學輯要』「窮理章」; 아래 번호 ①②③④는 이해의 편의상 붙인 것이다.

　① 易有太極, 是生兩儀, 兩儀生四象, 四象生八卦, 一陰一陽之謂道.

율곡의 세계 파악은 역(易)의 논리와 운동에 기초한다. '무형이면서도 의미를 가지고 있는' 무극(無極)과 태극(太極)에서 운동의 두 계기인 음양(陰陽)이 도출되고, 우주의 모든 힘은 음양, 즉 구부리고 펴는 움직이는 힘에 의해 가능하다. 사실, 무형이면서 의미 있는 세계 속에서 인간이 알 수 있는 것은 극히 제한적이다. 더구나 무극이라는 무형의 세계와 태극이라는 가장 큰 유형의 세계는 인간의 오감으로는 감지하기 힘든 '감지되지 않는 느낌'으로 인간에게 다가온다.

이러한 세계에 대해, 주자는 "하늘 위에는 소리도 없고 냄새도 없으나 실로 조화의 바탕이며, 만물의 근본이 된다."라고 하였고, 면재황씨는 "무극이면서 태극이라는 것은 형체가 없으되 지극히 형체가 있고, 모가 없으되 크게 모가 난다는 것과 같다."라고 하였다.4) 이런 견해는 중용의 지극한 덕인 "하늘의 일은 소리도 냄새도 없어야 지극하다"5)라는 의미와 상통한다. 이 파악하기 어려운 세계에 대해 인간이 체험한 하나의 느낌이, 바로 리(理)라는 언표를 통해, 우주에 질서를 부여하는 행위이다.

주자는 "하나가 늘 둘을 낳는 것"6)이라며 우주의 질서, 이치[理]를 적극적으로 긍정했다. 그리고 음양이 서로 운행하는 것을 기(氣)라고 하였고, 그 이치를 도(道)라고 하였다. 그러므로 음양은 기(氣)이지 도(道)가 아니다. 음양이 되게 하는 이치인 까닭이 도(道)이다.7) 때문에 음양은 기

---

② 無極而太極, 太極, 動而生陽, 動極而靜, 靜而生陰, 靜極復動, 一動一靜, 互爲其根, 分陰分陽, 兩儀立焉.

③ 鬼神者, 二氣之良能也.

④ 觀萬物之一原, 則理同而氣異. 觀萬物之異體, 則氣猶相近, 而理絶不同. 氣之異者, 粹駁之不齊, 理之異者, 偏全之或異.

4) 『聖學輯要』「窮理章」: 朱子曰, 上天之載, 無聲無臭, 而實造化之樞紐, 品彙之根柢也. 勉齋黃氏曰, 無極而太極, 若曰無形而至形, 無方而大方云爾.

5) 『中庸』 33章: 上天之載, 無聲無臭, 至矣.

6) 『聖學輯要』「窮理章」: 一每生二, 自然之理也.

7) 『聖學輯要』「窮理章」: 陰陽迭運者, 氣也, 其理則所謂道. 陰陽是氣, 不是道, 所以

(氣)의 영역에 속한다. 운행하는 기(氣)로서 음양의 속성은 '움직임'이다. 그것은 끊임없이 운동하고 힘을 발휘하며 우주의 생명력을 지속 가능케 한다. 따라서 세계는 기(氣)의 작용에 의해 운행되고, 기는 세계를 움직이는 에너지이며 세계의 존재 근거가 된다. 이렇게 볼 때, 기(氣)[음양]의 운행은 변화하는 세계를 조절하는 힘이다. 때문에 변하는 상황에 따라 기의 정도가 달라진다.

그런데 리(理)는 언제나 기(氣)의 변화에 따라 자기의 존재를 유지하고 있을 뿐이다. 이 리가 기의 리, 즉 기발리승(氣發理乘)인 것이다. 율곡은 철저히 기발(氣發)을 고수한다. 리(理)는 이념적 존재로서 기(氣)에 달라붙어 있다. 따라서 리발(理發)은 불가능한 것이다.[8]

무형(無形)이면서 질서를 갖춘 세계는 리(理)라는 이념적 존재와 기(氣)라는 구체적 힘으로 구성되어 있다. 리는 이념적 존재로서 모든 사물에 공통적이다. 그러나 발동하는 힘은 기의 운동에 의해서만 가능하다. 기의 운동은 움직임과 고요함, 굽힘과 폄이라는 귀신(鬼神) 작용에 의해 이루어진다. 이런 운동성이 어디서부터 오는지는 알 수 없다. 이미 전제된 사실로서의 우주자연(宇宙自然), 시공간(time and space)에서 스스로 그리함(self-so)일 뿐이다.

그런데 개별 사물에서 보면, 리와 기는 동일한 사물에 다른 이름으로 공존한다. 처음부터 공존하는 그 사물의 이념적 존재로서의 리는 그 사물의 쓰임이나 작용으로서 운동인 기와 늘 함께 한다. 움직임에 따라 리는 자기 존재를 지켜갈 뿐이다. 따라서 리는 보편적 원리로서의 이념적 존재이고 기는 특수한 운동으로서의 구체적 힘이다.

爲陰陽者, 乃道也.

8) 이것이 理氣論에서 退溪와 결정적으로 다른 점이다. 퇴계는 기대승과의 논변에서 理發을 인정했다. 율곡은 四端과 七情이 두 가지 情이 아님을 밝혔고, 理와 氣가 서로 發하지 않는다고 주장했다. 四端은 다만 理만을 말한 것이고 七情은 理와 氣를 합하여 말한 것이므로 四端은 七情에 포괄된다.

주자는 다음과 같은 표현으로 그 관계를 설명했다.

　　천명이 만물에 처음으로 부여되어 유행하는 것은 같으므로 리는 같다. 음
양오행의 기는 맑고 탁한 것, 순수하고 섞인 것이 있기 때문에 기는 서로 다
르다. 만물이 맑고 탁한 것, 순수하고 섞인 것에서 다른 점이 있다고 하더라
도 음양오행의 기를 같이 하였기 때문에 기는 서로 유사하다. 그런데 어둡고
밝고, 열리고 막힌 것이 차이가 크기 때문에, 리는 절대로 같지 않다.9)

리(理)는 기(氣)의 운동과 힘에 의해 제약되는 관계이다. 동시에 리는
기의 운동과 힘의 원인 제공자로서 기에 관계한다. 주자의 이러한 견해
는 율곡에게도 그대로 전해진다. 현상 만물의 생성 변화 차원에서 보면
리기(理氣)는 출발점이 없다. 그런 점에서 율곡은 리기의 불상리(不相離)
를 강조한다. 그러나 이는 논리적으로 리(理)의 선차성, 즉 불상잡(不相
雜)을 인정할 수밖에 없다. 왜냐하면 둘 사이의 존재 근거를 설명해야
하기 때문이다.
이를 율곡은 다음과 같이 해명한다.

　　리기는 시작이 없으므로 실제로 선후를 말할 수 없다. 다만 그 근거를 미
루어 보면 리는 지도리이자 뿌리가 되므로 리가 먼저라 할 수밖에 없다.
…… 사물에서 보면 분명히 먼저 리가 있고 나중에 기가 있다. 천지가 생기기
전에 천지의 리가 없다고 할 수는 없으니, 이를 미루어 보면 사물마다 모두
그러하다. …… 리와 기는 그 자체가 본래 혼합되어 있고 모두 본래 있는 것
이지, 처음 생긴 때가 있는 것은 아니다.10)

---

9) 『聖學輯要』「窮理章」: 朱子曰, 方賦與萬物之初, 天命流行, 只是一般, 故理同, 二
　　五之氣, 有淸濁粹駁, 故氣異. 萬物已得之後, 雖有淸濁粹駁之不同, 而同此二五之
　　氣, 故氣相近, 以其昏明開塞之甚遠, 故理絶不同.
10) 『栗谷全書』「與成浩原」: 理氣無始, 實無先後之可言. 但推本其所以然, 則理是樞紐
　　根柢, 故不得不以理爲先. …… 若於物上觀, 則分明先有理, 而後有得氣. 蓋天地未
　　生之前, 不可謂無天地之理也. 推之, 物物皆然. …… 理氣本自混合, 皆本有也. 非有
　　始生之時.

엄밀하게 말하면, 리기(理氣)는 처음 생기는 때가 있는 것은 아니다. 하지만 그 이치를 미루어 보면 리(理)가 지도리이자 뿌리나 바탕이 된다는 점에서 먼저라고 할 수밖에 없다. 여기에서 율곡이 리를 먼저라고 하고 기를 나중이라고 한 것은 논리적 선차성 차원에서 표현한 것일 뿐이다. 이를 리기의 불상리(不相離) 불상잡(不相雜)과 연관시켜 보면, 무형무위의 리는 유형유위인 기의 변화를 주재하고 그 원리가 되므로 현상적으로는 불상리하다. 그러나 논리적으로는 먼저 존재하기에 불상잡하다. 이런 점에서 율곡이 표현하는 리는 기의 조리(條理)일 뿐만 아니라 논리적으로 기보다 먼저 존재하는 사물의 원리이다. 리기(理氣)의 '불상리(不相離)-불상잡(不相雜)' 관계를 율곡은 리기지묘(理氣之妙)라고 말한다.

> 리와 기의 절묘한 이치는 보기도 어렵고 말하기도 어렵다. 리의 근원은 하나일 뿐이며, 기의 근원도 역시 하나일 뿐이다. 기가 흘러 다녀서 가지런하지 않고 고르지 않으며, 리 또한 흘러 다녀서 가지런하지 않고 고르지 않다. 기는 리를 떠나지 않고 리는 기를 떠나지 않는다. 이와 같으니 리기는 하나이다. 어디에서 다른 것을 볼 수 있겠는가.[11]

여기에서 율곡이 말하는 리기의 절묘함, 이른 바 리기지묘는 리기가 신비하거나 이해할 수 없는 어떤 측면임을 강조한 것은 아니다. 그 오묘한 세계는 단지 현상적으로 흘러 다니는 것은 하나인데, 서로 다른 특성을 지닌 리와 기에 의해, 절묘하게 혹은 신묘하게 언표된다는 것을 표현한 것일 뿐, 이 자체가 인식될 수 없다거나 신비한 어떤 경지를 말하는 허구적인 설명은 아니다.[12] 그러므로 율곡은 리기의 사이 세계를 다음

---

11) 『栗谷全書』「答成浩原」: 理氣之妙理, 難見亦難說. 夫理之源, 一而已, 氣理之源, 亦一而已矣. 氣流行而參差不齊, 理亦流行而參差不齊, 氣不離理, 理不離氣. 夫如是, 則理氣一也, 何處見其有異耶.

12) 리기용, 「지각의 지평에서 본 율곡의 理氣」, 한국동서철학회, 『동서철학연구』 50, 2008, 324-325쪽.

과 같이 종합한다.

> 움직이고 가만히 있는 낌새는 누가 시키는 것도 아니고, 리와 기도 앞뒤를 말할 수 있는 것이 아니다. 그러나 기가 움직이고 가만히 있는 것은 모름지기 리가 근본이 되기 때문이다. …… 그런데 리와 기는 하나이면서 둘이요 둘이 면서 하나이다. 리와 기는 혼연하여 사이가 없어서 원래 떨어지지 않는 까닭에 두 가지 물건이라고 할 수 없다. 그러므로 정자는 "그릇은 또한 길이고, 길도 또한 그릇이다."라고 하였다. 비록 떨어지지 않을지라도 혼연한 가운데 실제로는 섞이지 않아서 한 가지 물건이라고도 할 수 없다. 그러므로 주자가 "리는 스스로 리요, 기는 스스로 기이기 때문에 서로 섞이지 않는다."라고 하였다. 이 두 말을 깊이 생각하면 리기지묘(理氣之妙)를 볼 수 있을 것이다.13)

율곡이 말하는 리와 기는 "하나이면서 둘이요 둘이면서 하나"이기 때문에 하나와 둘이 어느 한쪽으로 떨어져 모순되거나 어그러지지 않는다. '하나'로 된다면, 움직이고 고요함의 근거인 리와 움직이고 고요함인 기를 나누어 말할 수 없을 뿐만 아니라 그 둘이 섞여서 어그러질 것이다. '둘'이 된다면 움직이고 고요함의 근거인 리와 움직이고 고요함인 기는 서로 영향을 미치지 않는 별개의 것이 되어 공부를 말할 수 없게 된다.14) 때문에 리기지묘(理氣之妙)는 일반적인 서구 형식 논리학의 체계에서 이해하기 어렵고, 설명하기 힘든, 직관적 방법에 의존하는 것이라고 할 수도 있다.15)

---

13) 『聖學輯要』「窮理章」: 動靜之機, 非有以使之也, 理氣, 亦非有先後之可言也, 第以氣之動靜也, 須是理爲根柢 …… 一而二二而一者也, 理氣渾然無間, 元不相離, 不可指爲二物, 故程子曰, 器亦道, 道亦器, 雖不相離, 而渾然之中, 實不相雜, 不可指爲一物, 故朱子曰, 理自理, 氣自氣, 不相挾雜, 合二說而玩索, 則理氣之妙, 庶乎見之矣.

14) 김현수, 「栗谷의 理氣之妙와 『道德經』의 '混'·'玄'」, 율곡학회, 『율곡사상연구』제6집, 2003, 220쪽.

15) 송석구, 앞의 책, 83쪽.; 理氣之妙를 서구의 형식 논리로 설명하기 힘들다보니, 성리학 이외의 관점을 도입하여 설명하려는 시도들도 있었다. 대표적인 것이 불교적 관점과 노자 『도덕경』의 관점이다. 황준연은 理氣之妙를 불교적 中道의 논리

　리와 기의 묘함은 이념적 존재와 구체적 운동[힘이나 에너지] 사이에 일어난 현실성에서 찾아야 한다. 왜냐하면 동일한 사물에서 리와 기는 분명히 다른 이름으로 존재하지만, 동일한 사물을 설명하고 이해하는 방식으로 존재하기 때문이다. 이렇게 볼 때, 리기지묘(理氣之妙)는 동일한 사물에서 범주가 다른 두 인식을 동시에 표현하는 언어적 수사라고 생각된다. 일종의 교차배어법으로, "리기지묘는 리와 기의 거리가 동시에 리와 기의 근접성을 뜻한다는 '멀리서부터의 일치'나 '어긋남이 있는 일치'"16)로 볼 수 있다. 다시 말하면, 사물의 실재성인 리와 운동성인 기의 관계를 하나의 언어에 표현해 놓은 것이다. 왜냐하면 사물의 실재는 운동의 방향을 따르고 운동은 실재의 속성을 안고 있기 때문이다.

　그렇다고 율곡의 리기지묘(理氣之妙)를 단순히 리와 기의 구조적인 총합으로만 이해해서는 안 된다. 오히려 이 세계의 일체 존재는 반드시 리의 주재에 따라 기의 현실성이 온전히 발휘되어, 엄밀한 의미에서 리기가 완전하게 일치될 때에만 하나의 존재가 성립할 수 있다.17) 결국 리기지묘는 실재와 운동으로 구성된 유기체적 세계를 설명해내는 율곡의 독특한 방식이다.

　율곡이 인식한 리(理)와 기(氣)의 관계를 다시 정리하면 다음과 같다.

　첫째, 리와 기는 하나이면서 둘이고 둘이면서 하나이다.

　둘째, 리와 기는 서로 떨어지지도 않고 서로 섞이지도 않는다.

　셋째, 리와 기는 혼연(渾然)하여 사이가 없다.

　　에서 고려해야 한다고 보고, 『반야심경』의 "색은 공과 다른 것이 아니요 공은 색과 다른 것이 아니다. 색은 곧 공이요, 공은 곧 색이다(色不異空 空不異色 色卽是空 空卽是色)"라는 논리를 예로 든다. 『율곡철학의 이해』, 서울: 서광사, 1995, 95쪽. 김현수는 노자 『도덕경』의 '혼'·'현'의 사유방식과 리기지묘 사유의 유사성을 검토하였다. 앞의 논문, 2003, 참조.

16) 김형효, 「율곡적 사유의 이중성과 현상학적 비전」, 김형효 외, 『율곡의 사상과 그 현대적 의미』, 성남: 한국정신문화연구원, 1995, 138쪽.

17) 黃義東, 『栗谷哲學硏究』, 서울: 경문사, 1987, 31쪽.

넷째, 리와 기는 기가 발동할 때 리가 그 위에 올라타고 있는 형식이다. 이는 세계의 복잡한 상황에 대한 율곡의 우주 인식 장치이다. 이념적 존재인 리(理)에 질서를 부여하고, 구체적 운동이자 힘으로 작용하는 기(氣)를 동시에 설명하는 것이다. 다시 말하면, 우주의 체계를 묘(妙)라는 양식으로 인식하여 다양한 상황, 세계를 있는 그대로 보기 위한 율곡의 사유 방법이 지닌 한 특성으로 생각된다.

리기지묘(理氣之妙)에서 '묘(妙)'는 리와 기의 관계를 설명하는 핵심 표현이다. 사전적 정의에 의하면, 묘(妙)는 '묘하다'(mysterious), '젊다'(young), '예쁘다' 등의 의미를 지니고 있다. '묘하다'는 의미는 인간의 인식과 사유에서 정의하기 힘든 사태를 말한다. '젊다'는 의미는 현재성과 미래성의 관계에서 볼 때 미래 지향적이며, 어떤 방향으로나 모두 나아갈 수 있다는 불확정과 불가결정의 사태를 내포하고 있다. '예쁘다'는 의미는 인간의 관점에 따라 대상이 다르게 보일 수 있는 상대성을 포함하고 있다. 따라서 '묘(妙)'는 일상적인 인식 내지 언어로써 포착되기 어려운 차원이며, 형식 논리적인 분석적 사고를 넘어선 인식을 강조하고 있어, 보기도 어렵고 말하기도 어려운[難見難說] 양상이다.18)

이는 『역(易)』과 『중용(中庸)』의 음양과 귀신의 논리로 설명할 수 있다. 상황에 따라 음과 양이 엇갈리는 현실성, '실제 일어난 상황 그 자체'가 '묘(妙)'이다. 이런 점에서 묘(妙)는 '현상[現象; 現狀] 그 자체'이다. '묘(妙)'는 현실에서 일어난 인간의 행위를 포괄적으로 표현하는 상징적 언어이다. 그러므로 율곡의 리기지묘는 음양(陰陽)과 귀신(鬼神)의 논리로 리와 기라는 세계상의 중심축을 그리는 현실적 관계망이다. 이는 『주역』의 음양론과 『중용』의 귀신론이 유학 우주관의 핵심이며, 율곡이 이를 정확하게 계승하고 있음을 보여준다.

18) 최영진, 「退·栗의 理氣論과 世界認識」, 『大東文化硏究』 제28집, 서울: 성균관대 대동문화연구원, 1993, 277쪽, 참조.

요컨대, 리기지묘(理氣之妙)는 역(易)의 논리, 기(氣)의 운동인 음양의 교차(交叉)를 하나의 몸[宇宙]안에서 해결하려는 언어적 수사법이며, 귀신(鬼神) 철학의 전면을 리기의 논리로 표출한 것이다. 이러한 리기지묘는 리와 기 양자의 상보적 관계를 중시한다는 점에서 유기체적 세계관으로 볼 수 있다.[19]

그러나 리기지묘가 인간의 본성에 바탕하는 교육의 문제와 연관되기 위해서는 보다 구체적으로 해명될 필요가 있다. 즉 그것의 적극적 의미를 고려해야 한다. 김기현은 리기지묘가 성선론의 새로운 전개에서 갖는 의의를 구명하면서 리기지묘를 소극적 의미와 적극적 의미로 분류하여 논의하였다.[20]

리기지묘의 소극적 의미는 앞에서 논의해온 것처럼, 모든 성리학자들이 공통적으로 인식하는 것은 리와 기가 "서로 떨어질 수도 없고 서로 섞일 수도 없다[不相離 不相雜]"이다. 이는 율곡에게서 "하나이면서 둘이고 둘이면서 하나[一而二 二而一]"의 논리로 드러난다. 이런 논리는 우주자연을 설명하는 리기의 관계 자체에 대한 보편적 설명으로 구체적이고 세밀한, 특수한 차원의 인간 문제를 해명하는 데 심각한 한계를 보여준다. 그것은 기를 타고 있는 리, 승기지리(乘氣之理)의 모습에서 보다 구체적이고 적극적인 의미로 인지된다.

　　'낚시터에서 손으로 물을 치면서 생각하였다'라는 설은 사물을 보고 도를 생각한 것이라고 말할 수 있지만, 여전히 미진한 부분이 있다. 물이 아래로 흐르는 것은 리(理)이다. 그것을 쳤을 때 손 위로 튀어 오르는 것 역시 리이다. 물이 한결 같이 아래로만 흘러서, 쳤는데도 튀어 오르지 않는다면 리가

19) 황의동, 「율곡철학의 현대적 의미-理氣之妙를 중심으로-」, 율곡학회, 『율곡사상연구』 제10집, 2005, 7-10쪽, 참조.
20) 김기현, 「율곡의 '이기지묘'가 성선론의 새로운 전개에서 갖는 의의」, 한국양명학회, 『양명학』 제11호, 2004, 287-316쪽, 참조.

없는 것이 된다. 쳤을 때 손 위로 튀어 오르는 것은 기(氣)일지라도, 쳤을 때
손 위로 튀어 오르는 근거는 리이니, 어찌 기가 단독으로 작용하였다고 말할
수 있겠는가. 물이 아래로 흐르는 것은 본연의 리이고, 쳤을 때 손 위로 튀어
오르는 것은 기를 탄 리이다.[21]

인용문은 우계 성혼(牛溪 成渾, 1535~1598)과 서신으로 논의하는 과
정에서 리와 기의 관계를 구명하는 대목이다. 우계는 아래로 흐르는 물
에 손을 세워 직각으로 넣었을 때 물이 손등을 타고 올라오는 현상에
대해, 이는 리(理)와 관계없는 기(氣)의 단독 작용이 아닐까 생각하였다.
그러나 율곡은 이런 견해에 대해 "그것 또한 리이다"라고 분명하게 자기
의 견해를 밝힌다. 명칭까지 자세하게 제시하여, 물이 아래로 흐르는 것
은 '본래 그러한 이치'인 본연지리(本然之理)이고, 흐르는 물에 손을 세
웠을 때 물이 손등을 타고 오르는 것은 '기를 타고 있는 이치'인 승기지
리(乘氣之理)로 명명하고 있다. 여기에서 '본연지리'는 '본연지성(本然之
性)이고 '승기지리'는 '기질지성(氣質之性)'이다.

이 지점에서 리기지묘의 절묘함, 혹은 심오함을 주의 깊게 고려해야
한다. 율곡이 강조한 것은 본연지리(本然之理)와 승기지리(乘氣之理), 두
부류의 리이다. 그런데 성리학 이론에서 (理)는 원칙적으로 한 가지일 뿐
이지만, 실제 논의에서는 두 부류의 리가 설정된다. 그렇다고 하더라도
일부 성리학자들은 한 가지의 리를 강조하며 본연지리(本然之理)를 말한
다. 이 지점이 바로 핵심이다. 본연지리에 짝하여 말해질 수 있는 기질지
리(氣質之理)에 대해서 우계를 비롯한 일부 성리학자들은 이해가 부족하
였다고 판단된다.

---

21) 『栗谷全書』「答成浩原」: 柳磯激水之說, 可謂見物思道矣. 猶有所未盡也. 夫水之就
下, 理也, 激之則在手者, 此亦理也. 水若一於就下, 雖激而不上, 則爲無理也. 激之而
在手者雖氣, 而所以激之而在手者, 理也. 烏可謂氣獨作用乎? 水之就下, 本然之理也,
激而在手, 乘氣之理也.

율곡은 이것의 중요성을 상기시켜 주었다. 엄밀하게 말하면 기질지리(氣質之理; 乘氣之理)는 진정한 의미의 리인 본연지리(本然之理)와는 성격을 달리 한다. 본연지리가 아니다. 리(理)는 초경험적이고 보편적인데 비해, 기질의 리는 경험계를 벗어나지 못할 뿐만 아니라 일시적 성향에 지나지 않는다. 그럼에도 불구하고 기질의 성향을 '리(理)'라고 부르는 까닭은, 그것 역시 나름의 규칙성을 갖고 있기 때문이다. 성리학의 인성론에서 항상 언급되는 본연지성(本然之性)과 기질지성(氣質之性)도 바로 이와 동일한 원리에 따른 구분이다. 기질지성이 진정한 의미의 성(性)은 아니지만 성으로 불리어지듯이, 기질의 리(理) 또한 리가 아니다거나 기질(氣質)이나 승기(乘氣)로 인해 리가 없다고 말해서는 안 된다. 이처럼 리기지묘에 담긴 사유는 의미심장하다. 리기지묘(理氣之妙)의 철학적 차원에 대한 심각한 고려는 율곡 스스로도 언표에서도 알 수 있다. 율곡은 리기지묘를 체인(體認), 묵험(默驗), 심구(深究), 완색(玩索), 체구(體究), 활간(活看), 난견난설(難見難說) 등의 부연 설명을 통해,[22] 그것의 중요성을 강조하였다.

2) 리통기국(理通氣局)

리통기국(理通氣局)은 리기지묘(理氣之妙)와 더불어 율곡의 우주[세계]관의 전모라 생각된다. 율곡은 이 세계의 보편성과 특수성, 통일성과 다양성의 관계를 리(理)와 기(氣)라는 두 가지 틀로써 해명해 냈다. 이 세계를 설명하는 원리는 형체가 없는 것[無形]과 형체가 있는 것[有形]에서 출발한다. 즉 보이지 않는 것과 보이는 것에 대한 경험적 인식은 인간의 한계를 드러내고, 이는 세계 인식의 제한성이 반영되어 있다. 율곡은 리통(理通)과 기국(氣局)을 다음과 같이 설명했다.

---

22) 황의동, 앞의 책, 앞의 논문, 참조.

'리가 통한다[理通]'라는 것은 무슨 뜻인가? 정자에 의하면, 리(理)는 본말(本末)도 없고 선후(先後)도 없다. 본말도 없고 선후도 없으므로 아직 감응하지 않았을 때도 먼저가 아니며, 이미 감응하였을 때도 뒤가 아니다. 그러므로 기를 타고 유행하여 천태만상으로 고르지 않으나 그 본연의 묘리(妙理)는 없는 데가 없다. 기가 치우치면 리도 치우치나 치우친 것은 리가 아니라 기이다. 기가 온전하면 리도 온전하나 온전한 것은 리가 아니라 기이다. 청(淸), 탁(濁), 수(粹), 박(駁)과 조박(糟粕), 외신(煨燼), 분양(糞壤), 오예(汚穢) 가운데에도 리(理)가 있지 않은 곳이 없어, 각각 그의 성(性)이 되지만 그 본연의 묘리는 그대로이다. 이것을 '리가 통한다'라고 하는 것이다.

'기가 국한된다[氣局]'라는 것은 무슨 뜻인가? 기(氣)는 이미 형적(形迹)에 관계되기 때문에 본말이 있고 선후가 있다. 기의 본체는 담일청허(湛一淸虛)할 뿐이니, 어찌 일찍이 조박(糟粕), 외신(煨燼), 분양(糞壤), 오예(汚穢) 등의 기가 있겠는가. 오직 기가 오르락내리락 움직여 조금도 쉬지 않으므로 천태만상으로 고르지 아니하여 만 가지 변화가 생기는 것이다. 이에 기가 유행할 때 본연을 잃지 않는 경우도 있고 본연을 잃는 경우도 있으니, 이미 그 본연을 잃어버렸다면 기의 본연은 이미 존재가 없어지게 된다. 치우친 것은 치우친 기(氣)이고 온전한 기가 아니며, 맑은 것은 맑은 기이고 탁한 기가 아니다. 조박, 외신은 조박, 외신의 기이고 담일청허의 기가 아니다. 이것은 리(理)가 만물 가운데 그 본연의 묘리가 어디에나 그대로 있는 것과는 같지 않다. 이것이 이른바 '기가 국한된다'라는 것이다.[23]

리통(理通)이란 천지만물이 동일한 리(理)라는 것이고, 기국(氣局)은 천지만물이 각기 하나의 기(氣)라는 것이다.[24]

---

23) 『栗谷全書』「答成浩原」: 理通者, 何謂也. 理者, 無本末也, 無先後也. 無本末無先後, 故未應不是先, 已應不是後. 程子說. 是故, 乘氣流行, 參差不齊, 而其本然之妙, 無乎不在. 氣之偏則理亦偏, 而所偏非理也, 氣也. 氣之全則理亦全, 而所全非理也, 氣也. 至於淸濁粹駁, 糟粕煨燼糞壤汚穢之中, 理無所不在, 各爲其性, 而其本然之妙, 則不害其自若也. 此之謂理之通也. 氣局者, 何謂也. 氣已涉形迹, 故有本末也, 有先後也. 氣之本則湛一淸虛而已, 曷嘗有糟粕煨燼糞壤汚穢之氣哉. 惟其升降飛揚, 未嘗止息, 故參差不齊而萬變生焉. 於是, 氣之流行也, 有不失其本然者, 有失其本然者, 旣失其本然, 則氣之本然者, 已無所在. 偏者, 偏氣也, 非全氣也, 淸者, 淸氣也, 非濁氣也. 糟粕煨燼, 糟粕煨燼之氣也, 非湛一淸虛之氣也. 非若理之於萬物, 本然之妙, 無乎不在也. 此所謂氣之局也.

24) 『聖學輯要』「窮理章」: 理通者, 天地萬物, 同一理也, 氣局者, 天地萬物, 各一氣也.

여기에서 통(通)과 국(局)은 리(理)와 기(氣)의 기능적 특성을 표현한 말이다. 통(通)은 일(一)·동(同)·상(常)·보편(普遍)·원융(圓融) 등을 의미하고, 국(局)은 이(二)·이(異)·특수(特殊)·국정(局定) 등을 의미한다.[25]

리(理)는 우주의 질서이자 형체가 없는 그 무엇이다. 따라서 인간의 인식에선 초경험적인 존재이다. 그렇다고 경험할 수 없는 것이 아니라 느낌과 직관의 오랜 습성으로 말미암아 하나의 패턴을 발견해낸 자연성이다. 리(理)는 '자명성(自明性)'·'자족성(自足性)'이라는 측면과 '이미 존재했고' '그러한 근거[所當然·所以然]'[26]라는 측면에서 '의미론적으로 꿰뚫어져 있는 세계상에 대한 이치'이다. 모든 존재에 소통할 수 있는 근원적인 힘으로서의 리는 자신이 지닌 보편적 동일성을 언제나 확보할 수 있다. 이것이 율곡의 리통이다.[27] 이는 리(理)가 의미론적으로, 이념적으로 보편적이고 항상 그러하며 같다는 뜻이지, 개개 사물의 이치가 모두 동일하다는 의미는 아니다. 개개사물의 이치는 개개 사물마다 다르게 부여되어 있다. 이것이 리일분수(理一分殊)라는 리(理)의 존재 양상이다.

기국(氣局)은 바로 천지 만물이 모두 하나의 기(氣)라는 인식아래 개개 사물이 나누어지는 근거를 제공한다. 국(局)이 '나누어지고 다르고 제한되는 의미'로 이해된다면 개개 사물[氣]의 존재 양상은 다양한 모습으로 나뉘어져 있다. 따라서 기국(氣局)은 세계의 다양한 모습을 형용한 개념으로 이해된다.

그런데 기국(氣局)을 기의 국한이나 제한의 측면에서만 볼 때 오해의

---

25) 黃義東, 앞의 책, 90쪽, 참조.

26) 所以然과 所當然은 흔히 존재와 당위로 보는 경우가 많다. 所以然은 '존재의 필연법칙'이고, 所當然은 '가치의 당위법칙'이다. 그러나 所以然之故와 所當然之則에서 유추해 볼 때, '그러한 바의 이유·원인'과 '마땅히 그러한 바의 법칙'관계로 따진다면 사물에 부여된 원인과 결과로서 파악해 볼 수도 있다.

27) 이천승, 「18세기 호락논변에 끼친 율곡학의 영향」, 율곡학회, 『율곡사상연구』 제28집, 2014, 41쪽.

소지가 있다. 현실적으로 다양한 편차를 보이는 기의 국한은 리의 보편적 동일성을 방해하는 요인이 될 수 있다. 그러나 기라고 모두 동일한 기가 아니다. 율곡은 기의 다양성 속에 근본으로서 본연의 기가 내재되어 있음을 특별히 주목한다.[28] 이 부분에서 리통기국의 리기와 통국의 의미를 심각하게 고민해야 한다.

율곡은 리(理)와 기(氣)의 존재 양상을 리일분수(理一分殊)라는 이념적 존재의 원초적인 무형의 상태가 질서화 하는 과정과 결부시켜 리통기국(理通氣局)이라는 독자적 용어를 도출해 낸 듯하다.[29] 리통기국(理通氣局)과 리일분수(理一分殊)의 관계에서, 리통(理通)은 리일(理一)에 해당하고 기국(氣局)은 리분수(理分殊)에 해당한다고 본다면, 리와 기의 개념적 상반성과 상보성의 관계에서 리통기국을 이해할 수도 있다.[30] 다시 말하면, 리기(理氣)의 일이분수(一而分殊) 혹은 리일이기분수(理一而氣分殊)의 의미이다.[31] 이런 인식은 율곡의 독특한 철학용어인 리통기국(理通氣局)이 리일분수(理一分殊)와 기일분수(氣一分殊)의 사유구조에서 배태되었음을 시사한다.

엄밀하게 말하면, 본연(本然)에서 말하는 리(理)는 본래 하나, '리일지리(理一之理)'이다. 유행(流行)의 차원에서 보면, 리(理)는 나뉘어 제각기 다른, '분수지리(分殊之理)'이다. 본체상에서 리는 하나이지만 현상계에서는 다양한 리가 가능하다. 체와 용이 한 근원이고 본체와 현상이 하나인 한, 리일(理一)과 분수(分殊)의 양 측면은 함께 보아야 한다. 그런데 리일분수(理一分殊)가 리(理)를 중심으로 체용(體用)을 하나로 본 이론일

---

28) 이천승, 위의 논문. 2014, 42쪽.

29) 『栗谷全書』「答成浩原」: 理通氣局四字, 自謂見得, 而又恐珥讀書不多, 先有此等言 而未之見也.

30) 김형효, 「栗谷的 思惟의 이중성과 현상학적 비전」, 『栗谷의 사상과 그 현대적 의 미』, 성남: 한국정신문화연구원, 1995, 참조.

31) 리기용, 앞의 논문, 2008, 333쪽.

지라도, 그 속에는 이미 리기지묘(理氣之妙)나 리기묘합(理氣妙合)을 전제로 한 것이다. 리의 체와 용을 말하지만 기와 유기체적 관계에서 언급하는 것이다. 왜냐하면 리의 분수라는 것 자체가 기와의 관계에서 비롯되기 때문이다.

이런 점에서 리통기국은 그것을 논의하기 전에 리일분수(理一分殊)와 함께 기일분수(氣一分殊)의 사유가 전제되어야 정당하다. 앞에서 논의한 것처럼, 기는 유형(有形) 유위(有爲)를 특징으로 하고, 가변성(可變性)을 전제로 한다. 천지만물이 같은 차원에서의 일기(一氣)는 기일지기(氣一之氣)이고, 천지만물이 각각 다른 일기(一氣)는 분수지기(分殊之氣)이다. 율곡은 동일기(同一氣)이므로 리일(理一)일 수 있고 각일기(各一氣)이므로 분수(分殊)가 된 것이고 하였다.

그런데 율곡은 일기(一氣)의 본원을 담연청허(湛然清虛)라고 하고, 기의 본연을 담일청허(湛一清虛)할 뿐이라고 하였다. 기의 본체 혹은 본연이 '담일청허' 또는 '담연청허'하다는 말은 가치적으로 리(理)의 순선(純善)과 다를 바 없다. 이는 무형(無形) 무위(無爲)를 특징으로 하는 리와 담일청허를 본연으로 하는 기가 궁극적 경지에서 실제는 동일하면서 이름을 달리하는 차원이다. 따라서 기에 차원에서 본연의 순수성이 담보되지 않는다면 리의 본연도 순선을 보장할 수 없다. 왜냐하면 양자는 본체계에서건 현상계에서건 결코 떨어질 수 없는 유기체적 관계로 존재하기 때문이다.

이렇게 볼 때, 율곡의 경우, 리일분수(理一分殊)를 말하더라도, 그것은 이미 기일분수(氣一分殊)를 전제로 하며, 기일분수를 말하더라도 그것은 이미 리일분수를 전제로 하는 것이다. 때문에 율곡의 리통기국은 리일분수와 기일분수의 사고를 거쳐 도출되는 것이다.[32]

---

32) 이영자, 「湖洛論爭에 있어서 栗谷 理通氣局說의 영향」, 한국동서철학회, 『동서철학연구』 제41호, 2006; 황의동, 「율곡의 理通氣局에 관한 연구」, 새한철학회, 『철

리일분수란 것은 리는 본래 하나이다. 그런데 기가 고르지 않기 때문에 제
각기 속한 바에 따라 각기 한 가지 이치가 된다. 이것이 '나뉘어서 달라지는'
이유이고, 리가 본래 하나가 아니라는 것이 아니다.[33]

리는 기의 '고르지 않음'에 의해 결정적으로 나뉘어 갈라진다. '고르
지 않음'은 사물이 각기 다른 존재 근거를 설명하는 말이다. 중요한 것
은 기가 다르기 때문에 그 기를 타고 있는 리까지 달라진다는 점이다.
리는 의미론적으로 하나이지만 동시에 기의 고르지 않음에 의해 이미 존
재하는 세계상만큼 각각 존재하는 것이다.

리통(理通)은 본래 하나의 리라는 이념적 존재일 뿐, 실제 세계상은
기국(氣局)이라는 개개 사물의 운동[動]과 정지[靜]에 따라 움직여 나간
다. 따라서 리통은 기국의 운동 논리 속으로 들어오게 된다. 이는 리의
관념성과 기의 사실성을 유기체적으로 조화한 것과 같다. 모든 실재적인
존재들은 리를 함유하고 있고, 이 리에 의하여 기의 질료성이 발휘되어
존재가 가능하게 된다.[34]

이런 관점에 기초하여 율곡은 개체 사물[氣]만이 펼쳐지고, 리는 개체
사물을 타고 한 길로 나아간다는 "기발리승일도(氣發理乘一途)"를 주장
했다. 이것이 바로 리통기국의 운동을 설명하는 근거이다.

'기가 발하면 리가 탄다[氣發而理乘]'는 것은 무슨 뜻인가? 음(陰)이 고요
하고 양(陽)이 움직이는 것은 그 기미가 저절로 그러한 것이지 누가 시키는
것이 아니다. 양이 움직이면 리(理)가 움직임에 타고 리가 움직이는 것은 아니
며, 음이 고요하면 리가 고요함에 타고 리가 고요한 것이 아니다. …… 음이
고요하고 양이 움직이는 것은 그 기미가 저절로 그러한 것이고, 음이 고요하

학논총』 제56집 제2권, 2009, 참조.

33) 『聖學輯要』 「窮理章」: 理一分殊者, 理本一矣, 而由氣之不齊, 故隨所寓, 而各爲一
理, 此所以分殊也, 非理本不一也.

34) 송석구, 앞의 책, 61쪽.

고 양이 움직이게 하는 근거는 리이다. …… 이른바, "태극이 움직여 양을 낳
고 고요하여 음을 낳는다."라는 말은 아직 그렇지 않음에 근원하여 말한 것이
고, "동정은 이것이 타는 그 기미이다."라는 말은 이미 그러함을 보고서 말한
것이다. 움직임과 고요함이 시작이 없고 음과 양이 처음이 없으니, 리와 기의
유행이 모두 이미 그러할 뿐이다. 어찌 아직 그러하지 않은 때가 있겠는가.
그러므로 천지의 조화와 우리 마음의 펼침이 모두 기(氣)가 발하면 리(理)가
타지 않는 것이 없다. 이른바 '기가 발하면 리가 탄다'는 것은 기가 리에 앞선
다는 말이 아니다. …… 기가 발하면 리가 타는 것이 하나의 길이 아니고 리
또한 따로 작용한다면 리를 무위(無爲)라고 말할 수 없다. 공자가 무엇 때문에
"사람이 도(道)를 넓히는 것이지 도가 사람을 넓히는 것이 아니다."라고 하였
겠는가. 이와 같이 본다면 기가 발하면 리가 타는 하나의 길이 분명하고 환해
져서 형기의 사사로움에서 생기기도 하고 성명의 바른 데 근원을 두기도 한
다는 설과 사람이 말이 가는 대로 맡기며 말이 사람의 뜻을 따른다는 설도
널리 통하여 각각 그 뜻을 알게 될 것이다. …… 기가 발하면 리가 타는 하나
의 길만이 있다는 설은 형기의 사사로움에서 생기기도 하고 성명의 바른 데
에 근원을 두기도 한다는 설이나, 사람이 말이 가는 대로 맡기며 말이 사람의
뜻에 따른다는 설과도 모두 통할 수 있다. …… 기가 발하면 이가 타는 하나
의 길만이 있다는 설은 본원을 추구한 논리이며, 형기의 사사로움에서 생기기
도 하고 성명의 바른 데에 근원을 두기도 한다는 설과 사람은 말이 가는 대로
맡기며 말은 사람의 뜻에 따른다는 설은 말류(末流)를 따라서 본 논리이다.35)

　　그렇다고 기발리승의 한 길, 그 리기(理氣)의 연속선상이 리와 기의
동일성을 강조하는 것은 아니다. 리와 기는 엄연히 다르다. 그러나 리기

---

35) 『栗谷全書』「答成浩原」: 氣發而理乘者, 何謂也. 陰靜陽動, 機自爾也, 非有使之者
也. 陽之動則理乘於動, 非理動也, 陰之靜則理乘於靜, 非理靜也. …… 陰靜陽動, 其
機自爾, 而其所以陰靜陽動者, 理也. …… 夫所謂動而生陽, 靜而生陰者, 原其未然
而言也. 動靜所乘之機者, 見其已然而言也. 動靜無端, 陰陽無始, 則理氣之流行, 皆
已然而已. 安有未然之時乎. 是故, 天地之化, 吾心之發, 無非氣發而理乘之也. 所謂
氣發理乘者, 非氣先於理也. …… 若非氣發理乘一途, 而理亦別有作用, 則不可謂理
無爲也. 孔子何以曰, 以能弘道, 非道弘人乎. 如是看破, 則氣發理乘一途, 明白坦然,
而或原或生, 人信馬足, 馬順人意之說, 亦得旁通而各極其趣. …… 氣發理乘一途之
說, 與或原或生, 人信馬足, 馬從人意之說, 皆可通貫. …… 蓋氣發理乘一途之說, 推
本之論也, 或原或生, 人信馬足, 馬從人意之說, 沿流之論也.

지묘에서 논의한 것처럼, 그 관계가 유기체와 같다. 펼쳐지는 것은 기이
고 펼쳐지는 것의 까닭이나 전제가 되는 것이 리이다. 따라서 세상 모든
존재는 기가 아니면 펼칠 수 없고 리가 아니면 펼칠 근거가 없게 된다.
이는 리와 기가 떨어질 수 없음을 강조한 것이다.

그러기에 율곡은 리와 기를 물과 그릇에 비유한다. "리가 기와 떨어질
수 없는 것은 마실 물이 그릇에서 떨어질 수 없는 것과 같다."36) 이를
인간의 마음 지각에서 보면, 마음이 지각하는 방식은 기발(氣發)이고, 기
발에 내재한 도체(道體), 즉 리(理)는 무위하다. 여기에서 도체가 지각을
탄다는 것은 지각을 통하여 도체가 실현될 수밖에 없다는 것이 된다.37)

이런 관점에 기초하여 율곡은 마른나무와 식은 재의 비유를 통해, 리
통기국을 보다 분명하게 설명한다.

> 마른나무에는 마른나무의 기(氣)가 있고, 식은 재에는 식은 재의 기가 있
> 다. 세상에 어찌 형체만 있고 기가 없는 물건이 있겠는가. 마른나무나 식은
> 재의 기가 되면, 그것은 생나무나 타는 불의 기가 아니므로, 생기(生氣)가 이
> 미 끊어져 유행할 수 없다. 리(理)가 기(氣)를 타고 있는 것으로 말하면, 리가
> 마른나무와 식은 재에 있는 것은 기에 국한하여 각각 하나의 리가 되지만, 리
> 의 본체로 말하면, 마른나무와 식은 재에 있을지라도 그 본체의 혼연한 것은
> 그대로이다. 그러므로 마른나무와 식은 재의 기는 생나무와 타는 불의 기가
> 아니지만, 마른나무와 식은 재의 리는 생나무와 타는 불의 리이다. 오직 그
> 리가 기를 타서 하나의 사물에 국한된다. 때문에 주자가 말하기를, "이는 절
> 대로 같지 않다."라고 하였다. 오직 그 리가 기에 국한되었다 할지라도 본체
> 는 스스로 같으므로, 주자가 말하기를, "리는 리대로 기는 기대로 서로 뒤섞
> 이지 않는다."라고 하였다. 사물에 국한된 것은 기의 국한이고, 리는 리대로
> 기와 서로 뒤섞이지 않는 것은 리의 통함이다.38)

---

36) 『栗谷全書』「答成浩原」: 理不離氣, 眞如水不離器也.
37) 리기용, 앞의 논문, 2008, 331쪽.
38) 『栗谷全書』「答成浩原」: 枯木有枯木之氣, 死灰有死灰之氣. 天下, 安有有形, 無氣
　　之物乎. 只是旣爲枯木死灰之氣, 則非復生木活火之氣, 生氣已斷, 不能流行爾. 以理

마른나무와 생나무, 식은 재와 타는 불 사이의 관계를 다시 살펴보면, 기의 국한과 리의 통합이 보다 구체적으로 느껴진다. 마른 나무와 생나무의 차이를 살펴보면, 둘 사이에는 기의 정도에서 차이가 난다. 마른 나무는 마른만큼 죽은 기운이 느껴지고, 생나무는 살아 있는 기운이 느껴진다. 그 기운을 타고 나무의 리는 존재한다. 식은 재와 타는 불도 마찬가지이다. 불기운의 정도 차이가, 타고 있어서 뜨거운 것인지 식어서 차가운 것인지에 따라 기는 제 각각이지만, 그 기를 타고 있는 리는 본질적으로 동일하다. 그것은 사람과 사물의 비유에서 보다 구체적으로 감지된다.

> 사람의 성(性)은 사물의 성이 아니니, 이것은 기의 국한된 것이다. 사람의 리(理)는 물의 리에 가까우니, 이것은 리의 통한 것이다. 모나고 둥근 그릇은 같지 않으나 그릇 속의 물은 한 가지이고, 크고 작은 병은 같지 않으나 병 속의 빈 공간은 한 가지이다. 기의 근본이 한 가지인 것은 리가 통하기 때문이고, 리가 만 가지로 나누어진 것은 기가 국한되기 때문이다.[39]

여기서 고려할 사안은 율곡이 리통기국을 본체상에서 논의해야 한다고 전제하면서도, 본체를 떠나서 유행을 찾을 수 없기 때문에 본체와 현상, 체와 용을 아울러 보아야 한다는 점이다. 본체 가운데 유행이 있고 유행 가운데 본체가 있으니, 리통기국은 어느 한쪽에 치우서는 안 된다는 것이다.[40]

之乘氣而言, 則理之在枯木死灰者, 固局於氣而各爲一理. 以理之本體言, 則雖在枯木死灰, 而其本體之渾然者, 固自若也. 是故, 枯木死灰之氣, 非生木活火之氣, 而枯木死灰之理, 卽生木活火之理也. 惟其理之乘氣而局於一物, 故朱子曰, 理絶不同. 惟其理之雖局於氣, 而本體自如, 故朱子曰, 理自理, 氣自氣, 不相挾雜. 局於物者, 氣之局也, 理自理, 不相挾雜者, 理之通也.

39) 『栗谷全書』「與成浩原」: 人之性, 非物之性者, 氣之局也. 人之理, 卽物之理者, 理之通也. 方圓之器不同, 而器中之水一也. 大小之甁不同, 而甁中之空一也. 氣之一本者, 理之通故也, 理之萬殊者, 氣之局故也.

그런데 리통기국설의 궁극적인 목적은 리통으로써 선(善)의 본체는 어디에나 존재하여 변함이 없으며, 기국으로써 인간의 현상적 불완전은 기로 인한 것임을 밝히는 작업이다. 이런 점에서 리통기국설은 리기지묘의 논리를 심성론적으로 전개하고 적용할 수 있는 근거가 되며 리기지묘론을 실제적으로 규정지어주는 논리적 근거가 된다.

율곡의 의도는 기의 특성이 가변적인 것이므로 인간은 교육[수양]을 통해 불완전한 상태의 기를 본래의 상태로 회복시킬 수 있다는 점이다. 다시 말하면 나의 경험들이 상호교차, 또는 나의 경험과 타인의 경험 사이에 엮어지는 상호교차에서 발산되는 구체적 의미의 세계[41]에서 인간이 편벽된 기질을 다스려 본연의 선(善)을 확충한다면 모두가 성인(聖人)이 될 수 있다고 가정했다.[42]

2. 인간의 심성과 욕심의 문제; 인간관(人間觀)

1) 사단칠정(四端七情)

유학[성리학]은 우주의 모든 존재를 인간과의 관계를 중심으로 이해하려는 입장을 지니고 있다.[43] 그런데 모든 존재 중에서 가장 중요하게 여기는 것이 '사람[人]'이다. 『예기(禮記)』「예운(禮運)」편을 빌어 '만물 중에 사람이 가장 귀하다'는 율곡의 태도는 이를 적절히 뒷받침하고 있다.

---

40) 황의동 앞의 논문, 2009, 311-312쪽.

41) 김형효, 「栗谷과 메를로-뽕띠와의 比較研究」, 『韓國思想散稿』, 서울: 一志社, 1976, 61쪽.

42) 장숙필, 『栗谷 李珥의 聖學研究』, 서울: 고려대 민족문화연구소, 1992, 54쪽, 참조.

43) 금장태, 『유교사상의 문제들』, 서울: 驪江出版社, 1990, 참조.

사람은 천지의 덕이고, 음양을 교합한 것이며, 귀신이 모인 것이고, 오행의 빼어난 기운이다. 그러므로 사람은 천지의 마음이다.[44]

사람을 '천지(天地)의 마음'이라고 규정한 것은 세상 모든 것과의 관계에서 사람이 중심이라는 뜻을 가진다. 중심은 주체 의식이다. 인간은 세상을 주체적으로 끌어갈 수 있다는 인식에서 세상에서 가장 귀중한 존재임을 스스로에게 부여했다. 그리하여 본래 그러한 성품[本然之性]으로써 하늘이 명(命)하여 품부한 것이 이른바 사단(四端)이다.

사람은 모두 (사람에게) 차마 그렇게 하지 못하는 마음을 지니고 있다. 지금 어떤 사람이 갑자기 어린 아이가 우물에 빠지려는 것을 보면, 홀연히 놀라서 가슴 쓰라리게 불쌍히 여기는 마음을 갖게 되는데, 그것은 어린 아이의 부모와 교제하기 위해서도 아니고, 마을 사람이나 친구들에게 칭찬을 듣기 위해서도 아니며, 비난하는 소리가 무서워서 그런 것도 아니다. 이러한 사례로 볼 때, 가슴 쓰라리게 불쌍히 여기는 마음이 없거나, 부끄럽거나 미워할 줄 아는 마음이 없거나, 양보하고 겸손하는 마음이 없거나, 옳고 그름을 분별할 줄 아는 마음이 없으면 사람이 아니다. 불쌍히 여기는 마음은 인(仁)의 실마리이고 부끄럽거나 미워할 줄 아는 마음은 의(義)의 실마리이며, 양보하고 겸손하는 마음은 예(禮)의 실마리이고, 옳고 그름을 분별할 줄 아는 마음은 지(智)의 실마리이다. 사람이 사단(四端)을 가지고 있는 것은 그 사체(四體)를 가진 것과 같다 …… 나에게 있는 사단을 모두 확충할 줄 알면, 불이 타기 시작하는 것과 같고, 샘물이 솟아나기 시작하는 것과 같은 것이다.[45]

---

44) 『聖學輯要』「窮理章」: 人者, 其天地之德, 陰陽之交, 鬼神之會, 五行之秀氣也, 故人者, 天地之心也.

45) 『孟子』「公孫丑」上: 人皆有不忍人之心. 所以謂人皆有不忍人之心者, 今人, 乍見孺子將入於井, 皆有怵惕惻隱之心, 非所以內交於孺子之父母也, 非所以要譽於鄉黨朋友也, 非惡其聲而然也. 由是觀之, 無惻隱之心, 非人也, 無羞惡之心, 非人也, 無辭讓之心, 非人也, 無是非之心 非人也. 惻隱之心, 仁之端也, 羞惡之心, 義之端也, 辭讓之心, 禮之端也, 是非之心, 智之端也. 人之有是四端也, 猶其有四體也, …… 凡有四端於我者, 知皆擴而充之矣, 若火之始然, 泉之始達.

잘 알려져 있듯이 사단은 측은(惻隱)·수오(羞惡)·사양(辭讓)·시비(是非)의 네 가지 마음의 존재 양태를 가리킨다. 이는 어디까지나 '단(端)'-드러날 수 있는 가능성의 한 '끝'-으로 인의예지(仁義禮智)의 실마리이다. 이 인의예지(仁義禮智)는 본능적 욕망[食色之性]과 대비시켜 말한 인간의 성(性)이다.46) 그런데 인간은 사단을 갖춤으로써 마치 사지(四肢)를 움직일 수 있는 것처럼, 세계에 대해 자기 활동을 전개해 갈 수 있는 능력을 지니게 된다. 이 능력을 선천적으로 온전하게 갖춘 것이 인간이고, 인간은 여러 가지 노력에 의해 자기 목표를 달성해 갈 수 있다.

사단은 인간이 갖춘 성(性)으로 마음[心]에 자리 잡고 있는 가능태이다. 이는 본구성(本具性)으로서 본연(本然)의 성(性)이므로 선(善)하다. 맹자 성선(性善)의 전통적 맥락에 따라 율곡도 인간의 몸에 갖추어진 이치가 공명정대하다고 보았다. 그러나 율곡은 본연(本然)의 성(性)[四端:理]을 기질(氣質)의 성(性)에 포함시켰다.47) 본연의 성은 선(善)한 가치 의식을 내재하고 있지만, 기질은 선악(善惡)을 동시에 지니고 있다는 것이다. 그러므로 행위의 방향에 따라 기질의 차이가 드러나고 선악(善惡)이 갈라진다.

칠정(七情)은 『예기(禮記)』「악기(樂記)」의 '희(喜)·노(怒)·애(哀)·구(懼)·애(愛)·오(惡)·욕(欲)'을 말한다. 그런데 율곡은 위에서 논의한 선(善)한 사단(四端)을 칠정(七情)에 포함시켜 논의했다. 칠정(七情)이 정(情) 전체를 가리키는 것이라면, 사단(四端)은 그 가운데 선(善)한 정(情)만을 가리켜 말한 것이다.48) 이는 인간성의 착함[善]에 대한 일방적인 신념이 아니라 현실적으로 작용하는 선악(善惡)의 인정으로 이해된다. 즉 인간의 행위에 따라 선(善)과 악(惡)을 발산할 수 있는 가능성을 긍정한 것이다.

---

46) 장숙필, 앞의 책, 74쪽, 참조.
47) 『聖學輯要』「窮理章」: 本然之性, 氣質之性, 非二性也, 就氣質上, 單指其理曰, 本然之性, 合理與氣質, 而命之曰, 氣質之性.
48) 李基鏞, 「栗谷 李珥의 人心道心論 研究」, 연세대 박사논문, 1995, 129쪽.

사단과 칠정의 관계를 율곡은 다음과 같이 정의했다.

> 사단은 오직 리(理)만을 말한 것이고, 칠정은 리(理)와 기(氣)를 합하여 말
> 한 것이며, 두 가지 정(情)이 있는 것은 아니다 …… 사단은 성 가운데 본연
> 의 성을 말한 것과 같고, 칠정은 성 가운데 리기를 합하여 말한 것과 같다.
> 기질의 성은 실로 기질 가운데 있는 본성이고, 두 가지 성이 따로 있는 것은
> 아니다. 그러므로 칠정은 실로 사단을 포괄한 것이요, 두 가지 정이 아니다.
> 모름지기 두 가지 성이 있어야 비로소 두 가지 정이 있을 수 있다.49)

율곡의 생각은 성(性)도 하나요 정(情)도 하나라는 데 기초한다. 사단
은 본연의 성(性)[理]만을 가리켜 말한 것이고, 칠정은 성(性)의 본연[理]
과 기질[氣]를 합해서 말했으니 칠정이 사단을 포괄하게 된다. 그런데
마음과 관련하여 율곡은 성(性)과 정(情)을 체(體)와 용(用)으로 보고 현
실적 용(用)의 측면에 비중을 둔 것 같다.

> 마음의 체는 성이요 마음의 용은 정인데 성정(性情)의 밖에 또 다른 마음
> 은 없다. 그래서 주자가 말하기를 "마음이 움직이는 것이 정이다"라 하였다.
> 정은 물에 감동하여 처음으로 발하는 것이요, 뜻은 정으로 말미암아 계교(計
> 較)하는 것이니, 정이 아니면 뜻이 말미암을 데가 없다. 그러므로 주자가 말하
> 기를 "뜻은 정에 말미암아야만 작용한다. 그래서 마음이 고요하여 움직이지
> 않는 것을 성이라 하고, 마음이 감동하여 드디어 통하는 것을 정이라 하며,
> 마음이 감수된 것에 따라 추출하고 헤아려 생각하는 것을 뜻이라고 한다."라
> 고 하였으니 마음과 성이 과연 두 작용이겠으며, 정과 뜻이 과연 두 갈래가
> 있겠는가? 다섯 성 이외에 다른 성은 없고, 칠정 이외에 다른 정은 없다. 맹자
> 가 칠정 가운데 그 착한 정만을 취하여 사단으로 정한 것이고 칠정 이외에
> 별도로 사단을 둔 것이 아니다. 정의 선악이 그 어느 것인들 성에서 발하지

---

49) 『聖學輯要』「窮理章」: 四端專言理, 七情合理氣, 非有二情, …… 四端, 猶性之言本
然之性也, 七情, 猶性之合理氣而言也, 氣質之性, 實是本性之在氣質者, 非二性, 故
七情實包四端, 非二情也, 須是有二性, 方能有二情. 여기에서 율곡의 조선조 성리
학자들의 理氣互發의 오류를 구체적으로 거명하고 있다.

않은 것이 있겠는가? 그 악이란 것은 본래 악이 아니고 다만 형기에 가리어
지나친 것과 미치지 못한 것이 있어 악이 된다. 그러므로 정자가 "선악은 모
두 천리(天理)이다"라고 하였고, 주자는 "천리로 인하여 사람의 욕심이 있다"
라고 하였다.50)

사실 성(性)은 체(體)로서 존재 그 자체이다. 정(情)만이 작용과 운동을
통해 구체적으로 쓰임새를 갖는 것이다. 마음은 성(性)을 담고 있는 그릇
이다. 따라서 마음은 성(性)의 주인이다. 그런데 율곡이 칠정 가운데서
선한 것만을 뽑아서 사단을 지목했다. 이는 정이라는 마음의 현상과 함
께 사단도 현상화 했음을 뜻한다. 이러한 율곡의 사단칠정을 통해 본 인
간[인간]의 이해는 인심(人心)과 도심(道心)이라는 마음의 경향성을 파악
할 때 보다 구체적으로 드러난다.

2) 인심도심(人心道心)

인심도심(人心道心)은 『서경(書經)』「대우모(大禹謨)」의 유명한 16자
심법(心法)51)에서 유래했다. 이는 순(舜)임금이 우(禹)임금에게 준 말로
우(禹)임금이 다음 제위를 이을 사람으로 제왕으로서 지녀야 할 덕(德)을
자세히 타이르는 대목에서 나온다. 주자의 제자인 채침(蔡沈, 1167~
1230)은 현실적으로 사람의 마음[人心]은 욕망이 있기 때문에 언제나 흔
들리기 쉽고, 도(道)를 지키려는 사람의 마음[道心]은 아주 미미하기 때

---

50) 같은 책, 같은 곳 : 夫心之體是性, 心之用是情, 性情之外, 更無他心. 故朱子曰, 心
    之動爲情. 情是感物初發底, 意, 是緣情計較底, 非情, 則意無所緣. 故朱子曰, 意, 緣
    有情而後用. 故心之寂然不動者, 謂之性, 心之感而遂通者, 謂之情, 心之因所感, 而
    紬繹思量者, 謂之意, 心性, 果有二用, 而情意, 果有二歧乎. 五性之外, 無他性, 七情
    之外, 無他情. 孟子, 於七情之中, 剔出其善情, 目爲四端, 非七情之外, 別有四端也.
    情之善惡, 夫孰非發於性乎. 其惡者, 本非惡, 只是掩於形氣, 有過有不及, 而爲惡. 故
    程子曰, 善惡皆天理, 朱子曰, 因天理而有人欲.

51) 『書經』「大禹謨」: 人心惟危, 道心惟微, 惟精惟一, 允執厥中.

문에, 오직 정신을 집중하여 일에 전념하며, 성실한 마음으로 일해 나가기를 권고하고 있다.[52]

엄밀히 말하면, 천리(天理)와 인욕(人欲)은 완전히 반대로 구분되는 것은 아니다. 마음의 지향과 행위에 따라 정감의 표출이 드러나는 데, 이때 구체적으로 구분하여 설명할 수 있는 것이다. 천리(天理)는 순선(純善)이지만 인욕(人欲)은 선악(善惡)이 뒤섞여 있는 것으로 파악된다. 인욕이 곧 악(惡)이라는 이해는 오해이다. 인욕 중에도 선(善)한 것이 있고 자연스러운 마음의 지향이 있음은 당연하다. 율곡이 주장하는 인심과 도심이 다른 학자들과 다른 점이 바로 마음에 대한 '통일적인 파악'과 '분산적인 파악'을 동시에 진행하면서 "천리(天理)=인욕(人欲), 인욕(人欲)=선악혼재(善惡混在)"을 제시하여 인간선(人間善)의 가능성을 적극적으로 긍정한 점이다.

율곡에게서 인심과 도심의 문제는 앞에서 논의한 사단칠정의 논리와 똑같이 대비할 수는 없다. 인심도심은 철저히 인간의 마음이 작용하는 데 의거하여 구별할 수 있는 것이다. 율곡은 '마음이 하나라는 전제 하에, 주재하여 펼쳐지는 것에 두 가지 이름이 있다'고 판단했다.[53] 인심과 도심은 결국 하나의 마음인데, 명칭이 달라지는 것은 어떠한 의지적 지향을 가지고 작용하느냐에 따른 표현이다. 펼쳐짐에 혹 리의(理義)를 위한 것과 혹 식색(食色)을 위한 것이 있는데, 리의(理義)를 위해 펼쳐진 마음은 도심이 되고, 식색(食色)을 위해 발한 마음은 인심이 된다.[54]

인심과 도심은 사실 인욕(人欲)과 천리(天理)에 따라, 펼쳐지지 않은

---

52) 『書傳』 蔡沈 註: 心者, 人之知覺, 主於中, 而應於外者也, 指其發於形氣者, 而言則謂之人心, 指其發於義理者, 而言則謂之道心. 人心, 易私而難公, 故危, 道心, 難明而易昧, 故微. 惟能精以察之, 而不雜形氣之私, 一以守之, 而純乎義理之正, 道心, 常爲之主, 而人心, 聽命焉, 則危者安, 微者著, 動靜云爲, 自無過不及之差, 而信能執其中矣.

53) 『聖學輯要』 「窮理章」: 心一也, 豈有二乎. 特以所主而發者, 有二名耳.

54) 황의동, 앞의 책, 144쪽, 참조.

때의 한 마음[一心]이 펼쳐진 이후의 결과에 따라 평가된 것이다.[55] 그러므로 선악의 판단은 순선(純善)한 리(理)에 의해서가 아니라 기(氣)의 발동에 따라 결정된다. 왜냐하면 기(氣)의 청탁(淸濁)에 따라 선악이 나누어지기 때문이다. 그렇다면, 인욕과 천리는 어떻게 구분되는가?

> 천리와 인욕은 처음부터 두 근본이 아니요, 성 가운데는 다만 인의예지(仁義禮智) 네 가지가 있을 뿐인데, 인욕이 어찌 성 가운데에 뿌리박고 있겠는가? 다만 그 기(氣)에는 청탁(淸濁)이 있다. 닭고 다스림과 혼란스러움이 같지 않기 때문에 성이 펼쳐져서 정이 될 때에 지나침과 미치지 못함이 있는 것이다. 그러니 인(仁)이 어긋날 때는 애정이 지나쳐서 탐욕이 되고, 의(義)가 어긋날 때는 근절시킴이 지나쳐서 잔인함이 되며, 예가 어긋날 때는 공경이 지나쳐서 아첨이 되고, 지혜가 어긋날 때는 지모가 지나쳐서 사기가 된다 …… 본래는 모두가 천리이지마는 지나쳐서 인욕이 된다. 그 근본을 미루어 본다면 천성의 선을 알 수 있고, 그 말단을 살펴보면, 인욕으로 흐르는 것을 막을 수 있다.[56]

율곡의 인식은 처음엔 천리(天理)만이 인간에게 부여되어 있다고 보았다. 그래서 인의예지(仁義禮智)의 성(性)에는 인욕이 없다고 단언했다. 그런데 문제는 기(氣)다. 이 기(氣)는 선(善)으로 갈 수도 있고, 악(惡)으로도 흐를 수 있는 유동성을 지니고 있다. 순수한 마음[天理:道心]에 악한 기(氣)[人欲]가 끼어들 때, 인간은 현실의 부정적 요소에 물들어 간다. 기(氣)가 선(善)한 쪽으로 발동하여 천리를 따른다면 도심(道心)이나 선(善)한 인심(人心)이 되고, 악한 쪽으로 발동하여 인욕으로 흐르면 악(惡)

---

55) 장숙필, 앞의 책, 95쪽.
56) 『聖學輯要』「窮理章」: 天理人欲, 初非二本, 性中只有仁義禮智, 四者而已, 人欲, 何嘗有所根脈於性中哉. 惟其氣有淸濁, 而修治汨亂之不同, 故性發爲情也, 有過有不及, 仁之差也, 則愛流而爲貪, 義之差也, 則斷流而爲忍, 禮之差也, 則恭流而爲諂, 智之差也, 則慧流而爲詐. …… 本皆天理, 而流爲人欲, 故推原其本, 則可知天性之善, 撿察其末, 則可遏人欲之流.

한 인심(人心)이 된다.

율곡의 인심도심(人心道心)을 사단칠정(四端七情)과의 관계에서 볼 때, 사단은 도심과 인심의 선한 부분이고, 칠정은 인심도심의 선악을 합쳐서 말한 것이다. 칠정에서 인심의 악한 부분은 바로 기(氣)의 탁(濁)함에서 기인하는데 이것이 인욕이다. 이때 선과 악은 선험적으로 결정되는 것이 아니라, 인간의 마음이 발현될 때, 기의 작용이 인심과 도심 가운데 어느 쪽으로 흐르고 이끌어지는가에 따라 결정된다.[57]

이런 도심[天理]과 인욕은 '존재론적 도덕 질서'와 '현세의 인간 욕심'으로 대립하여 파악해 볼 수 있다. 이때, '인욕'은 제거의 대상이며 '천리'는 마땅히 선양하여 존속시켜야 하는 대상이다.[58] 이런 인식이 '존천리알인욕(存天理遏人欲), 또는 존천리거인욕(存天理去人欲)'이라는 성리학자들의 기본적 교육[學問;修己] 명제로 나타났다.

율곡은 인간의 마음이 결국은 기(氣)의 작용에 의한 착함과 악함이라는 데로 귀결됨을 깨달았다. 그리고 악한 마음을 제어할 수 있다는 가능성을 인간의 내부에서 찾았다. 이런 인식이 바로 율곡 교육론의 핵심 근거인 기질의 변화[矯氣質], 기질(氣質)의 교정(矯正)으로 이어진다.

3. 인간의 변화와 교육가능성; 교기질론(矯氣質論)

1) 기질의 개념

교기질(矯氣質)의 개념을 규명하기 위해서는 기(氣)와 질(質) 그리고

---

57) 정덕희, 「퇴계와 율곡의 인간 형성관에 관한 비교 고찰」, 교육철학회, 『교육철학』 제22집, 1999, 134쪽.

58) 황준연, 앞의 책, 118쪽.

기질(氣質)의 개념부터 명확하게 할 필요가 있다. 기질에 대한 언급은 율곡 이전의 여러 성리학자들에 의해 구명되어 왔다. 특히, 주돈이(周敦頤, 1017~1073), 장재(張載, 1020~1077), 정호(程顥, 1032~1085)와 정이(程頤, 1033~1107), 주자(朱子, 1130~1200) 등의 주장은 율곡에게 이르러 더욱 정돈된 형식으로 드러난다.

중국 고대사회에서 기질(氣質)의 의미는 갑골문과 설문해자 등을 통해 확인할 수 있다. 갑골문에서 '기(氣)'는 '기(气)'로 '구름이 겹쳐 있는 모습을 그린 상형자'이고, 『설문해자』에서 "기(气)는 구름이 피어나는 모습의 상형자"이며, "질(質)은 물건으로 저당을 잡는다는 뜻이다."라고 하였다.59) 고대 중국에서 질(質)은 세 가지 범주로 나눌 수 있다. "첫째는 실제적으로 있는 것이고, 둘째는 명확하고 형체가 있는 것이며, 셋째는 바탕이나 우연한 일이다."60) 문자적 의미나 개념의 측면에서 볼 때, 기(氣)는 구름과 같은 기운(氣運)을 움직여 나오는 것이고, 이러한 기운이 하나로 합해져 물과 같이 잡히는 것은 질(質)이다. 따라서 기(氣)는 기운이 나오는 것이고 질(質)은 그것이 물체로 형성되면서 이루어져 잡히는 것이다.

이런 기초 개념에 터하여 기질은 성리학적 용어로 승화된다. 주돈이는 기는 순환하는 것이고 질은 합하여 이루어진 것으로 본다. 즉 땅의 성격을 설명하면서 "음양의 기가 각각 성하여 서로 교차하고 서로 움켜쥐고 굳어서 질을 이룬다"61)라고 하였다. 장재의 경우, 기를 존재를 이루었다 존재를 해체하는 구성요소이자 요인으로 본다. "기는 음양의 구부림과 펼침이 서로 감응하는 것이 끝이 없다. 구부리고 펼치고 흩어지

---

59) 气, 雲气也, 象形.; 質, 以物相贅.
60) Zhang Dainian. *Key Concepts in Chinese Philosophy.* New Haven and London: Yale University Press, 2002, p. 63.
61) 『周元公集』第1卷: 周子曰, 土則陰陽之氣各盛, 相交相搏凝而成質.

고 모이는 것이 끝이 없다. 형체가 모이면 사물이 되고 형체가 무너지면 원상태로 돌아간다. 원상태로 돌아가는 것은 흘러 다니는 사물이 변하는 것이고, 변하는 것은 모였다 흩어지고 있었다가 없어지면서 무늬가 된다."62) 이와 같이 기에는 음과 양이 있어서, 만들어 냈다가 거두어들이는 운행을 그치지 않는다. 기의 그치지 않는 움직임은 흘러 다니며 어지럽게 얽히는 것이므로, 만 가지로 다양하게 모였다 흩어지는 변화를 이룬다. 때문에 변화하는 기로써의 만물은 "운동 변화하는 것을 자기 존재의 조건이나 형식으로 삼는다."63) 즉 기는 흐름의 변화에 끝이 없어서 역(易)이라고도 한다. 따라서 기는 자라나거나 거두어들이는 조작(造作)으로써 형체를 이루었다 다시 흩어지게 하는 변화무쌍한 운용(運用)을 이룬다.

만물은 원상태인 이치를 변화하는 기(氣)를 통해 질인 형체로써 이루었다 흩어지게 한다. 이는 기(氣)를 통해 리(理)를 밖으로 발현하고, 기로써 질(質)을 이루어 존재 속에 내재된 리를 구체적으로 형상화하는 일이다. "기로 인해서 질은 형상과 형체를 이루고, 구체적으로 리를 갖추어서 형상화하는 것은 질(質)이다."64) 이와 같이 존재론적으로 기(氣)와 질(質), 그리고 리(理)로서의 성(性)은 밀접한 연관 체계를 구축하고 있다. 때문에 본성은 기질(氣質)에 따라, 혹은 기질을 바탕으로 존재한다.

이러한 맥락에서 주자는 이정(二程)의 학설을 수용한다. 이정은 기(氣)와 리(理)를 구분하는 것으로서 장재의 이원론적인 기 개념을 보완한다. 이정은 "자후(장재)가 하나로 크게 청허한 것을 천도라고 이름 붙였는데

62) 『正蒙』「乾稱」: 太虛者, 氣之體, 氣有陰陽屈伸相感之無窮, 故神之應也無窮. 其散無數, 故神之應也無數. 雖無窮, 其實湛然. 雖無數, 其實一而已. 陰陽之氣, 散則萬殊, 人莫知其一也. 合則混然, 人不見其殊也. 形聚爲物, 形潰反原. 反原者, 其遊魂爲變與. 所謂變者, 對聚散存亡爲文.
63) 張立文, 『氣』. 김교빈 역, 『기의 철학』. 서울: 예문서원, 2004, 43쪽.
64) Zhang Dainian, 앞의 책, p. 374.

이는 기(器)로써 말하였기에 형이상의 것이 아니다."[65]라고 반박한다. 즉, 태허가 천도이면 리(理)인 것이지, 형체가 나타나서 보이는 기(氣)가 아니다. 따라서 기(氣)는 형상이 있는 형이하(形而下)의 기이고, 기 가운데에는 형이상(形而上)의 도(道)인 리(理)가 있다고 설명한다. 즉 "평상시 동안에 움직이고 힘쓰는 것이 모두 이 기로부터 말미암기 때문에, 기가 있어서 리가 나오는 것이다."[66] 이런 점에서 '실재'하는 기를 통해, 기 가운데 '존재하는' 리이자 본성을 인식할 수 있다.

나아가 주자는 기질을 음양오행으로 설명한다. 기는 음양(陰陽)이고 질은 오행(五行)으로 기와 질은 상호 긴밀한 연관이 있다. 기질의 관계에서 음양의 기를 통해 서로 교착하고 순환하여 다섯 가지로 늘어난 흐름은 질이 된다. "음과 양인 두 기가 나뉘어서 이 다섯 가지가 된 것이지, 음양의 밖에 별도로 오행이 있는 것이 아니다."[67] 이와 같이 본성은 기를 통해 존재를 확인할 수 있고, 질은 본성과 기를 실재적으로 담보한다.

기와 질의 관계는 과학적으로도 증명 가능하다. 오행으로서의 질(質)은 오행의 개념이 나타나는 다섯 가지 감각적 성질을 모두 갖추고 있는 고체 상태이고, 기체 상태는 음양의 전형적인 양태이다. 이런 기체 상태와 고체 상태에 해당하는 기(氣), 존재 개념으로서 기의 두 가지 양태가 기와 질이다. 그리고 액체 상태는 그 중간적인 양태이며, 때로는 기가 되고 때로는 질로 다루어지게 된다.[68] 따라서 기는 기체 상태이고 질은 고체 상태이며, 기질은 기체와 고체, 그리고 액체로 모두 변화 가능한

65) 『河南程氏粹言』 卷1 「論道」: 子厚以淸虛一大名天道, 是以器言, 非形而上者.
66) 『朱子語類』 第4卷 「性1」: 氣雖是理之所生, 然旣生出則理管他不得, 如這理寓於 氣了. 日用間運用, 都由這箇氣, 不是氣强理弱, 理管攝他不得.
67) 『朱子語類』 第1卷 「理氣上」: 陰陽是氣, 五行是質, 有這質, 所以做得物事出來. 五 行雖是質, 他又有五行之氣做這物事, 方得, 然却是陰陽二氣載做這五箇, 不是陰陽外 別有五行.
68) 야마다 케이지. 『朱子の自然學』. 김석근 역. 『주자의 자연학』. 서울: 통나무, 1991, 352쪽.

상태이다. 따라서 기질은 존재론적으로 기체와 고체, 그리고 액체로써 상황에 따라 상태를 바꾸면서 실재하는 것이다.

만물 가운데 인간은 상태를 자유자재(自由自在)로 바꾸는 기(氣)로써 존재하고 기(氣)로써 인식한다. "움직임과 정지함이라는 관점에서 파악된 음양은 존재론적으로 맑고 탁함으로 다시 파악되고, 그것이 그대로 기와 질로 치환되고 있다. 인식론적 사고와 존재론적 사고의 상호변환은 주자의 철학에서 매우 중요한 사고의 장치인 것이다.69) 이와 같이 인간은 만물 중에 빼어난 기(氣)를 품부 받아서 인식 가능성을 지닌 존재이다. 빼어난 기질은 선천적으로 인식을 이루는 능력으로 작용한다. 인간이 지닌 빼어난 기는 존재의 인식을 가능하게 만드는 능력이다. 인간의 인식을 이루는 특유의 기(氣)는 신(神)을 바탕으로 하는데, 오행인 질(質)이 그러한 근거도 신에 있다.

> 맑은 기는 기가 되고 탁한 기는 질이 된다. 지각하고 움직이는 것은 양의 작용이고, 형체는 음의 작용이다. 기는 혼(魂)이라 하고 체는 백(魄)이라고 한다. 고유는 『회남자』에서 혼은 양의 신(神)이고 백은 음의 신(神)이라고 했으니, 신이라는 것은 그것으로써 형기(形氣)를 주재(主)한다. 사람이 태어나는 것은 정(精)과 기(氣)가 모이기 때문이다.70)

인간은 맑은 기를 통해 사려하고 판단하고, 탁한 기를 통해 눈으로 보고 귀로 듣는다. 인간의 기는 식물이나 동물과 다르게 음양의 신(神)에 혼백(魂魄)이 있어 만물과 그 이치를 인식하는 것이 가능하다. 이는 음양의 기에서 양의 신(神)인 혼(魂)을 통해 본성으로부터 생각하고 분별하여 주재하고, 음양의 기에서 음의 신(神)인 백(魄)을 통해 보고 듣는 것을

---

69) 위와 같은 책, 356쪽.
70) 『朱子語類』第3卷「鬼神」: 氣之淸者爲氣, 濁者爲質. 知覺運動, 陽之爲也, 形體, 陰之爲也. 氣曰魂, 體曰魄. 高誘淮南子註曰, 魂者, 陽之神, 魄者, 陰之神. 所謂神者, 以其主乎形氣也. 人所以生, 精氣聚也..

통솔하여 본성을 인식하기 때문이다. 이러한 기질의 주재는 양의 힘을 접하면서 수동적인 음의 힘을 포함하고, 활동하는 사이에 상호 보완적 관계를 통해 조절 가능하다. 보편적으로 기라고 불리는 에너지는 생리학적이고 심리학적인 기능의 차원에서 최대한의 균형을 맞추기 위한 것이다.71)

또한 본유적인 주재 능력인 혼백은 인간의 정기(精氣)이기도 하다. 정(精)은 피와 같이 인간의 몸에 자양분을 주는 것으로 음에 속하고, 기는 지각하고 운동하는 것이므로 양에 속한다. 이 두 가지가 합하여 사람이 되는데, 정은 바로 넋이 되므로 눈이 밝고 귀가 밝은 근거가 된다. 기(氣)는 몸에 가득하므로 사람이 사려할 수 있고 지식을 지닐 수 있으며, 몸이 움직일 수 있고, 용감하게 결단하고 과감하게 행동할 수 있다.72) 이와 같이 인간은 신체, 보고 듣는 것과 호흡의 기능, 마음, 지각, 언어와 동작, 사려, 기억, 판단 모두 기질을 통해 이룬다.73)

인간의 인식을 이루는 기질은 이제 가치론적 윤리학으로 연결된다. 주자는 인간의 기질(氣質)에 인식론적으로 맑고 탁함과 가치론적으로 아름답고 악한 차원이 있다고 보았다.

　　그 통함에는 혹은 맑고 탁함의 다름이 있고, 그 바름에는 혹은 아름답고 악한 것의 다름이 있다. 그로 인해 부여받은 자질이 맑은 사람은 지혜롭고, 탁한 사람은 어리석고, 아름다운 사람은 현명하고, 악한 사람은 멍청한 것으로 또한 같을 수 없다. 반드시 상지(上智) 대현(大賢)의 자질을 지닌 사람은

---

71) Kagan, Jerome. & Snidman, Nancy, *Galen's prophecy : temperament in human nature*, New York : Basic Books, 1994, p. 4

72) 『性理大全』 第28卷 「鬼神」: 精者, 血之類, 是滋養一身者, 故屬陰. 氣是能知覺運動者, 故屬陽. 二者合而爲人. 精卽魄也, 目之所以明, 耳之所以聽者, 卽精之爲也, 此之謂魄. 氣充乎體, 凡人心之能思慮, 有知識, 身之能擧動, 與夫勇決敢爲者, 卽氣之所爲也, 此之謂魂.

73) 오하마 아키라, 이형성 역. 『범주로 보는 주자학』. 서울: 예문서원, 1983, 109쪽.

이에 그 본체를 온전히 할 수 있어서 조금이라도 밝지 않음이 없다. 그러나 이에 미치지 못한 사람은 이른 바 착한 본성을 지니고는 있지만 본성을 가리는 것이 있어 그 온전함을 잃는다. 더욱이 기질로써 본성을 가리는 것이 있기 때문에 사물을 마주하여 끝없이 변화해 간다면, 눈은 색을 보려고 하고, 귀는 좋은 소리를 들으려 하고, 입은 맛있는 것을 먹으려 하고, 코는 좋은 냄새를 맡으려 하고, 손발은 안일함을 추구한다. 때문에 그 덕을 해친 것을 어찌 말로 다 할 수 있겠는가?[74]

맑고 탁하며 아름답고 악한 존재론적 기질은 지혜롭고 어리석으며, 현명하고 멍청한 가치론적 기질론으로 정돈된다. 주자의 기질의 본성에서 다시 자연의 질서인 리와 기로 환원되어 설명된다.

> 기질의 본성, 즉 기질지성(氣質之性)을 논한다면 이는 리(理)와 기(氣)를 섞어서(雜) 말한 것이다. 천지지성에서 볼 때, 태극 본연의 미묘함은 만 가지로 나누어지면서도 하나를 근본으로 한다. 기질지성은 두 기가 서로 움직이면서 한 가지 근본에서 나와 만 가지로 나뉘어진다. 기질지성은 본성인 리(理)가 기질(氣質)의 가운데 떨어져 있는 것일 뿐이지, 하나의 성이 별도로 있는 것은 아니다.[75]

기질의 특성은 서로 순환하는 음양의 기로 인해, 하나의 근본인 이치가 만 가지로 다르게 나타나는 것이다. 한 가지 근본인 리는 나타날 때 품부 받은 기질이나 습관적으로 편벽된 기질로 인해, 궁극적으로는 인간의 특성은 인간의 수만큼이나 다양해진다. 이와 같은 기질지성은 그것이

---

74) 『大學或問』「經文」: 然其通也, 或不能無淸濁之異, 其正也, 或不能無美惡之殊, 故其所賦之質. 淸者智, 而濁者愚, 美者賢, 而惡者不肖. 又有不能同者, 必其上智大賢之資, 乃能全其本體, 而無少不明. 其有不及乎此, 則其所謂明德者, 已不能無蔽而失其全矣. 況乎又以氣質有蔽之心, 接乎事物, 無窮之變, 則其目之欲色, 耳之欲聲, 口之欲味, 鼻之欲臭, 四肢之欲安佚, 所以害乎其德者, 又豈可勝言也哉.

75) 『孟子集註大全』「告子」上: 朱子曰, 論氣質之性, 則以理與氣雜而言之. 天地之性, 則太極本然之妙, 萬殊之一本也. 氣質之性, 則二氣交運, 而生一本, 而萬殊也. 氣質之性, 卽此理墮在氣質之中耳, 非別有一性也.

본성이라는 리의 차원에서 도덕적으로 선(善)한 것인가, 아니면 기질(氣質)로 인해서 악(惡)한 것인가? 기질지성은 기질(氣質) 속에 본성인 리가 있다고 했다. 여기에서 성은 기질 가운데 인의예지(仁義禮智)인 선한 단서(端緒)를 누구나 지니고 있는 것이다.

> 어떤 사람이 '기질지성(氣質之性)이 무엇입니까?'라고 묻자. 대답하기를, '성을 말할 때는 어떤 경우이건 약간의 기질 속에 있는 것이다. 기질이 없다면, 이 성(性) 또한 어디 가지런히 둘 곳이 없다. 이어지는 것만을 근거로 선(善)을 얻는다고 하고, 이루는 것에 이르면 그것이 바로 성(性)이다.76)

인간은 개인적 기질을 바탕으로 선천적으로 타고나는 본성을 실현해 간다. 선을 그대로 이으면 도덕적인 선을 체득할 수 있고, 기질에만 편승하면 본성은 어두워진다. 이는 본래의 성 자체가 선성에서 이어진 상태가 아니라 기질에 따라 본성이 그것에 떨어져 있고, 의도적으로 선한 본성을 계승하여 그것을 고스란히 보존하려는 교육적 차원을 염두에 두게 된다. 그것은 기질의 가변성을 전제로 한다.

2) 기질의 가변성과 교정

인간은 변화하는 존재이다. 특히, 가능적 존재이다. 인간에게 교육이 가능할 수 있는 근거로서, 율곡은 '인간은 원래 천리(天理)를 본성으로 하여 태어난 존재'라는 것을 강조했다. 그렇다고 하늘로부터 주어진 밝은 덕[明德; 性善]이 가만히 있는 가운데 저절로 드러나는 것은 아니다. 그러므로 인간이 본연의 선성(善性)을 회복하기 위해서는 유위적인 기(氣)를 분석하고 살펴서 기(氣)의 본연을 회복할 수 있도록 노력하여야

---

76) 『朱子語類』第4卷 「性理」: 問氣質之性. 曰纔說性時, 便有些氣質在裡. 若無氣質, 則這性亦無安頓處. 所以繼之者, 只說得善, 到成之者, 便是性..

한다.77) 이런 점에서 율곡은 기(氣)의 가변성을 중시하였고, 인간의 기질
이 변화할 수 있음을 주장했다.

> 사람만이 기의 바르고 통하는 것을 얻었으나, 맑기도 하고 탁하기도 하며
> 순수하기도 하고 섞이기도 하여, 수만 가지 같지 않은 바가 있어, 천지가 순
> 일한 것과는 같지 않다. 다만 그 마음 됨은 텅 비고 신령스러우며 훤하게 밝
> 아 온갖 이치가 구비되어 있다. 탁한 것은 변하여 맑은 것으로 될 수 있고,
> 섞인 것은 변하여 순수한 것으로 될 수 있다. 그러므로 수양 공부는 사람에게
> 만 있다. 그 수양의 극치는 천지를 바로 잡게 하고, 만물을 자라게 하는 데
> 이를 수 있다. 그러한 뒤에야 우리 (인간)의 할 일을 마치게 되는 것이다.78)

인간은 다른 사물이 치우치고 막힌 것과는 달리, 바르고 통할 수 있는
자질을 구유하고 있다. 그러나 사람에 따라 맑고 탁하고, 순수하고 섞임
의 차별성이 있다. 그것이 앞에서 설명했던 기질이다. 율곡은 이러한 탁
하고 섞인[濁駁] 기질을 맑고 순수한[淸粹] 기질로 바꿀 수 있다고 주장
했다. 왜냐하면 인간은 기의 바름과 통함[正通]을 얻었기 때문이다. 이때
의 기질 변화는 인간의 신체상의 변화[偏塞]가 아니라, 마음의 변화를
말한다.79) 그러므로 변화를 주재하는 것은 바로 마음(心)이다.80)

> 일기(一氣)의 근원은 아주 맑고 맑으며 빈 것이다. 그러나 오직 그 양(陽)
> 이 움직이고 음(陰)이 고요하여 혹은 상승하기도 하고 혹은 하강하기도 하면
> 서 어지럽게 날아다니는 사이에 합하여 바탕을 이루게 되면 드디어 고르게
> 되지 못한다. 사물의 치우치고 막힌 것은 다시 변화시킬 수 있는 방법이 없

---

77) 장숙필, 「율곡의 사단칠정론」, 민족과 사상연구회 편, 『四端七情論』, 서울: 서광
   사, 1992, 105쪽.
78) 『栗谷全書』「答成浩原」 "論理氣": 惟人也, 得氣正且通者, 而淸濁粹駁, 有萬不同,
   非若天地之純一矣. 但心之爲物, 虛靈洞澈, 萬理具備, 濁者可變而之淸, 駁者可變而
   之粹. 故修爲之功, 獨在於人, 而修爲之極, 至於位天地育萬物, 然後吾人之能事畢矣.
79) 李基鏞, 앞의 논문, 293쪽.
80) 장숙필, 앞의 책, 128-135쪽.

다. 그러나 사람이 비록 맑고 탁함[淸濁]과 순수하고 섞임[粹駁]의 다름이 있
다 하더라도, 마음이 비고 밝아서 변화시킬 수 있다. 맹자가 '사람마다 요순
(堯舜)이 될 수 있다'라고 했는데 어찌 허황된 말이겠는가? 기가 맑고 바탕이
순수한 사람은 앎과 행함에 힘쓰지 않고도 능숙하게 되어 더할 것이 없다. 기
는 맑은데 바탕이 섞어 박잡한 사람은 알 수는 있으나 능숙하게 행할 수는
없다. 궁행(躬行)에 힘써서 반드시 성실하고 독실하면 행실을 이룰 수 있고,
유약한 사람이라도 강하게 될 수 있다. 바탕은 순수한데 기가 탁한 사람은 능
숙히 행동할 수는 있으나 잘 알 수는 없다. 묻고 배우는 데 힘써서 반드시
성실하고 정밀하게 하면 지식을 통달할 수 있으며, 우매한 자라도 명석하여질
수 있다.81)

이처럼 율곡은 기질 변화, 인간의 변화 가능성에 대해, 끊임없는 연습
과 노력을 통해 누구나 바른 자리에 설 수 있다는 믿음을 가지고 있었다.
『성학집요』에서는 기질의 차이에 따라 교정하는 각각의 방법을 말하고,
그 구체적 방법으로 "몸을 이기는 것"[克己]와 "힘쓰고 노력함"[勉强]에
있음을 구체적으로 제시했다. 기질을 바로잡는 일은 "굳세고 부드러운"
[剛柔] 인간의 기품으로 인해 발산되는 악을 고쳐 선으로 이끌어 내는
데 있다.

굳셈[剛]의 장점[善]은 의롭고 곧으며, 결단 있고, 엄하며, 줄기차고 굳은
것이요, 단점[惡]은 사납고 좁으며, 강하게 날뛰는 것이다. 부드러움[柔]의 장
점은 자애롭고 순하며, 부드러운 것이며, 단점은 나약하고 결단이 없고, 간사
하고 아첨하는 것이다. 그러므로 성인이 가르침을 세우는 데, 사람에게 스스
로 그 단점을 바꾸게 하고, 스스로 그 적절함[中]을 이르게 한 뒤에 멈춘다.82)

---

81) 『聖學輯要』「矯氣質章」: 一氣之源, 湛然淸虛, 惟其陽動陰靜, 或升或降, 飛揚紛擾,
合而爲質, 遂成不齊. 物之遍塞, 則更無變化之術, 惟人, 則雖有淸濁粹駁之不同, 而
方寸虛明, 可以變化. 故孟子曰, 人皆可以爲堯舜, 豈虛於哉. 氣淸而質駁者, 知行不
勉而能, 無以尙矣. 氣淸而質駁者, 能知而不能行, 若勉於躬行, 必誠必篤, 則行可立,
而柔者强矣. 質粹而氣濁者, 能行而不能知. 若勉於問學, 必誠必精, 則知可達, 而愚
者明矣.

82) 周濂溪, 『通書』: 剛善, 爲義, 爲直, 爲斷, 爲嚴毅, 爲幹固, 惡, 爲猛, 爲隘, 爲强梁.

이는 주돈이의 견해를 취하여 인간의 성격을 기(氣)가 센 사람[剛]과 기가 부드러운 사람[柔]의 두 부류로 나누고, 장·단점을 분석하여 단점을 고쳐 나가려는 교육론이다. 사실 비뚤어진 인간의 심성을 바로 잡는다는 측면에서 단점을 보완하려는 노력은 유가 교육(방법)론의 일관된 주제였다. 율곡의 교기질(矯氣質)은 개인의 단점, 치우친 바가 무엇인지 먼저 파악하는 것이 중요한 것처럼 보인다.

율곡은 기질을 변화시키는 핵심적인 방법을 '극기(克己)'에 두었다. '몸[자기]을 이긴다'는 것은 개인의 사사로운 욕심을 스스로 극복하고 억누르는 것을 말한다. 사사로운 것에는 세 가지가 있는 데, 첫째는 성격이 편벽된 것이고, 둘째는 감각기관[耳目口鼻]의 욕망에 따라 행위하는 것이며, 셋째는 타인과 나 사이의 인간관계에서 시기와 질투를 느끼고 늘 인을 누르고 이기려는 사욕이다.[83]

인간은 욕망(慾望)의 동물이다. 인간 개성과 감각적 욕망, 사회적 관계에서 볼 때, 사욕을 다 이겨낸다는 것은 거의 불가능하다. 그러나 율곡은 교기질(矯氣質)의 핵심 방법으로서 내 몸의 수양[修己]를 요구했다. 이것이 바로 교육의 기초이다. 다시 말하면, 모든 인간이 자기에게 사사로운 욕심이 조금이라도 있는 것을 몸소 깨달아 그것을 이겨내어야 한다.

이런 방법이 『논어』"극기복례(克己復禮)"의 조목과 연결된다. 즉 "예가 아니면 보지 말 것이요, 예가 아니면 듣지 말 것이며, 예가 아니면 말하지 말 것이요, 예가 아니면 움직이지 말라"[84]는 것이다. 또 몸을 수양하는 교육의 기초로서 분노와 욕심을 버리라고 강조한다.[85] 사람은 분노하면 자기의 이성을 잃고 행위가 지나치기 쉽다. 그리고 욕망은 끝

柔善, 爲慈, 爲順, 爲巽, 惡, 爲懦弱, 爲無斷, 爲邪佞.

83) 『聖學輯要』「矯氣質章」: 朱子曰, 己之私, 有三, 性質之偏, 一也. 耳目鼻口之欲, 二也. 人我忌克之私, 三也.

84) 『論語』「顏淵」: 非禮勿視, 非禮勿聽, 非禮勿言, 非禮勿動.

85) 『聖學輯要』「矯氣質章」: 程子曰, 修己之道, 所當損者, 惟忿與慾.

없는 욕망을 불러들인다. 따라서 기질을 잘 고쳐 변화한다면 올바른 인간됨에 보다 접근할 수 있는 것이다. 기질을 변화시키는 몸을 닦는 교육은 교육[학문]하는 태도로 드러난다.

> 널리 배우고, 살펴 물으며, 신중히 생각하고, 명석하게 분변하며, 독실하게 행해야 할 것이다. 배우지 않으려면 몰라도 배울 바에는 능숙해지지 않고서는 그만두지 말아야 하고, 묻지 않으려면 몰라도 물을 바에는 알지 않고서는 그만 두지 말아야 하며, 생각하지 않으려면 몰라도 생각할 바에는 터득하지 않고서는 그만 두지 말아야 하고, 분변하지 않으려면 몰라도 분변할 바에는 분명해지지 않고서는 그만 두지 말아야 하며, 행동하지 않으려면 몰라도 행동할 바에는 독실해지지 않고서는 그만두지 말아야 하는 데, 남이 한 번에 능하다면 나는 백 번을 실천해야 하고, 남이 열 번에 능하다면 나는 천 번을 실천해야 한다.[86]

인간이 교육을 하는 까닭은 기질을 변화시켜[87] 보다 성숙한 인간으로 나아가기 위함이다. 여기에는 인간이 뜻을 세워 나아갈 때, 중도에 그만두어서는 안 된다는 경고도 포함되어 있다. 교기질(矯氣質)은 기질성(氣質性)이 이미 태어날 때 정해진 것이므로 그것을 교정해 나가야 한다는 의미이다. 따라서 율곡의 기질변화론[矯氣質]은 단점을 지닌 인간을 보다 건전한 인격의 소유자로 만들기 위한 이론적 토대를 제시한 것이다.

물론 유학이 바랐던 인간형은 성인(聖人)이다. 그러나 현실적으로 가능한 유형은 군자(君子)이다. 이것은 공자이래로 맹자의 대장부(大丈夫)나 대인(大人)과 더불어 유학이 추구해온 인간형이다. 군자는 현대적으로 표현하면, 상류층이나 높은 지위의 관료이기도 하지만, '교양인(敎養

---

86) 『中庸』 20章: 博學之, 審問之, 愼思之, 明辨之, 篤行之. 有弗學, 學之, 弗能, 弗措也, 有弗問, 問之, 弗知, 弗措也, 有弗思, 思之, 弗得, 弗措也, 有弗辨, 辨之, 弗明, 弗措也, 有弗行, 行之, 弗篤, 弗措也, 人一能之, 己百之, 人十能之, 己千之.
87) 『聖學輯要』「矯氣質章」: 呂氏曰, 君子所以學者, 爲能變化氣質而已.

人),' 혹은 '건전한 인격의 소유자' 등으로 이해할 수 있다. 성숙한 시민 의식을 지닌 건강한 사람으로도 볼 수 있다.

율곡의 교기질(矯氣質) 이론은 결국 어리석음을 명석함으로, 악함을 착하게 만들 수 있다는 믿음에 기초하여, 인간을 변화하려는 인간개조론 (人間改造論)이다. 건전한 인격을 추구하려는 유학 교육론의 기초로서, 인간의 기질을 착하게 고쳐보려는 의도를 담고 있다.

제3장
지도자 교육의 내적 차원;
『성학집요』의 수기교육

율곡의 『성학집요』는 율곡 자신이 서문에서 밝히고 있듯이, 주자의
『대학』을 대본으로 내용을 확장하여 조선에서의 성학(聖學) 모델을 제시
한 것이다. 『대학』을 토대로 찬술한 제왕학(帝王學)으로서 지도자 학문
의 교과서에 해당한다. 『성학집요』는 조선 숙종 때부터는 공식적으로
임금을 대상으로 강의를 진행하였고, 영조 대에 이르러서는 임금이 정치
를 하는 데 직접적으로 응용되었다고도 한다. 이 장에서는 『성학집요』
제2편의 「수기(修己)」 부분을 집중적으로 분석·검토하여 『성학집요』의
교육적 특성을 고찰하고, 그것이 『대학』의 조선적 수용 양상이자 조선
에서의 '수기교육(修己敎育)' 이론임을 정돈한다.

1. 『성학집요』의 기본 특성

유교는 성학(聖學)을 지향한다. 성학은 '성인(聖人)이 되는 것을 배우
는 학문'이면서 동시에 '성왕(聖王)이 되는 것을 배우는 학문'이다.[1] 그
시작은 『대학(大學)』이다. 주자학에서 성학의 과정은 『대학』을 읽고 그
규모를 정한 후, 『논어』를 읽고 그 근본을 세우며, 『맹자』를 읽고 그것
의 발휘 상황을 살피고, 『중용』을 읽어 옛 사람들의 미묘한 지혜를 구할
것을 당부한다.[2] 주자가 『대학』을 성학의 입문서로 본 또 다른 이유는

---

1) 장숙필, 『栗谷 李珥의 聖學 硏究』, 서울: 고려대 민족문화연구소, 1992, 11쪽.
2) 『朱子語類』 권14: 某要人先讀大學, 以定其規模, 次讀論語, 以立其根本, 次讀孟子,
   以觀其發越, 次讀中庸, 以求古人之微妙處.

유교가 추구하는 학문의 대체적 방법을 기술한 동시에 앞 뒤 체계가 제대로 갖추어져 있기 때문이었다.[3]

이러한 유교를 사회 운용의 기본으로 채택한 조선의 경우, 『대학』은 성학을 염원하는 지성 사회에서 핵심 경전으로 자리매김 되었다. 조선 건국의 주역이었던 권근(權近, 1352~1409)이나 정도전(鄭道傳, 1342~1398)의 경우, 『대학』에 관한 분석을 통해 성학을 이해하였고, 이후, 조선왕조실록은 곳곳에서 제왕학으로서 『대학』의 중요성을 언급하고 있다. 양촌 권근은 『입학도설(入學圖說)』「대학지장지도(大學指掌之圖)」에서 「대학」을 자세하게 분석하였고, 정도전은 군도(君道)를 논하면서 대학의 수신(修身)-제가(齊家)-치국(治國)-평천하(平天下)의 과정을 중시하였다. 율곡의 경우에도 당시의 제왕인 선조에게 『성학집요』를 지어 올리면서 그 서문에 다음과 같이 밝히고 있다.

> 사서와 육경이 이미 밝고 또 구비되었으니, 글로써 도를 구하면 이치가 나타날 것입니다. 걱정이 되는 것은 모든 책이 아득하여서 요령을 얻기가 어려우니, 먼저 표장을 바르게 하여 『대학』으로 규모를 잡았습니다. 성현의 천 가지 계책과 만 가지 교훈이 모두 여기에 벗어나지 아니하니, 이것이 정치와 교육의 요령을 알게 하는 법입니다.[4]

그리고 사림(士林)이 본격적으로 등장하기 시작하던 16세기 전반부터, 『대학』은 조선 지성들 사이에 본격적인 관심의 대상이 되었다. 유숭조(柳崇祖, 1452~1513)의 『대학삼강팔목』, 박영(朴英, 1471~1540)의 『대학도』『대학경일장연의』, 이언적(李彦迪, 1491~1553)의 『대학장구보유』, 『속대학혹문』 등 『대학』을 재해석한 논의들이 다양하게 진행되었다.[5]

---

3) 『大學章句』「讀大學法」: 語孟, 隨事問答, 難見要領, 惟大學, …… 古人爲學之大方, …… 前後相因, 體統都具, …… 爲學所向, …….

4) 『聖學輯要』「序」: 이하에서 다룰 『성학집요』의 원문은 각 편장을 제시하고 예시와 같이 표기한다. 예시: 「第2修己」"立志": 原文.

그것은 제왕학(帝王學)-성학-의 기본서로서 『대학』을 이해하는 일련의
지적 탐구였다. 그 탐구와 재해석의 정점은 성학을 구체적으로 지시하면
서 등장한 퇴계의 『성학십도』와 율곡의 『성학집요』이다.

특히 율곡의 『성학집요』는, 율곡 자신이 서문에서 밝히고 있듯이, 『대
학』을 기본으로 저술한 조선 성학의 모델이다. 여기에서 『성학집요』를
조선 성학의 모델로 간주할만한 이유가 있다. 『대학』의 재해석이나 확
장과 관련하여 나름대로 조선 사회에 영향력을 미쳤던 진덕수(眞德秀,
1178~1235)의 『대학연의(大學衍義)』에 대해 율곡은 비판적 입장을 취
하며 자신의 주장을 당당히 제시한다.

> 서산진씨가 『대학』을 미루어 넓혀서 연의를 만들었습니다. 경전을 두루
> 인용하고 각종 사적을 인용하여 배움의 근본과 다스리는 차례가 찬연히 조리
> 가 있으며, 중요한 것은 임금의 몸을 다스리는 데 중점을 두었으니 참으로 제
> 왕의 도에 들어가는 지침이라고 할 수 있습니다. 다만 권수가 너무 많고 문장
> 이 아득하며 일을 기록한 것 같아서 실학의 체계와 멀어지는 느낌이 있습니
> 다. 참으로 아름답기는 하나 착한 것을 다 갖추지는 못하였습니다. ……『대
> 학』은 본래 덕에 들어가는 입문인데, 진씨의 연의는 오히려 간결하지 못하오
> 니, 진실로 『대학』의 뜻을 모방하여 차례를 따라 나누어서 성현의 말씀을 정
> 선하여 충실히 메우고 절목을 자세하게 하여 말은 간략하게 하되 이치가 다
> 하면 곧 정치와 교육의 요령과 방도가 여기에 있을 것입니다.[6]

이런 비판과 자긍심을 전제로 집필한 『성학집요』는 대학을 토대로 찬
술한 성학, 군주학(君主學)의 교과서로 조선 성리학의 완결본이다. 숙종

---

5) 정재훈, 「朝鮮前期 『大學』의 이해와 聖學論」, 진단학회, 『진단학보』 86권, 1998,
   참조.

6) 『聖學輯要』「序」: 西山眞氏推廣是書, 以爲衍義. 博引經傳, 兼援史籍, 爲學之本,
   爲治之序, 粲然有條, 而歸重於人主之身, 誠帝王入道之指南也. 但卷帙太多, 文辭
   汗漫, 似紀事之書, 非實學之體. 信美而未能盡善焉 …… 大學固入德之門, 而眞氏
   衍義, 猶欠簡要, 誠能倣大學之指, 以分次序, 而精選聖賢之言, 以塡實之, 使節目詳
   明, 而辭約理盡, 則領要之法, 其在斯矣.

때부터는 공식적으로 국왕에게 진강(進講)하게 되었고, 영조 때에 이르러서는 국왕의 정치적 사고에 직접적 영향력을 미쳤다.[7]

이 장에서는 『대학』의 재해석이자 학문적 확장으로 볼 수 있는 『성학집요』를 지도자 교육의 내적 차원에서 고찰하고, 『대학』의 한국적-조선적-수용 양상을 탐구한다. 특히, 『성학집요』 2편의 「수기」 부분을 집중적으로 검토한다. 그것은 중국 유교가 지닌 수기(修己)와 조선 유교에서 강조하는 수기교육의 특징을 검토하는 장이 될 것이며, 조선 민족이 지닌 인간 교육과 지도자 교육의 특성을 이해하는 기준을 살펴보는데 도움을 줄 것이다.

2. 『대학』과 『성학집요』의 체제 및 내용 비교

주지하다시피 『대학』의 기본 체제는 '삼강령팔조목(三綱領八條目)'이다. 주자의 『대학장구』를 기준으로 그것을 다시 확인하면, 삼강령은 '명명덕(明明德), 신민(新民), 지어지선(止於至善)'이고, 팔조목은 '격물(格物), 치지(致知), 성의(誠意), 정심(正心), 수신(修身), 제가(齊家), 치국(治國), 평천하(平天下)'이다. 삼강령은 인생 전체를 통해서 볼 때 삶의 기준을 제공하고, 제왕학의 입장에서 정치적으로는 정치의 원리를, 학문의 과정 측면에서는 교육의 기본 정신을 지시한다. 팔조목은 그런 과정과 실천의 양식을 체계적으로 보여준다. 때문에 삼강령 팔조목은 유교적 질서를 유지하는 이론적 기반이 되었다. 다시 말하면, 삼강령 팔조목은 개인의 수양 공부인 수신(修身)에서 인류 사회 전체의 운용에 참여하는 평

---

7) 윤 정, 「英祖의 『聖學輯要』 이해와 君師 이념」, 부산경남사학회, 『역사와 경계』 66, 2008, 55-56쪽.

천하에 이르기까지, 그 실천 강령을 일목요연하게 서술하고 있다.[8] 그러기에 『대학』은 국가나 세계를 다스리는 하나의 통치철학으로서 유교의 학설을 가장 종합적이고 체계적으로 서술한 한 편의 정치 논설로 인정받는다.[9]

그것은 『성학집요』에서 기본 체계를 유지하면서도 확장 과정을 거쳐 새로운 옷으로 갈아 입으며 조선 성학의 특성을 드러낸다. 율곡은 크게 다섯 편으로 『성학집요』의 체제를 구성하고, 『대학』의 삼강령팔조목을 그 속으로 녹여 넣는다. 1편의 「통설」은 수기와 치인을 합하여 말하면서 『대학』의 삼강령인 명명덕-신민-지어지선을 종합적으로 정돈하였다. 2편의 「수기」는 삼강령 중 명명덕을 핵심으로 다루되, 팔조목 가운데 격물-치지-성의-정심-수신의 지어지선을 다루었다. 3편의 「정가」와 4편의 「위정」은 삼강령의 신민을 핵심으로 하되, 「정가」는 팔조목 가운데 제가의 지어지선을 말하였고, 「위정」은 치국-평천하의 지어지선을 강조하고 있다. 그리고 마지막 5편인 「도통」에서는 실제 학문으로서 『대학』의 자취를 그려내고 있다.

그런데 『성학집요』는 대학의 삼강령팔조목을 넘어, 그것을 보완하거나 완전성을 더하는 절목이 추가된다. 이 지점에서 조선의 성학이 주자학의 『대학』을 확장한 구조임을 확인할 수 있다. 거시적으로는 『대학』의 체계를 원용하면서도 미시적으로 율곡은 자신이 이해한 방식으로 성학을 재구축한다. 즉 수기치인(修己治人)을 핵심으로 유학의 기본 체제를 잘 보존하면서도 치인을 정가와 위정으로 구분하여 세밀한 지침을 주고 있다. 수기-정가-위정의 각 영역에서 총론을 설정하여 그 중요성을 강조하고, 다시 세부 사항을 제시하여 학문의 타당성을 논리적으로 뒷받침

---

8) 김기현. 『대학-동아시아적 진보』, 서울: 사계절, 2002, 140쪽.

9) 來可泓. 『大學直解 中庸直解』, 上海: 夏旦大學出版社, 1998; 신창호, 『大學』의 주요 개념에 대한 교육학적 해석-듀이와 화이트헤드의 교육철학과 연관하여」, 동양고전학회, 『동양고전연구』 31집, 2008, 참조.

하였다.

1편「통설」은 유학의 알파와 오메가, 즉 체와 용에 해당하는 『중용』 1장과 『대학』 경1장으로 머리 편을 만들었다. 2편「수기」에서는 입지(立志)와 수렴(收斂), 성실(誠實), 교기질(矯氣質), 양기(養氣)의 문제를 구체적으로 보완하여 수기의 과정과 내용을 풍부하고 체계적으로 보완했다. 3편「정가」에서는 『대학』의 제가 내용을 세분화하여 효경(孝敬), 형내(刑內), 교자(敎子), 친친(親親), 근엄(謹嚴), 절검(節儉) 등, 실제로 가문에서 행해야 하는 핵심 사항을 명확하게 정돈하고 있다. 4편「위정」은 치국평천하의 내용을 심화하였는데, 용현(用賢), 식시무(識時務), 법선왕(法先王), 안민(安民) 등 시대정신의 인식과 및 국가 경영의 실제를 적극적으로 제시하였다.

무엇보다도 율곡은 5편에 성현도통(聖賢道統) 부분을 새롭게 마련하여, 일상에서 중(中)-적절함-을 체득하는 문제가 성학의 제일 관건이었음을 역사적으로 밝히고, 이것의 핵심과정을 수기와 치인, 그리고 전도의 문제임을 역설하고 있다.[10] 수기는 일상에서 적절함, 혹은 마땅함을 체득하여 덕을 이루는 작업이고, 치인은 적절함과 마땅함을 얻는 가르침과 교화를 베푸는 일이다. 이 수기치인의 실제를 구현하는 것이 바로 전도이고, 그것은 성학의 정점에서 완성된다. 이를 표로 정리하면 다음과 같다.

〈표 3-1〉 『대학』과 『성학집요』의 체제 비교

大學			聖學輯要		비고	
					大學	聖學輯要
序			進箚·序·凡例·目錄圖		저술의 동기, 내용, 방식 등 설명	
三綱領 八條目	三綱領	八條目	統說	總論 (修己正家爲政之道)	『中庸』 一章 , 『大學』 經一章	

---

10) 리기용,「『聖學輯要』를 통해 본 聖人의 학문과 정치」, 한국사상문화학회, 『한국사상과 문화』 제28집, 2005, 177쪽.

明明德 (止於至善)	格物致知 誠意 正心 修身	修己	修己	總論 立志 收斂(敬始) 窮理 誠實 矯氣質 養氣 正心(敬終) 檢身 恢德量 輔德 敦篤 功效	格物致知 誠意正心 修身 止於至善	窮理 正心 (恢德量· 輔德) 檢身(敦篤) 功效
新民 (止於至善)	齊家	正家	治人	總論 孝敬 刑內 敎子 親親 謹嚴 節儉 功效	止於至善	功效
	治國 平天下	爲政		總論 用賢 取善 識時務 法先王 謹天戒 立紀綱 安民 明敎 功效	仁人, 能愛能惡 儀監于殷, 峻命不易 有國者, 不可以不愼, 辟則爲天下僇 君子, 有絜矩之道, 而興孝興弟不倍 止於至善	取善 謹天戒 立紀綱 明敎 功效
		聖賢 道統	克盡 (修己正家爲政之道)			

3. 「수기(修己)」의 학문적 심화와 특징

율곡은『대학』에서 경1장을 둔 것에『중용』의 머리 장을 추가하여「통설」을 설정하고, 성학의 총론을 구상한다. 그것은 체와 용의 관계로 성학의 길을 온전하게 구축하려는 의도이다. 여기에서 율곡의 사유는 명확하다. "성현의 학문은 몸을 닦고 사람을 다스리는 데 지나지 않는다. 성학의 핵심으로『중용』과『대학』의 첫 장의 설을 엮었는데, 이는 실제로 표리 관계에 있고, 몸을 닦고 사람을 다스리는 도가 모두 갖추어져 있다."[11] 이런 사유의 길은 이어지는「수기」와「정가」,「위정」을 통해 세밀하게 제시된다.

1) 학문의 맥락과 시작; 입지(立志)

『대학』에서 제시한 수기의 이치는 명명덕, 격물-치지-성의-정심의 수신은 총론과 12가지의 구체적인 양식으로 확장된다. 그것은 율곡이 밝히고 있듯이 "지식을 넓히는 것도 있고, 실천하는 것도 있다. 지식은 착한 것을 밝히는 작업이고, 실천은 몸을 성실하게 하는 일이다. 그리하여 궁극적으로 몸을 닦는 공부는 거경(居敬)과 궁리(窮理), 역행(力行)의 세 가지를 벗어나지 않는다."[12]

여기에서 율곡은 뜻을 세우는 일-입지(立志)-을 배움의 최우선 과제로 내세웠다. 즉 입지(立志)를 하지 않고서는 공업(功業)을 이룰 수 없다고 보았다.『대학』에서는 이 대목이 누락되어 있다. 어떤 중간 장치도 없이

---

11) 「第1統說」: 聖賢之學, 不過修己治人而已. 今輯中庸大學首章之說, 實相表裏而修己治人之道, 無不該盡.

12) 「第2修己」"總論": 修己工夫, 有知有行. 知以明善, 行以誠身. 修己之功, 不出於居敬窮理力行三者.

바로 격물치지가 제시되었다. 이 지점에서 율곡은 학문의 시작단계, 혹은 삶의 첫 단추를 끼우는 과정에서, 자기 다짐을 보완할 이론적 장치를 고민했던 것 같다. 왜냐하면 입지는 자기의식에서 출발한 참된 주체로서 자기 자신을 가다듬는 힘이 되는 동시에 학문에 나아가게 하는 동력이기 때문이다. 즉 입지는 자기지향성이나 목적지향성으로서 학문의 이상을 포괄하고 있다.13) 이에 율곡은 공자가 말한 "도에 뜻을 두어야 한다"는 대목을 끌어 들이고, "뜻이라는 것은 마음이 가는 바를 말하고 도라는 것은 인륜(人倫)·일용(日用) 사이에 마땅히 행해야 할 것"이라는 주자의 해석을 적극적으로 제시한다.14)

율곡의 여러 저술로 볼 때, 입지는 가장 중요한 문제로 설정된다. 「자경문」, 『격몽요결』, 『학교모범』 등에서, 입지의 문제는 '성인, 이른바 교육받은 인간(educated man)의 최고의 모습이 되기를 기약'하는 의지의 표명이고, 대부분의 논저에서 맨 앞에 위치한다.15) 율곡은 『성학집요』를 지은 이듬해 『격몽요결』을 지으면서 입지의 중요성을 강력하게 제시한다. 『격몽요결』 「입지」에서 "처음 배우는 사람은 뜻을 세워 반드시 성인으로서 스스로 기약해야 한다"고 강조하고, "추호라도 자기를 낮추거나 공부하기를 머뭇거려서는 안 된다"고 충고한다. 그리고 "보통 사람과 성인의 본성은 같다"라는 인간 본성에 대한 평등론을 적극적으로 내세우며, 유교의 학문적 심화를 거듭한다.

율곡은 입지의 절목(節目)으로 장재의 말을 인용한다. "세상을 위하여 마음을 세우고, 백성을 위하여 도를 세우며, 옛 성인의 끊어진 학통을 잇고, 지속되어야 할 세상을 위하여 태평을 여는데 바쳐야 할 열정."16)

---

13) 손인수, 『율곡사상의 교육이념』, 서울: 문음사, 1997, 257쪽.

14) 「第2修己」 "立志": 子曰, 志於道. 朱子曰, 志者, 心之所之之謂, 道則人倫日用之間, 所當行者, 是也.

15) 장숙필, 앞의 책, 124쪽; 송석구, 앞의 책, 138-140쪽.

16) 「第2修己」 "立志": 爲天地立心, 爲生民立道, 爲去聖繼絶學, 爲萬世開太平.

그것은 인(仁)을 실천하려는 의지와 실현을 통해 효과를 발휘한다. 그러나 맹자가 말한 것처럼, '자포자기(自暴自棄)'하는 인간은 결코 입지를 할 수 없다.[17] 그러므로 이를 철저하게 경계해야 한다.

2) 학문의 과정; 수렴(收斂)에서 궁리(窮理)로

입지가 되었다면 이제 본격적으로 배움에 들어간다. 그것은 유교의 핵심인 '경(敬)'에서 시작된다. 경은 성학의 시작이고 끝이다. 율곡은 궁리에 들어가기에 앞서 「수렴」장을 놓고 소학(小學)의 공부에 대처하려고 하였다.[18] 즉 용모, 행동거지, 언어와 마음의 수렴에 대한 강조를 통해 하학(下學) 공부를 꾀하였던 것이다. 특히, 방탕한 마음을 거두어 들이는 것을 학문의 기초로 삼았다. 방탕한 마음은 맹자의 구방심(求放心)과 동일한 맥락이다.[19] 율곡은 "옛 사람은 스스로 밥 먹고 말할 수 있을 때부터 바로 가르쳐서 행동마다 잘못이 없게 하고, 생각마다 지나친 것이 없게 하여 그 양심을 기르고 그 덕성을 높였는데, 어느 때 어느 일이거나 그렇지 않은 것이 없었다."라는 소학의 자세를 근거로 내세워 『대학』의 격물치지 공부가 여기에 의거함을 밝혔다.[20]

「수렴」으로부터 율곡의 학문론은 서서히 질적 승화를 거듭한다. 「수렴」 다음에 위치한 「궁리」는 『대학』의 '격물치지'에 해당한다. 『대학』에 관한 인식론의 차원을 결정하기도 하는 '격물치지'에 대한 이해는 「전

---

17) 「第2修己」 "立志": 孟子曰, 自暴者, 不可與有言也. 自棄者, 不可與有爲也.

18) 「第2修己」 "收斂": 敬者, 聖學之始終也. …… 今取敬之爲學之始者, 置于窮理之前, 目之以收斂, 以當小學之功.

19) 『孟子』 「告子」 上: 學問之道, 無他, 求其放心而已矣.

20) 「第2修己」 "收斂": 收放心, 爲學問之基址. 蓋古人自能食能言, 便有敎, 動罔或悖, 思罔或逾, 其所以養其良心, 尊其德性者, 無時無事而不然. 故格物致知工夫, 據此有所湊泊.

5장」에 제시되어 있으나, 안타깝게도 그 자세한 내용이 남아 있지 않다. 주자의 보완에 의한 '격물보전(格物補傳)'으로 그나마 이해를 강구하고 있다. 그러나 그것도 격물치지의 원리적 측면을 제시하고 있을 뿐, 구체적 내용과 방법은 미약하다. 율곡은 이 점을 분명히 간파했다. 율곡은 격물치지(格物致知)의 설이 『대학』에서 상세하게 제시되어 있지 않다고 보고, 궁리와 그 쓰임, 그리고 공효에 대하여 정자, 주자 등의 학설이 가장 적절하다고 이해하고 이를 기록하였다.21) 그리고 격물치지의 방식을 매우 구체적이고 체계적으로 제시한다. 그것은 궁리라는 짜임새로 드러난다.

율곡은 먼저, 정자의 말을 통해 궁리 공부의 의의를 제시한다. "대개 한 가지 사물에는 한 가지 이치가 있는데 그 이치를 궁리하여 제대로 알아야 한다. 궁리를 하는 데도 여러 가지 실마리가 있는데, 책을 읽어 의리를 해치기도 하고 고금(古今)의 인물을 논평하여 그 시비를 분별하기도 하며, 사물을 경험하고 체험하여 어떠한지를 파악하여 처리하는 것이 모두 궁리이다."22)

이런 '격물치지-궁리'의 구체적인 방법으로, 독서법을 비롯하여 학문의 전체적 규모를 제시한다. 독서법에서는 독서의 의미, 소학·사서·육경·사기에 대한 독서법을 자세하게 언급하였다. 글을 읽으면 실제 쓰임이 있다는 독서의 의미와 왜 일상생활의 윤리 도덕을 체득해야 하는지의 소학 공부, 사서 육경이 주는 철학 공부, 사기를 통해 역사의 교훈을 배워야 하는 이유 등 독서를 통해 궁리하는 법을 일러 준다. 다음으로 천지(天地)와 인물(人物), 이치(理)에 대한 탐구를 통해, 하늘과 땅, 인간과 만물, 그 법칙을 파악하여 우주의 본질과 세상을 이해하도록 권고한다.

---

21) 「第2修己」 "窮理": 格物致知之說, 經文不詳, 先賢多所發明, 而程子李氏朱子三先生之說, 最爲明切.

22) 「第2修己」 "窮理": 凡一物上有一理, 須是窮致其理. 窮理亦多端, 或讀書講明義理, 或論古今人物而別其是非, 或應接事物而處其當否, 皆窮理也.

그리고 만물 중에서도 사람이 가장 귀하다는 인간의 지위 규정을 통해 인문 세계로 돌아오고, 다시 인간 본연의 성과 기질의 성을 이해하도록 순서를 정하여, 인간의 마음과 성품, 정감의 문제를 유기적 연관 하에 인식한다. 이런 개별 인간의 이해를 전제로 벌어지는 정치적 행위를 왕도와 패도의 입장에서 상징적으로 보여준 후, 학문적 이단의 폐해를 구체적 근거를 들어 설명하고 있다.

이러한 궁리 과정에서 율곡은 세 가지의 주요한 공부 요법을 일깨워 준다.[23]

첫째, 사물에 대하여 이해하고 성현의 말씀을 살펴서, 마음가짐이 깨끗해지거나 한번 보고도 마음으로 이해하여 조금도 의심스러운 것이 없다면, 이는 한번 생각했는데 바로 얻은 방법이다.

둘째, 사색하여 체득하지 못한 것이 있다면, 그것을 알려는데 신경을 써서 죽도록 싸워 침식도 잊어버리게 되어야만 비로소 깨닫게 되는 방법이 있다.

셋째, 오랫동안 애를 태우고서도 끝내 석연치 못하여, 생각이 막히고 분분하게 어지러워 질 때, 모든 것을 쓸어버리고 마음을 비워 어떤 사물도 없게 한 뒤에, 정미한 사색을 일으켜도 제대로 얻지 못한다면, 이것은 고사하고 다시 다른 것을 궁구해야 한다. 그리하여 궁구하고 궁구하여 차차 마음이 밝아지면 앞서 제대로 얻지 못한 것도 어느 순간에 저절로 깨달을 수 있는 방법이다.

궁리에 대한 율곡의 요령과 방법은 세상과 사물을 이해하는 방식이다. 그것은 한번 보고도 바로 알 수 있는 직독직해(直讀直解)의 파지(把

---

23) 「第2修己」 "窮理": ① 今遇事理會, 及看聖賢之語, 若心慮澄然, 略綽一見, 便會於心, 無少可疑, 則此一思便得者也. ② 或思而未得, 則傳心致志, 抵死血戰, 至忘寢食, 方有所悟. ③ 或苦思之久, 終未融釋, 心慮窒塞紛亂, 則須是一切埽去, 使胸中空無一物, 然後却擧起精思, 猶未透得, 則且置此事, 別窮他事. 窮來窮去, 漸致心明, 則前日之未透者, 忽有自悟之時矣.(번호는 편의상 논자가 붙임).

持)이고, 제대로 체득하지 못한 사안에 대해 끊임없이 노력하는 중습치
지(重習致知)의 학습이며, 다른 사물을 통해 우회적으로 깨닫는 전이자
득(轉移自得)의 깨달음이다. 이를 간략하게 표로 제시하면 다음과 같다.

〈표 3-2〉 궁리의 내용과 과정

大學			聖學輯要		격물치지-궁리의 내용
格物致知	卽物 窮理 ↓ 物 莫不有理 ↓ 於理未窮 ↓ 已知之理 益窮之 ↓ 豁然貫通 全體大用	窮理	窮理用功		궁리의 의의와 유용성
			讀書	通言讀書	독서의 의의
				小學	일상의 인륜
				四書	철학, 의리, 예, 이치의 탐구
				六經	
				史記	역사의 법칙과 교훈 治亂之機 出處進退
			天地·人物·理		우주와 인간의 본질
			사람의 귀중함		인간의 지위 부여
			本然之性		인간의 보편성에 대한 논의
			氣質之性		인간의 특수성에 대한 고민
			心性情의 관계		인간에 대한 전체적 조망
			王道와 覇道		사회 운영의 원리 올바른 정치
			異端의 폐해		올바른 학문의 실체

3) 학문의 목적; 성실(誠實)에서 교기질(矯氣質)· 양기(養氣)·정심(正心)·검신(檢身)으로

이러한 궁리-학문의 과정-를 거칠 때, 일상에서 몸소 실천할 수 있는
힘이 생긴다. 그것은 반드시 진실한 마음을 통해야 삶의 도리를 다할 수
있는 구체적 효험으로 드러날 수 있다. 따라서 진실한 마음의 근원인 성
실은 행위실천의 근본이 된다. 이는 『대학』의 "뜻을 성실하게 한다는 것

은 스스로를 속이지 않는 일"을 바탕으로 공자의 충(忠)과 신(信)의 덕목,
나아가 주돈이의 "성실이란 성인의 근본이다"라는 언표에서 확인된다.
그러기에 율곡은 뜻을 성실하게 하는 작업을 수기와 치인의 근본으로 보
고, 『성학집요』의 모든 장에서 그것을 강조하였다.24)

　배움을 성실히 하였다면, 무엇을 해야 하는가? 율곡의 학문 심화는 여
기에서 보다 두드러진다. "배움을 성실히 하였다면 반드시 한쪽으로 치
우친 기질을 고쳐서 본연의 성으로 회복하여야 한다. 그 때문에 장재는
학문을 하는 데 큰 도움이 되는 것은 기질을 변화시키는 데 있다고 하였
다."25)

　『대학장구』「서」에는 인간이 기질을 받은 것이 동일하지 않다는 언
급은 있으나, 그 변화의 중요성을 구체적으로 논의하지는 않았다. 그런
데 율곡은 기질이 같지 않음과 그것을 교정하는 데도 각각 다른 방법이
있음을 자세하게 구명하고 있다. 그것은 앞에서 언급한 것처럼 극기(克
己)와 면강(勉强)의 방식이다. 기질은 바꿀 수 있다! 인간의 변화 가능성
에 대한 율곡의 언급은 성학을 향한 그의 집념에서 찾을 수 있다. 끊임
없는 연습과 노력을 통해 누구나 바른 자리에 설 수 있다는 믿음이 그
바탕에 존재한다.

　뿐만 아니라 기질의 교정이 가능하다는 철학적 근거를 율곡은 다음과
같이 서술하고 있다.

　　　하나의 기(氣)의 근원은 맑고 깨끗하여, 그 양(陽)이 움직이고 음(陰)이 고
　　요한 것이 때로는 상승하기도 하고 때로는 하강하기도 하다가, 어지럽게 날아
　　다니는 사이에 합하여 질(質)을 이루어 고르지 못하게 된다. 그리하여 사물이

---

24)「第2修己」"誠實": 窮理旣明, 可以躬行, 而必有實心, 然後乃下實功, 故誠實爲躬行
　　之本. 子曰, 主忠信. …… 周子曰, 誠者, 聖人之本.
25)「第2修己」"矯氣質": 旣誠於爲學, 則必須矯治氣質之偏, 以復本然之性. 故張子曰,
　　爲學大益, 在變化氣質.

치우치게 되면 다시 변화시킬 방법이 없으나, 오직 사람은 맑거나 탁한 것, 순수하거나 섞인 것이 같지 않은 부분이 있다하더라도 마음이 비고 밝아서 변화시킬 수 있다. 그러므로 맹자는 '모든 사람은 요임금이나 순임금 같은 성인이 될 수 있다'고 하였다. 이 말이 어찌 헛소리겠는가? 기(氣)가 맑고 질(質)이 순수한 사람은 앎과 행함에 힘쓰지 않고도 그것에 능숙하게 되어 더할 것이 없다. 기는 맑으나 질이 섞인 사람은 알 수는 있어도 행하기 어렵다. 만일 몸소 행하는 데 힘써 성실하고 독실하면 행실이 제대로 이루어 질 수 있고, 유약한 사람이라도 강하게 될 수 있다. 질은 순수하나 기가 탁한 사람은 행할 수는 있으나 잘 알기 어렵다. 만일 묻고 배우는 데 힘써 성실하고 자세히 하면 앎에 통달할 수 있고, 우매한 사람이라도 명석해 질 수 있다. 음악을 배우는 사람을 예를 들어 보자. 세상의 모든 기예를 나면서부터 타고난 사람은 없다. 처음으로 음악을 배운 어린 아이가 거문고나 비파를 연주할 때, 그 서툰 연주를 누가 들으려고 하겠는가? 하지만 열심히 연주법을 익혀 일정한 수준에 도달하면 아름다운 음악소리를 낼 수 있게 된다. 그것은 실제로 공력을 다하고 학습이 쌓여 익숙해진 결과일 뿐이다. 온갖 기예가 그렇지 않은 것이 없다. 배움이 기질을 변화시킬 수 있는 것도 이와 다르지 않다.26)

기질의 변화 가능성을 배움의 근거로 마련한 율곡은 그 후속 조치로 「양기(養氣)」를 제시한다. 양기는 기를 기르는 일이다. 기는 사람의 생명의식과 직접적인 연관을 맺고 있기에, 그것을 "고쳐 다스리는 것은 극진(克盡)하여야 하고 보양(保養)하는 것은 치밀해야 한다. 따라서 정기(正氣)를 보양하는 것이 객기(客氣)를 고쳐 다스리는 방법이 된다."27)

기를 기르는 방법의 문제는 『대학』에서 구체적으로 언급되지는 않는

---

26) 「第2修己」 "矯氣質": 一氣之源, 湛然淸虛, 惟其陽動陰靜, 或升或降, 飛揚紛擾, 合而爲質, 遂成不齊. 物之偏塞, 則更無變化之術, 惟人則雖有淸濁粹駁之不同, 而方寸虛明, 可以變化. 故孟子曰, 人皆可以爲堯舜, 豈虛語哉. 氣淸而質粹者, 知行不勉而能, 無以尙矣. 氣淸而質駁者, 能知而不能行. 若勉於躬行, 必誠必篤, 則行可立而柔者强矣. 質粹而氣濁者, 能行而不能知. 若勉於問學, 必誠必精, 則知可達而愚者明矣. 且世間衆技, 孰有生知者哉. 試以習樂一事言之, 人家童男稚女, 初業琴瑟, 運指發聲, 令人欲掩耳不聽. 用功不已, 漸至成音, 及其至也, 或有淸和圓轉, 妙不可言者, 彼童男稚女, 豈性於樂者乎. 惟其實用其功, 積習純熟而已. 凡百伎藝, 莫不皆然.

27) 「第2修己」 "養氣": 矯治固當克盡, 而保養不可不密. 蓋保養正氣, 乃所以矯治客氣也.

다. 그러나 율곡은 이를 지기(志氣)를 기르는 일과 혈기(血氣)를 기르는 작업으로 재차 강조한다. '지기를 기르는 일'은 맹자의 양심(養心)과 과욕(寡慾), 그리고 호연지기(浩然之氣), 지언(知言) 등으로 설명된다. '혈기를 기르는 일'은 군자의 세 가지 경계, 이른 바 '색(色)과 투(鬪), 득(得)'의 혈기에 대한 경계로 서술한다. 왜냐하면 마음을 기르는 일과 기를 기르는 일은 실제로는 한 가지 일이다. 따라서 양심이 날로 생장하면서 상하고 해되는 것이 없게 되어, 마침내 그 가려진 것을 모조리 다 없애버리면, 호연(浩然)의 기가 성대하게 흐르고 통하여, 사람이 천지와 한 몸이 될 수 있기 때문이다.28) 이와 같이 양심(養心)과 양기(養氣)의 문제는 마음을 바르게 하는 공부에서 완성된다.

『대학』에서는 정심(正心)의 문제가 분치(忿懥), 공구(恐懼), 호요(好樂), 우환(憂患)의 유무와 연관된다.29) 따라서 마음의 쓰임에 따라 그 바름과 비뚤어짐이 결정된다. 그러나 율곡은 정심을 함양(涵養)과 성찰(省察)의 문제로 심화하여 내면을 다스리는 덕목으로 삼았다.

율곡은 선현들의 말을 인용하면서 고요한 때의 공부를 논할 적에 존양과 함양을 말한다는 데 동의한다.30) 이른 바 미발(未發)의 상태에서, "경(敬)으로 함양한다는 것은 정적(靜寂)하여 염려가 생기지 않게 하고, 늘 깨어있는 듯이 조금도 혼매(昏昧)하지 않게 하는 작업이다."31) 성찰도 함양과 유기적 관계 가운데 재차 강조된다. 돌아보고 살핀다는 것은 일상행위에서의 조심이다. 율곡은 주자의 말을 인용하여 성찰의 문제를

---

28) 「第2修己」 "養氣": 養心養氣, 實是一事, 良心日長, 而無所戕害, 終至於盡去其蔽, 則浩然之氣, 盛大流行, 將與天地同其體矣.

29) 『大學章句』 「傳7章」: 所謂修身在正其心者 身有所忿懥 則不得其正 有所恐懼 則不得其正 有所好樂 則不得其正 有所憂患 則不得其正

30) 「第2修己」 "正心": 但先賢論靜時工夫, 多以存養涵養爲言.

31) 「第2修己」 "正心": 未發之時, 此心寂然, 固無一毫思慮. 但寂然之中, 知覺不昧, 有如沖漠無眹, 萬象森然已具也. 此處極難理會, 但敬守此心, 涵養積久, 則自當得力. 所謂敬以涵養者, 亦非他術, 只是寂寂不起念慮, 惺惺無少昏昧而已.

일러 준다. "마음을 잡는다는 말은 여기에 있다는 것이요, 그것을 놓는 다는 것은 잃어버린다는 말이다. 그 나가고 들어가는 데 정한 때가 없고 정한 곳도 없으면 위태롭게 움직이고 안존하기가 어렵다."[32] 마음을 잡 는다는 것은 마음이 세계를 향해 펼쳐나갈 때의 일이다. 즉 이발(已發)의 상황에서 살피는 문제로 인식된다.

그러기에 성찰과 관련하여 주자는 다음과 같이 말한다.

> 펼쳐진 후에 마음의 본체를 권도(權度)로 하여 마음이 펼쳐진 것을 살핀다 면 무겁고 가벼우며 길고 짧은 차이가 있다. 펼쳐진 마음 자체로 마음의 본체 를 구하려고 한다면 그럴 리는 없다. 잡아둔다는 것은 이것으로 저것을 잡아 두는 것이 아니며, 놓아서 잃는다는 것은 저것으로서 이것을 놓아 잃어버린다 는 것이 아니다. 마음으로 스스로 잡으면 잃었던 것을 두게 되고 놓고 잡지 않는다면 두었던 것도 잃을 뿐이다.[33]

이와 같은 함양과 성찰은 경(敬)과 의(義)의 체용(體用) 관계를 통해 통일성을 기하게 된다. 율곡은 "경은 체이고 의는 용이다. 그것을 내외 (內外)로 나눈다고 하더라도 실제로 경이 의를 겸비하고 있기 때문에 안 을 곧게 하는 경은 공경으로 존심하는 것이고, 밖을 방정하게 한다는 의 는 공경으로 일에 응대하는 것이다."[34]라고 인식하고, 함양과 성찰의 문 제를 유기적으로 관계 맺었다.

주목할 부분은 부념(浮念)에 대한 이해이다. 율곡은 함양과 성찰을 통 한 '마음을 바로 잡는 일'은 부념을 없애는 데 있다고 파악했다. 부념은

---

32) 「第2修己」 "正心": 言心操之則在此, 捨之則失去. 其出入無定時, 亦無定處, 危動難 安如此.

33) 「第2修己」 "正心": 已發之處, 以心之本體權度, 審其心之所發, 恐有輕重長短之差 耳. 若欲以所發之心, 別求心之本體, 則無此理矣. 夫謂操而存者, 非以彼操此而存之 也, 舍而亡者, 非以彼舍此而亡之也. 心而自操, 則亡者存, 舍而不操, 則存者亡耳.

34) 「第2修己」 "正心": 敬體義用, 雖分內外, 其實敬該夫義. 直內之敬, 敬以存心也, 方 外之義, 敬以應事也.

들뜬 생각이다. 외부의 자극에 의해 붕뜬 마음, 세속적으로 이야기하면, '허파에 바람이 들어간 상태'라고 볼 수 있다. 인간에게서 사고에 헛바람이 들어간 상황은 마음을 어지럽히는 병통 중의 핵심이다.

이러한 마음과 부념에 대한 율곡의 인식은 다음과 같다.

> 마음의 본체는 담연히 비고 밝아서 빈 거울과도 같고, 평평한 저울대와도 같은데, 물에 감응되어 움직이면 칠정이 응하는 것이니, 이것이 마음의 작용이다. 다만 기가 구속되고 욕심이 가려져서 본체가 제대로 서지 못하므로 그 작용이 바른 것을 잃기도 한다. …… 마음이 어지러운 병통에도 두 가지가 있다. 하나는 악념(惡念)이란 것으로 외부 사물에 유혹되어 사욕을 헤아리는 것이고, 다른 하나는 부념(浮念)이란 것인데, 생각이 이리저리 흩어지며 어지럽게 끊임없이 일어나는 것을 말한다.[35]

마음의 내면적 작용인 사고에는 나쁜 생각(惡念)도 있고 착한 생각(善念)도 있다. 착한 생각은 그대로 실천하면 자연스럽게 선의 밑거름이 된다. 따라서 인간의 행위에서 큰 문제를 유발하는 데 소극적이다. 악념의 경우도 성실하게 선을 실천하는데 뜻을 둔다면 고치기가 쉽다. 그러나 부념(浮念)은 선(善)도 아니고 악(惡)도 아닌,[36] 들뜬 생각이 끊임없이 일어나는 사고의 혼돈상태이다. 어디로 튀어 오를지 헤아리기 힘든 럭비공처럼 종잡을 수 없는 심리 작용이다. 따라서 인간은 공부를 통해 그런 마음을 바로 잡아야 한다.

그런 공부의 구체적 방법으로 제시한 것이 경(敬)이다.

> 배우는 사람은 항상 경(敬)을 중심으로 행위의 기준으로 삼아야 한다. 그

---

35) 「第2修己」 "正心": 心之本體, 湛然虛明, 如鑑之空, 如衡之平, 而感物而動, 七情應焉者, 此是心之用也. …… 亂之病有二, 一曰惡念, 謂誘於外物, 計校私欲也. 二曰浮念, 謂掉擧散亂, 相續不斷也.
36) 「第2修己」 "正心": 此念, 非善非惡, 故謂之浮念.

리하여 일을 할 때는 한결같이 몰두하여 마땅히 할 것을 실천한다. 특별한 일
이 없이 정좌하고 있는 데 어떤 생각이 일어나면, 반드시 무슨 일인가 성찰한
다. 나쁜 생각이라면 용감하게 단절시키어 털끝만큼도 나타날 실마리를 남겨
두지 말아야 하고, 착한 생각으로 마땅히 해야 할 일이라면 그 이치를 궁구하
고, 아직 이해하지 못한 부분이 있으면 노력하여 이치를 밝게 해야 한다. 이
치를 이해할 필요가 없는 쓸모없는 생각이거나 착한 생각일지라도 그것을 실
천할 적당한 때가 아니라면 부념이다. 부념이 일어나는 것을 일부러 싫어하면
마음은 더욱 어지럽게 된다. 그뿐 아니라 이 싫어하는 마음 역시 부념이다.
이런 것이 부념인 것을 깨달아 안 뒤에 가볍게 추방하고 이 마음을 수습하면
그런 생각이 일어나도 다시 그치게 된다.[37]

그리하여 공부의 일단락은 이와 같은 부념(浮念)-허공에 뜬 인간의 마
음-을 본래 착한 인간 자신의 마음을 회복하려는 데 집중된다. 그것이
성학의 핵심이다. 다름 아닌 성선(性善)이나 선단(善端)을 근원으로 하는
유교의 복기초(復其初), 혹은 복기성(復其性)의 의식이다.[38] 이처럼 율곡
의 『성학집요』에서 경(敬) 공부는 「수렴」에서 시작하여 「정심」에서 마
무리 되면서, 내면 공부를 완성한다.[39]

주자는 『대학장구』에서 정심(正心)을 수신(修身)의 근본으로 파악한
다. 마음이 보존되지 못하면 몸을 단속할 수 없다고 보았고, 경(敬)으로
마음을 곧게 하고 보존하여 몸을 닦을 것을 강조한다. 율곡은 그것을 확
충 심화하여 "「정심」은 안을 다스리는 공부, 「검신」은 밖을 다스리는 공
부"로 나누어 이해했다. 이 둘은 실제로는 내외의 통합을 통해 동일성을
실천하는 작업이다. 그러기에 오늘 정심하고 내일 검신하는 일로 나누어

---

37) 「第2修己」 "正心": 學者, 須是恒主於敬, 頃刻不忘, 遇事主一, 各止於當止, 無事靜
坐時, 若有念頭之發, 則必卽省覺所念何事, 若是惡念, 則卽勇猛斷絶, 不留毫末苗脈,
若是善念, 而事當思惟者, 則窮究其理, 了其未了者, 使此理豫明, 若不管利害之念,
或雖善念而非其時者, 則此是浮念也, 浮念之發, 有意厭惡, 則尤見擾亂, 且此厭惡之
心, 亦是浮念, 覺得是浮念後, 只可輕輕放退, 提撥此心, 勿與之俱往, 則纏發復息矣.
38) 『大學章句』 「序」: 敎之以復其性.
39) 「第2修己」 "正心": 收斂, 敬之始也. 此章, 敬之終也.

지지 않는다. 공부의 내면과 외면의 구별을 설명하기 위한 것일 뿐이다.[40)
이런 차원에서 율곡은 마음과 몸의 관계를 다음과 같이 제시한다.

> 마음은 몸의 주인이고 몸은 마음의 그릇이다. 주인이 바르면 그릇도 당연
> 히 바르게 된다. 다만 자연스럽게 바르게 되기만을 맡겨두기보다 단속하여 정
> 제해야 하기 때문에 『대학』의 차례에서도 수신이 정심의 뒤에 있다. 그 힘쓰
> 는 방법은 용모와 보고 듣는 일, 언어와 위의를 한결같이 천리를 좇을 따름이
> 다. 형상과 빛깔은 천성이니 한 몸 가운데 움직임과 고요함, 어느 것이 천칙
> (天則)이 없는 것인가. 격물치지는 이 법칙을 밝히는 것이고, 성의·정심·수신
> 은 이 법칙을 따르는 것이다. 두 가지가 모두 갖추어져야 몸소 행하는 지경에
> 이르렀다고 할 수 있다. …… 몸에 대한 단속이 없는 사람은 마음이 바르게
> 되지 못했기 때문이다. 진실로 마음을 바르게 할 수 있다면 무슨 일이건 바르
> 게 할 수 있다. 어찌 자신의 몸으로 부정한 것에 안심할 수 있겠는가![41)

여기에서 율곡은 몸을 단속하는 방법으로, 몸을 공경하고 예법을 조
심하고, 위의(威儀)와 용지(容止)에 대한 규칙을 익히며, 경계하고 다듬
어 게으름이 없게 하는 일상적 작업을 진행하라고 권고한다.

4) 학문의 심화와 효과의 지속; 회덕량(恢德量)· 보덕(輔德)·돈박(敦篤)·공효(功效)

그런 다음 율곡은 몸을 단속하는 방식을 넓히고 보태고 돈독하게 만
들기 위해 「회덕량(恢德量)」·「보덕(輔德)」·「돈독(敦篤)」장을 설정하고,

---

40) 「第2修己」 "檢身": 正心, 所以治內, 檢身, 所以治外. 實是一時事, 非今日正心, 明日
檢身也. 第其工夫有內外之別.

41) 「第2修己」 "檢身": 心爲身主, 身爲心器. 主正則器當正, 但不可任其自正. 不爲之檢
攝故, 大學之序, 修身在正心之後. 其用功之方, 不過容貌視聽言語威儀, 一循天則而
已. 形色, 天性也, 一身之中, 一動一靜, 孰無天則者乎. 格物致知, 所以明此則也, 誠
意正心修身, 所以踏此則也. 二者備矣, 然後可臻踐形之域矣. …… 然彼身無檢束者,
心必不得其正故也. 苟能正心, 則事事無不求正矣. 豈有以己身安於不正之理乎.

「공효(功效)」에서 그 지속과 효과를 논의한다. 그것은 학문의 심화 노력
이자 삶의 질을 담보하는 학문의 궁극처가 된다. 『대학』에서는 이 부분
에 대한 언급이 미약하다.

「회덕량」에서는 덕을 나아가게 하는 도량을 확장하고, 공동체의 사람
들을 용납하는 도량과 공평하게 하는 도량을 넓히는 공부에 힘쓰고, 「보
덕」에서는 바른 선비를 친근히 하고, 간언을 좇으며, 허물을 고치는 방
법을 체득하려고 애쓴다. 그리고 「돈독」에서는 꾸준한 공부를 통해 끝
을 돈독히 하고, 나태함의 병폐를 어떻게 척결할 수 있는지, 고심한다.
그것은 군자가 배움을 대할 때의 의무, 성학의 책무성으로 이어진다.

군자가 배우는 일은 성실하고 근면하며 독실해야 할 뿐이다. 임무는 무겁
고 도는 멀어서 전진하지 아니하면 후퇴한다. 성실하고 근면하며 독실하지 않
은 데 무엇을 성취할 수 있겠는가? 공부가 지극하면 반드시 효과가 있는 것인
데, 어찌 미리 기일을 정할 수 있겠는가? 요즘 사람들은 먼저 얻기부터 하려
는 데 병폐가 있다. 미리 기일을 작정만 하여 놓고 그때에 효과가 나지 않기
때문에 행한지 얼마 안 되어 이내 싫어하고 권태로운 마음이 생긴다. 먼 곳에
가는 사람이 어찌 한걸음에 목적지에 도달할 수 있겠는가! 반드시 가까운 곳
에서 점차로 가야한다. 높은 곳에 오르려는 사람은 단번에 뛰어 오를 수는 없
다. 반드시 낮은 곳에서 점차로 딛고 올라가야 한다. 사람의 심정이 제각기
즐기는 것이 있으나 배움을 즐거움으로 여기지 못하는 것은 반드시 가리는
것이 있기 때문이다. 따라서 가리는 것을 알아서 힘써 제거해야 한다. 성색에
가려진 자는 노래와 여색을 멀리하기에 힘쓸 것이며, 재화와 이익에 가려진
자는 재물을 천하게 여기고 덕을 소중히 여기기를 힘쓸 것이며, 치우치고 사
사로운 것에 가려진 자는 자기의 아집을 버리고 남의 의견을 좇기를 힘써야
한다. 덮여 가려져 있는 것은 오로지 그 근본을 끊도록 힘써야 하고, 공부를
실행할 때는 어느 것이 어렵고 쉬운지 견주거나 꾀를 내지 말고 용감하고 힘
있게 나아가며, 괴롭더라도 참으면서 단연코 물러서지 않으면 공부가 진행되
는 상태가 처음에는 험난하고 막히지만 나중에는 점차로 조리가 시원하게 밝
혀지며, 처음에는 혼란스럽더라도 나중에는 점차 정리될 것이며, 처음에는 어
렵고 빽빽하지만 나중에는 점차로 통달하여 편리하게 될 것이며 처음에는 담

박하지만 나중에는 점차로 맛있게 되어 반드시 배우는 것을 삶의 즐거움으로
삼게 될 것입니다.[42]

　여기까지가 『대학』에서 언급한 '명명덕-격물치지와 성의·정심·수신'
에 대해 율곡이 『성학집요』에서 「수기」로 새롭게 해석하며 엮어낸 내용
의 대강이다. 그렇다면 그 지어지선(止於至善)의 세계는 어떤 모습으로
드러나는가?

　율곡은 그것을 「공효(功效)」장으로 구상하여 용공(用功)과 효험(效驗)
으로 그려 내었다. 공효를 다하되, 지와 행을 겸비하고 표리가 하나로
되면, 성인의 경지, 이른 바 『대학』에서 말하는 지어지선에 들어갈 수
있게 된다. 그 구체적 방식으로 다섯 가지를 거론한다. 첫째, 지(知)를 거
쳐서 행(行)에 도달하는 효험, 둘째, 행을 거쳐서 지에 도달하는 효험, 셋
째, 속(裏)을 경유하여 겉(表)으로 나타내는 효험, 넷째, 지와 행, 겉과 속
이 합하여 얕은 데부터 깊은 데 이르는 것과 성스럽고 신비스러운 것의
극치에 도달하는 일, 마지막으로 성(聖)과 신(神), 그리고 성인의 길이다.
그 핵심은 인간의 자기 파악과 노력 자체에 달려 있을 뿐이다.

　　처음에는 착한 일을 하려는 마음 자세로부터 시작하여 마침내 천지와 병
　립하고 화육을 돕는 경지에 도달하는, 지(知)를 쌓고 행(行)을 거듭하여 그 인
　(仁)을 익숙하게 익히는 데 있을 뿐이다. …… 그런데 인간은 온갖 선한 것이
　성에 갖추어져 있기 때문에 밖에서 찾을 필요가 없다. 공을 쌓는 것도 자기에

---

42) 「第2修己」 "檢身": 君子之學, 誠篤而已. 任重道遠, 不進則退. 若非誠篤, 何能有成.
　孔子曰, 先難後獲, 功至則效必臻, 何可預期乎. 今人患在先獲, 惟其預期而功不至,
　故行之未幾, 厭倦之心生焉. 此學者之通病也. 行遠者, 非一步而可到. 必自邇而漸往.
　升高者, 非一超而可詣, 必自卑而漸登. 人情各有所樂, 其不能以學爲樂者, 必有所蔽
　故也. 知其所蔽, 而用力以祛之. 蔽於聲色者, 務放聲而遠色, 蔽於貨利者, 務賤貨而
　貴德, 蔽於偏私者, 務捨己而從人. 凡有所蔽, 莫不務絶其根本, 實用其功, 不計難易,
　勇趨力進, 喫緊辛苦, 斷然不退, 用功之狀, 初甚險塞, 而後漸條暢, 初甚棼亂, 而後漸
　整理, 初甚艱澁, 而後漸通利, 初甚澹泊, 而後漸有味, 必使情之所發, 以學爲樂.

게서 연유할 뿐이고 다른 것에 의지하지 않는다. 세상을 건지고 백성을 어질게 하는 것도 나에게 있는 것이어서 누구도 감히 막을 수 없다. 이런데도 배우기를 일삼아 맑고 넓은 경지에 이르지 않고 도리어 욕심을 일삼아 더럽고 낮은 것을 꾀하니, 사람으로서 생각하지 않음이 지나치다.[43]

율곡은 지도자 교육의 내적 차원을 수기교육의 형태로 정돈한다. 그것은『대학』의 팔조목 가운데 "격물-치지-성의-정심-수신"의 다섯 조목을 조선 유학의 양식으로 살려낸 것이다. 즉 "궁리-정심-검신-회덕량-보덕-돈독"의 지도적 인격을 투입하며 수기의 내용을 확장하였다. 이는 입지를 더욱 견결하게 다지는 측면에서 자신을 성장시키는 계기가 되고, 4장에서 다룰 지도자 교육의 외적 차원에서 치인교육으로 나아가는 징검다리가 된다는 측면에서, 교육의 근본을 확보한 것으로 이해할 수 있다.

---

43) 「第2修己」, "功效": 始自可欲之善, 終至於參天地贊化育, 只在積知累行. 以熟其仁而已. …… 萬善備於性, 而不假外求. 積功由於己, 而不資他力. 濟世仁民, 亦在於我, 而莫之敢禦. 如是而不事乎學, 以臻昭曠, 乃事乎欲, 以究汚下. 噫, 亦不思之甚也.

제4장
지도자 교육의 외적 차원;
『성학집요』의 치인교육

주지하다시피 유학의 대명제는 수기치인(修己治人)이다. 달리 표현하면, 내성외왕(內聖外王)이요 성기성물(成己成物)의 이론과 실천 체계이다. 율곡의 『성학집요』도 수기치인을 이루려는 이론적·실천적 지침에 다름 아니다. 제3장에서 다룬 수기교육은 '자기충실(自己忠實)과 최선'이라는 '지도자 교육의 내적 차원'에서 조명할 수 있고, 이 장에서 다룰 치인교육은 '타자배려(他者配慮)와 인도'라는 '지도자 교육의 외적 차원'에서 인식할 수 있다. 이 장에서는 『성학집요』 제3편 「정가(正家)」와 제4편 「위정(爲政)」 부분을 집중적으로 분석·검토하여, 그 교육적 특성을 고찰하고, 그것이 『대학』의 조선적 수용 양상이자 조선에서의 '치인교육(治人敎育)' 이론임을 정돈한다.

1. 제가(齊家) 이론과 정가(正家) 실천

1) 정가(正家)의 내면적 기초; 효경(孝敬)-형내(刑內)-교자(敎子)

율곡은 『성학집요』에서, 『대학』의 '제가(齊家)'를 왜 '정가(正家)'로 바꾸어 말했을까? 율곡은 『주역』 「가인」괘를 인용하여, 정가의 근본을 정명(正名)에 있다고 보았다. 그것은 부모는 부모답게, 자식은 자식답게, 형은 형답게, 아우는 아우답게, 남편은 남편답게, 아내는 아내답게, 행실을 바르게 하여 가정의 윤리를 바로 잡는 작업인 동시에 은의(恩義)를 돈독하게 만드는 일이다.[1] 여기에서 『대학』의 '제(齊)'와 『성학집요』에서 제시한 '정(正)'의 의미 맥락을 고려하면 강조의 초점이 어디에 있는지 알 수 있다. 제(齊)는 '가지런하다, 고르다, 같게 하다'는 의미가 강하다. 그러나 정(正)은 '바르게 하다, 바로 잡는다, ~답게 하다'는 뜻이 강조된다. 따라서 정가는 집안을 집안답게, 바르게 하거나 바로 잡는 작업이다.

그런데 제(齊)는 『대학』에서 언급한 것처럼, '치우침(辟)'과 연관된다.[2] '치우쳐 있음(혹은 편벽됨)'으로 인해, 『대학』에서는 친척과 불초한 자, 덕망 있는 자, 제자리를 얻지 못한 자, 지위가 낮고 용렬한 자들이 마음이 혼미한 데서 범하는 무지에서 벗어나기를 염원한다. 그것은 혼미한 마음, 그 치우친 부분을 치우치지 않고 고르게 만드는 작업에 무게중심을 둔다. 그러나 율곡은 『성학집요』에서 정(正)을 내세움으로써 '반듯하게, 바르게 하다'라는 행위의 실제를 부각한다. 바르게 하는 일은 '올바르지 않고 비뚤어져 있다', 혹은 제대로 실천하지 못하다'라는 부정(不正)이 전제된다.

부정의 문제는 '관계의 일탈'에서 비롯된다. 집안의 차원에서 보면 가족 관계의 복잡성에 기인한다. 가족은 성실의 내면화로 마음을 바르게 하여 이를 외향적으로 표현하는 자아실현의 최초의 장이다. 그 가족의 핵심 단위는 부부이다. 부부로부터 비롯되는 가족 관계는 다시 부모자식 사이, 친척간의 관계로 확장되면서 인간관계의 문제를 어떻게 조화시킬

---

1) 「第3正家」 "總論": 父父, 子子, 兄兄, 弟弟, 夫夫, 婦婦, 而家道正. …… 正倫理, 篤恩義, 家人之道也.; 장숙필, 『栗谷 李珥의 聖學研究』, 서울: 고대민족문화연구소, 1992, 149쪽.

2) 『大學章句』 傳8章: 所謂齊其家, 在修其身者, 人之其所親愛而辟焉, 之其所賤惡而辟焉, 之其所畏敬而辟焉, 之其所哀矜而辟焉, 之其所敖惰而辟焉. 故好而知其惡, 惡而知其美者, 天下鮮矣.

것인가를 삶의 관건으로 내놓는다.3) 율곡이 정가를 논의의 수면으로 올
린 이유가 여기에 있다. 어떻게 하면 집안을 집안답게, 올바르게 건설할
수 있느냐! 그 정가(正家; 집안 다스림의 실천)의 실마리를 율곡은 『맹자』
에서 찾는다.

> 맹자가 말하였다. "스스로 몸소 도를 행하지 않으면 처자에게 도를 행하
> 지 못하고 사람을 부리는 데 도로써 행하지 않으면 처자에게 도를 행할 수
> 없다." 이처럼 자기 몸을 닦고 난 후에, 집안을 바르게 할 수 있다. 집안을
> 바르게 하는 데는 구체적인 절목이 있다. 천하를 다스리는 데 근본이 있는데,
> 그것은 자신의 수양을 말한 것이고, 천하를 다스리는 데 법도가 있는데, 그것
> 은 집안의 다스림을 말한 것이다. 근본은 반드시 단정해야만 한다. 근본이 단
> 정하면 마음이 정성스럽게 된다. 법도는 선해야만 한다. 법도가 선하면 집안
> 이 화목하게 된다.4)

정가는 몸소 도를 실천하는 직접적 행위에서 찾아진다. 근본의 단정
함과 마음의 정성스러움, 법도의 선함이라는 수기에서 치인에로의 입구
를 안내한다. 핵심은 가족 윤리의 기초인 효(孝)·제(弟)·자(慈)이다.5) 즉
가족 내에서의 부모-자식관계인 효(孝)-자(慈), 형제 자매사이의 관계인
제(弟)라는 집안 내의 수직적·수평적 쌍무질서의 본분을 통해, 집안을
다스리는 지도자는 자신에 맞는 길을 직접적으로 실천해야 한다. 특히
유교 윤리의 근간을 이루는 효는 자식이 부모를 받드는 마음이고 자는

---

3) 조남국, 『율곡의 사회사상』, 서울: 양영각, 1985, 247쪽.

4) 「第3正家」 "總論": 孟子曰, 身不行道, 不行於妻子, 使人不以道, 不能行於妻子. 朱
子曰, 身不行道, 以行言之, 不行者, 道不行也, 使人不以道, 以事言之, 不能行者, 令
不行也. 蓋修己, 然後可以正家. 故正家次於修己. 此以下, 治人之道也, 正家煞有節
目. 今以論其大槪者, 著于首, 治天下有本, 身之謂也, 治天下有則, 家之謂也, 本必
端, 端本, 誠心而已矣. 則必善, 善則, 和親而已矣.

5) 『大學章句』 傳9章: 所謂治國, 必先齊其家者, 其家, 可敎, 而能敎人者無之. 故君子,
不出家而成敎於國. 孝者, 所以事君也. 弟者, 所以事長也. 慈者, 所以使衆也.

부모가 자식을 사랑하는 마음이다. 이런 윤리적 기초는 집안을 올바르게 하는 표준이요 모델이 된다. 이는 『대학』의 제가에서 말하는, 편벽함의 오류를 통해 인간을 동등하게 인식하려는 성찰인 동시에, 자신의 몸을 올바르게 실천하려는 의지의 지향이다.

율곡은 이를 집안 내에서의 효도와 공경을 바탕으로 아내와 자식교육으로 심화하여 그 실천양식을 매우 구체적으로 제시한다. 율곡의 지적처럼 유교에서 효도는 모든 행동의 핵심이다. 따라서 집안을 올바르게 다스리는 길은 효도와 공경하는 일이 첫 번째 자리한다.6) 이어 율곡은 부모님을 섬기는 도리, 살아계실 때와 돌아가셨을 때, 돌아가신 이후 제사의 도리 등을 세부적으로 언급하고, 효로써 몸을 지키고, 효로서 천하를 미루어 보는 자세에 대해, 여러 성현의 말을 인용하여 강조하고 있다.

아울러 집안을 다스리는 주요 요건으로 '아내를 바르게 하는 일[刑內]'임을 지적한다.7) 즉 집안의 한 기둥인 아내는 '선을 본받고 악을 경계해야 한다!' 여기에서 율곡이 제시하는 여성교육은 여성인 아내를 통제하고 감시하며 학대하는 차원에서 엄하게 다스리라는 의미가 아니다. 아내로서의 도리와 역할을 다할 수 있도록 '모범을 보일 것'을 강조한다.8) 율곡은 그 근거로 『주역』 "가인괘"와 정자의 말을 인용한다. "여자는 안에서 그 위치를 바르게 해야 하고 남자는 밖에서 그 위치를 바르게 해야 한다! 존비(尊卑)와 내외(內外)의 도가 바르게 되어야 천지 음양의 대의에 맞게 된다."9) 이런 형처(刑妻)의 도리는 궁극적으로 자신의 몸을 닦는 일, 한 집안의 모범이자 사표(師表)가 되는 데서 찾아진다.

아내 교육에 이어 율곡이 강조한 부분은 자식교육이다[敎子]. 그것은

---

6) 「第3正家」 "孝敬": 孝爲百行之首. 故正家之道, 以孝敬爲先.
7) 「第3正家」 "刑內": 治家必先正內.
8) 황준연, 『율곡철학의 이해』, 서울: 서광사, 1995, 177-178쪽 참조.
9) 「第3正家」 "刑內": 女正位乎內, 男正位乎外, 男女正, 天地之大義也. 尊卑內外之道正, 合天地陰陽之大義也.

태교(胎敎)를 비롯하여 입교(立敎)의 체계를 구체적으로 제시한 데서 확인할 수 있다. 태교에서 출생 이후, 이른 바 자식을 낳아 먹고 말할 수 있을 때부터 70세에 치사(致仕)에 이르기까지, 율곡은 『예기』를 참고로 유교의 전 교육 과정을 적시했다. 이를 표로 정리하면 다음과 같다.

〈표 4-1〉 정가(正家)를 위한 교육의 과정

교육의 단계	나이	교육의 과정과 내용	비고 (현대적 의미)
태교(胎敎)	임신 중 (胎中; 1세)	임신 중 부모의 교육; 특히 엄마의 행동거지와 생활 자세	임산모의 생활 (임신 중 교육)
입교(立敎)	출생(2세) 유아(3-5세)	유모(자식의 스승 선택의 중요성) (밥 먹고, 말하고, 옷 입을 수 있는 나이)	안방 수업 (가정교육)
	6세	밥 먹고 말하고 띠 매는 법 이해 셈하기, 방위(方位) 이름 가르치기	
	7세	남녀유별의 의미(不同席)	
	8세	사양(辭讓)하는 예의	
	9세	날짜 세는 법	
	10세	스승에게 배우러 나감; 글, 셈, 육서, 어린이 예의범절 등	바깥방 학습 (가정 내 교수-학습; 학교교육)
	13세	악(樂), 시(詩), 활쏘기 말부리기 등	
	20세	관례(冠禮), 성인 초기의 예(禮) 교육	
	30세	혼인, 남자의 본분, 학문의 길	직장 생활 (성인교육)
	40세	초기의 벼슬(관직)	
	50세	지도자급; 대부(大夫)-정치(政事)	
	70세	은퇴; 치사(致仕)	

『대학』에서 「제가」 부분을 다루는 전8장에 자식교육에 대한 언급은 없다. 율곡의 학문적 심화와 실천의 강화는 이런 지점에서 확연하게 드러난다. 엄밀하게 말하면, 유교에서 교육은 정치와 유기적 연관을 갖는 핵심 중의 핵심이다. 그것은 수기치인(修己治人)·내성외왕(內聖外王)·성기성물(成己成物)의 전 과정에 스며들어 있다. 교육을 통해 내면적 충실화를 도모하고, 정치는 그것을 담보로 외면적 배려를 실현한다. 율곡은

그런 유교적 지향을 『대학』에서 언급한 것보다 훨씬 심도 있고 구체적으로 그려냈다.

성학(聖學)의 차원에서 자식교육에 대해 빠뜨릴 수 없는 것이 세자(世子) 교육이다. 세자 교육은 왕실 교육의 부분이지만, 정가(正家)의 입장에서 보면, '부모가 모범이 되어 자식에게 건전한 영향을 주어야 집안이 바르게 된다'는 논리를 바탕으로 전개된다.

그 논리를 율곡은 다음과 같이 대변한다.

> 사람은 공경하는 바가 있어야 한다. 그래야 방자하지 아니한다. 두려워하는 바가 있어야 한다. 그래야 멋대로 방탕하지 아니한다. 이렇게 될 때, 마음이 움직여 성정을 누르고 학문에 나아가 덕을 닦을 수가 있다.10)

'공경하는 바'와 '두려워하는 바'는 다름 아닌 부모이다. 자식은 부모를 공경하는 동시에 두려워하면서 삶의 모델로 삼는다. 이런 부모를 가문 전체로 확장하면 집안의 어른에 해당한다. 집안 교육은 궁극적으로 부모와 자식 간의 관계 문제이며, 그것을 집안사람인 친척들에게 확장하는 작업이다[親親].

2) 정가(正家)의 외면적 구현; 친친(親親)-근엄(謹嚴)-절검(節儉)

앞에서 언급했듯이 『대학』에서는 제가의 본령을 '편벽됨'에 대한 경계로 정돈했다. 율곡은 이를 이어 받아 더욱 충실하게 보완한다. 편벽됨, 치우침에 대한 경계에서 율곡은 중도(中道)의 중요성을 강조하며 제가의 근본정신을 재확인하였다.

---

10) 「第3正家」 "敎子": 人有所敬而不肆, 有所畏而不放, 然後能動心忍性, 進學修德焉.

친한 이를 더 친하게 하는 것은 집안에서 우선해야할 일인데, 그것을 실천하는 데 한 가지 길만이 있는 것은 아니다. 한 집안 내에서도 어질고 어리석은 것이 같지 아니한 경우가 있다. 하지만 돈독하고 화목한 은혜는 마땅히 균일해야 한다. 취하고 버리는 것도 마땅히 구별되어야 한다. 후하게 양육하고 부지런히 가르쳐서 그 재덕이 현저한 자는 선택하여 친히 등용하고, 그 재덕이 없어 등용해 쓸 수 없는 자에게는 녹(祿)만이라도 먹게 한다면, 집안을 보전할 수 있고, 정사에도 결함되는 일이 없게 된다. 후세에는 그 알맞은 중도(中道)를 얻지 못하여 편벽되게 믿고 위임해 버리는 상황이 많이 벌어졌다. …… 폐단을 교정하여 억제하는데 지나치게 한다면 현명하고 유능한 자가 충성하기를 원한다 할지라도 등용할 수가 없다. …… 주는 데 절제가 있어야 하고, 접견하는 데 때가 있어야 한다. 따뜻하고 관대한 것으로 열어 주고, 학습한 것을 시험하여 보며, 각각 자기가 쌓아온 것을 전개하도록 하되, 유능한 자는 권장하고 능하지 못한 자를 경계한다면, 인정과 예의가 병행하고 흥기하여 훌륭하게 될 것이다. 이런 알맞은 중도를 얻지 못하고 사사로운 일에 치우쳐 지나치게 후하게 된다면, 요구하는 일에 반드시 허락하게 되고, 죄가 있더라도 다스리지 아니하여 그 때의 정사에 해를 주게 되며, 또 대수롭지 않게 여겨 친절하지 아니하면 서로 상접할 수 없어 마치 아무 관계없이 길가는 사람 보듯 소홀하게 대하게 된다. …… 사사로운 은혜로 공의(公義)를 해치지 말고, 공의로 사사로운 은혜를 끊지 아니하되, 은(恩)과 의(義)의 차원에서 친한 이를 더 친하게 하는 방법을 터득해야 한다.[11]

『대학』에서 한쪽으로 치우침에 대한 경계나 깨달음은, "사람들이 제 아들의 잘못을 알지 못하고 제 밭의 농사가 잘된 줄은 알지 못한다."[12]

---

11) 「第3正家」 "親親": 親親, 有家之急務, 而親親亦非一道. 宗族之中, 賢愚不同, 敦睦之恩宜均, 用舍之義宜別, 養之厚, 而敎之勤, 擇其才德表著者而親任之, 其無才德不可用者, 使之食祿而已, 則宗族可全, 而政事無闕矣. 後世, 不得其中, 若偏信而委任. …… 若矯弊而抑之過, 則雖賢能願忠, 而莫之用. …… 贈遺有節, 接見有時, 開以溫款, 試其所習, 使之各展其蘊, 能者勸, 而不能者戒, 則情禮竝行, 而興起爲善矣. 後世不得其中, 若偏私過厚, 則有求必從, 有罪不治, 而貽害於時政. 若泛而不切, 則一不相接, 疏外如路人. …… 必也不以私恩害公義, 不以公義絶私恩, 恩義兩盡, 然後親親之道得矣.

12) 『大學章句』 傳8章: 人莫知其子之惡, 莫知其苗之碩.

라는 속담 하나로 대변된다. 『대학』의 논리는 바로 자식을 사랑하듯 그런 치우친 사랑에 빠지고, 농사에 비유했듯이, 왜곡된 물욕과 같은 탐욕스런 마음에 치우쳤을 때, 집안의 가지런함을 도모할 수 없다는 데 대한 충고이다.

율곡의 사유와 실천방법의 제시는 여기에 머물지 않는다. 그런 행위를 적극적으로 수정하고 보완할 구체적 실천양식을 찾는다. 그것이 바로 공평무사(公平無私)의 객관성을 주장하는 근엄함, 그리고 절약과 검소이다. 특히 치우치거나 편벽되기 쉬운 주변의 인물들에 대한 근엄함은 올바른 집안의 다스림이 무엇인지, 현대적 차원에서 시사하는 바가 크다. 부부 사이, 친근한 사람, 적첩(嫡妾)에 대한 분별, 태자를 정하고 친척을 다스리며 환관내시를 대하는 데 무엇보다도 편벽됨이 없어야 한다. 주변에 있는 친한 사람에게 치우칠 경우, 모든 일은 일그러진다. 때문에 '예의의 엄정함'이나 마음의 '공평함'과 같은 윤리 문제가 중시된다.

율곡은 다음과 같이 말한다.

> 내외를 분별하여 예법으로써 간격을 두게 하면, 남녀가 각각 그 올바른 것을 얻을 수가 있다. 편벽된 사심을 물리치고 공평한 것으로 임한다면 좋아하고 싫어하는 것이 이치에 맞게 된다. 정실과 첩의 구분을 엄격하게 한다면 위는 화락하고 아래는 공경하게 된다. 나라의 근본을 정하는 데 삼가고 조심한다면 통일이 되어 백성들이 편안하게 된다. 친척이나 권속들을 겸양하는 덕으로 가르친다면 의리가 정당해지고 은혜가 융숭하게 된다. 환관들을 늘 변치 않는 법규로써 단속하고 거느린다면 밝은 측면은 자라나고 어두운 측면은 사라지게 된다. 그 강령은 예의(禮儀)와 공도(公道)로 임할 뿐이다. 예의가 엄정하지 않거나 마음이 공평하지 않다면, 좋은 말이나 훌륭한 정사가 모구 구차스럽게 글월에 쓰이는 수식어가 될 따름이다. 예의를 엄정하게 한다는 것은 임금이 거처하는 궁중이 정숙하고 존비(尊卑)와 장유(長幼)의 질서가 엄연하여 감히 그 분수를 넘지 못하며, 친척 권속들이 삼가고 조심하여 감히 사사로이 통하거나 청알(請謁)하지 않는 일이다. 마음이 공평하다는 것은 골고루 안팎을 주의해 보고 조금이라도 편벽한데 얽매이는 일 없이, 내정(內庭)에서 선

한 일을 한 이나 악한 일을 한 자나 친척들 중에서 충성된 일을 한 자나 죄를 범한 자를 모두 유사에 돌려서 그 상벌을 논하게 하되, 골고루 바르게 결재하는 일이다.13)

율곡은『대학』에서 말한 편벽됨을 제어할 수 있는 가장 확실한 방법을 예의의 엄정함에서 찾았다. 어떤 일에서건 친소(親疎)의 구별 없이 지위와 역할에 맞게 공평하게 결재하는 일. 그것이야말로 집안을 바르게 하는 핵심요소이다. 율곡의 이런 태도는 다른 것이 아니라, 유교의 본분론(本分論)에 의거한다.

다시 정돈하면, 율곡은 정가(正家)의 기초로서 첫째, 집안 내의 부모 자식 간의 원활한 관계인 효경(孝敬), 둘째, 아내의 올바름, 제 역할을 하게 한다는 형내(刑內), 셋째, 자식교육인 교자(敎子)를 제시했다. 그리고 그것을 확장하여 구현하는 방식에서 넷째, 친척과 친하게 지낸다는 친친(親親), 다섯째, 집안 내의 다양한 관계망에서 공평무사함을 실현하는 근엄(謹嚴)으로 보완했다. 다섯 가지 모두는 유기체로 얽혀 있다.

그런데 율곡은 모든 양식 중에서 절검(節儉)의 생활 태도를 매우 강조한다. 왜냐하면 정가는 궁극적으로 절검의 체득에서 온전해질 수 있기 때문이다. 그것은 다름 아닌 집안을 바르게 하는 삶의 실천 행위가 절제와 검소에 있다는 의미이다. 유교에서 지도자들의 기본적으로 고민해야 할 안민(安民)의 차원에서 볼 때, 절검과 검소는 근본에 해당한다. 그러기에 율곡은「만언봉사(萬言封事)」에서도 '절제와 검소'의 중요성을 강

---

13)「第3正家」"謹嚴": 蓋辨別內外, 閑以禮法, 則男女得其正. 克去偏私, 苟以公明, 則好惡當乎理. 嚴嫡妾之分, 則上和而下敬. 謹國本之定, 則統一而民安. 敎戚屬以謙德, 則義正而恩隆. 律宦寺以常憲, 則陽長而陰消, 宦寺, 陰類也. 其綱在於閑以禮, 苟以公耳, 禮嚴, 而心不公, 則嘉言善政. 皆苟爲文具而已. 所謂禮之嚴者, 宮壼整肅, 尊卑長幼, 秩然有序, 莫敢踰分, 戚屬謹飭, 不敢私通請謁之謂也. 所謂心之公者, 一視內外, 少無偏繫, 內庭之作善爲惡者, 戚黨之輸忠犯科者, 皆付有司, 論其刑賞, 一裁以正之謂也.

조하며 백성의 경제력이 충만하기를 요청했다. 또한 율곡이 『논어』에서 "우임금은 조금도 흠잡을 데가 없다. 먹는 음식은 간소하였지만 귀신에게는 효성을 다하였고, 의복은 허름했으나 불의와 면관은 아름답게 하였으며, 궁실은 허술했으나 봇도랑에는 힘을 다했다."[14]라는 공자의 말이나, 『주서』의 "문왕은 허름한 옷을 입고 정사를 하면서도 백성들을 편안하게 먹고 살 수 있게 하였다."[15]라는 언급을 예로 든 것은, 정가에서 절검이 기본이라는 말이다.

> 검소하다는 것은 덕의 공순한 것이며, 사치라는 것은 악의 큰 것이다. 왜냐하면 검소해진다면 마음이 방탕하지 않으므로 상황에 따라 적합하게 할 수 있고, 사치스러워진다면 마음이 항상 바깥으로 치달아 날마다 방자하게 되어 만족하는 것이 없게 되기 때문이다. 집안의 자손을 예로 들어보자. 선대의 조상이 부지런히 일해서 집안의 자산을 마련해 놓았는데, 자손이 검소하게 생활하고 절약하여 지켜 가면 여러 대에 전하여도 가업이 쇠하지 않는다. 반면 자손 중에 한번이라도 사치스럽고 방종한 사람이 나오면 방탕하게 향락을 일삼아 여러 해를 두고 쌓아온 재물을 하루아침에 탕진해 버리게 된다. …… 우리나라는 선왕들이 여러 대에 걸쳐서 절검을 하여 집안을 거느렸고 수입을 헤아려서 지출을 하였기 때문에 재물에는 작작하게 여유가 있었다. 그러므로 부고에 쌓인 것이 묵고 묵었다. 그러나 연산 이후부터는 궁중에서 쓰이는 용도가 날로 늘어나고 사치스러워져서 선왕이 끼친 옛 기풍은 따르지 아니하고 그 뒤로부터는 우물쭈물 묵은 관습에 젖어서 기강을 바로 잡는 일을 보지 못하게 되었다. …… 그러므로 평민이 사는 여항에서도 사치하는 풍조가 나타났다. 평민들이 아름답고 화려한 의복이나 진귀하고 맛있는 성찬으로 그 재능과 기교를 다투고, 미천한 천민들도 비단 위에서 잠자고 거처하게 되었다. 이러다보니, 위아래의 규율이 없고 낭비가 적지 아니하여 인심은 날로 방탕해지고 백성들의 기력은 날로 곤궁해졌다. …… 반드시 위에서부터 요임금이 지붕을 띠 풀로 잇고 계단을 흙으로 쌓았던 것을 마음으로 삼고, 내전에서는 마

---

14) 「第3正家」 "節儉": 子曰, 禹, 吾無間然矣. 菲飮食而致孝乎鬼神, 惡衣服而致美乎黻冕, 卑宮室而盡力乎溝洫, 禹, 吾無間然矣.

15) 「第3正家」 "節儉": 周公曰, 文王, 卑服, 卽康功田功.

후가 몸소 무명옷을 입었던 것을 모범으로 삼아서 궁중의 쓰임새를 절약해야
한다. 검약하는 제도는 궁중에서부터 시작하여 사대부 가정에서 보고 느끼도
록 모범을 보여야 하고, 서민에게까지 도달하게 되어야 한다. 그래야만 고질
적인 관습을 개혁할 수 있고, 하늘이 내린 재물을 잃지 않을 수 있으며, 백성
들의 힘도 점차 펼쳐나갈 수 있을 것이다.16)

집안을 바르게 다스리는 지도자의 삶은 자기충실이라는 수양은 물론
타자배려를 지향한다. 우임금과 문왕의 사례에서도 보았듯이, 자신의 일
에는 아주 박하면서도 백성을 위한 일에는 전력을 다한다.17) 실제로 집
안의 실권을 쥐고 있으면서도 개인적으로 물건을 쓰지 않은 공평무사한
정신을 지니고 있다. 그러할 때, 그 효과는 집안의 교화로 드러난다.

정가(正家)의 근본은 뜻을 정성스럽게 하고 마음을 바르게 가다듬은 데서
나온다. 그러기에 주자가 말하였다. "뜻을 정성스럽게 하고 마음을 바르게 가
다듬는 공적이 쉬지 아니하고 오랫동안 계속하게 된다면, 곧 그 훈중한 것이
몸에 투철하고 그 융액이 널리 두로 퍼져서, 저절로 그만두지 못하게 된다.
이는 지적 능력으로 미칠 수 있는 바가 아니다." 뜻을 정성스럽게 하지 않거
나 마음을 바르게 가다듬지 않았기 때문에 정가하는 데 까지 미루어 나갈 수
없는 것이다. 집안이 바르지 아니하기 때문에 치국하는 데까지 미루어 나갈
수가 없는 것이다. 진실로 뜻을 정성스럽게 하여 마음을 바르게 가다듬을 수
있다면 집안과 나라는 다스리기 쉽다.18)

---

16) 「第3正家」"節儉": 儉, 德之恭也. 侈, 惡之大也. 蓋儉則心常不放, 而隨遇自適, 侈則
心常外馳, 而日肆無厭. 今以人家子孫言之, 先世勤勞, 立其産業, 子孫以儉約自守者,
傳累代而家業不替, 一有侈縱者出焉, 則肆意爲樂, 積年所聚, 一朝蕩盡. …… 至如
我國, 先王累代, 以節儉繩家, 量入爲出, 綽有餘財. 故府庫之蓄, 陳陳積億, 自燕山以
後, 宮中用度, 日漸侈大, 不遵先王之舊, 厭後因循, 未見改紀. …… 閭巷之間, 奢靡
成俗, 以美麗之衣, 珍盛之饌, 爭能鬪巧, 倡優下賤, 寢處錦綺, 上下無章, 糜費不貲,
人心日放, 民力日困. …… 必也自上以帝堯茅茨土階爲心, 內殿以馬后躬服大練爲
法, 節損宮中用度, 儉約之制, 始于掖庭\, 使士大夫家, 觀感取則, 達于庶民, 然後錮
習可革, 天財不流, 民力漸舒矣.
17) 김익수, 「栗谷의 正家論」, 사단법인 율곡사상연구원 『栗谷學』 제5집, 1992, 172-
174쪽, 참조.

이런 차원에서 율곡이 추구하는 정가의 궁극 목적은 뜻을 정성스럽게 하고 마음을 바르게 가다듬는 일이다. 그것은 『대학』에서 "몸을 닦아 집 안을 가지런히 한다."라는 말의 심화 확장이다.

이상에서 다룬 제가(齊家)와 정가(正家)의 논리 구조와 그 특징을 다음과 같이 정리할 수 있다.

〈표 4-2〉 정가(正家)의 논리 구조와 특징

大學	聖學輯要		특징	
齊家 辟 -치우침에 대한 경계	正家	孝敬	부모 자식 사이의 쌍무 윤리	실천의 기초 집안 내의 내면화
		刑內	아내의 올바름	
		敎子	자식교육의 중요성	
		親親	친척으로의 확장	응용 실천 집안 내의 외면화
		謹嚴	친친의 방식	
		節儉	집안사람들의 생활 태도	

2. 치국평천하(治國平天下)의 원리와 위정(爲政)의 양식

1) 위정(爲政)의 실천적 기초; 용현(用賢)-취선(取善)-식시무(識時務)-법선왕(法先王)-근천계(謹天戒)

『대학』에서 정치의 문제는 치국과 평천하를 다루는 전9장-전10장에

---

18) 「第3正家」 "功效": 推原其本, 則是文王意誠心正之功. 故朱子曰, 意誠心正之功, 不 息而久, 則其熏蒸透徹, 融液周徧, 自有不能已者, 非智力之私所能及也. 惟其章不誠, 心不正. 故不能推以正家, 家不正. 故不能推以治國, 苟能意誠而心正, 則家國在擧而 加之耳.

걸쳐 집중되어 있다. 그것은 앞에서 언급한 효(孝)·제(弟)·자(慈)라는 가정 윤리의 사회적 확장을 통해 구현된다. 즉, 수신에서 제가-치국-평천하의 과정이 수신-제가를 바탕으로 한 치국평천하의 정치 원리로 자연스럽게 이어진다. 이때 구체적 실천의 힘은 인(仁)이다. 인은 『논어』의 언급처럼 "사람을 사랑하는 일"로, 타자를 향해 열려 있는 마음이다. 그것은 인간의 관심이자 이해이며 배려이다.

> 한 집안이 어질면 온 나라에 어진 기풍이 일어나고 한 집안이 겸양하면 온 나라에 겸양의 기풍이 일어난다. …… 요임금과 순임금이 세상을 어짊으로서 다스리니 백성들이 그를 따랐다.[19]

인(仁)은 바로 이어서 나오는 10장에서 '혈구(絜矩)'의 도로 드러난다. 혈구(絜矩)는 문자 그대로 이해하면, '자로 재어보고 헤아리는 마음'이다. 공자의 일관지도인 충서(忠恕)의 개념에서 보면, 추서(推恕)로 표현된다. 이때 혈구는 인을 행하는 일종의 실천 방식이다. 다시 말하면 추서는 나의 마음을 접어주는 데서 미루어보는 타자에 대한 양보이자 이타심의 발현이다.

타자와 관계하는 혈구의 도는 다음과 같이 중첩적으로 강조된다.

> 정치 지도자가 집안의 늙은이를 늙은이로 제대로 대접하면 그것을 본 백성은 효의 기풍을 일으킬 것이고, 사회의 덕망 있는 어른을 어른으로 대접하면 그것을 본 백성은 공경의 기풍을 일으킬 것이며, 외로운 아이들을 불쌍히 여기면 그것을 본 백성이 배반하지 않을 것이다. …… 윗사람에게 느꼈던 싫어하는 바로 아랫사람을 부리지 말고, 아랫사람에게 느꼈던 싫어하는 바로 윗사람을 섬기지 말며, 앞사람에게 느꼈던 싫어하는 바로 뒷사람에게 먼저 행하지 말고, 뒷사람에게 느꼈던 싫어하는 바로 앞사람을 따르지 말며, 오른쪽 사

---

19) 『大學章句』 傳9章: 一家仁, 一國興仁. 一家讓, 一國興讓. …… 堯舜帥天下以仁而民從之.

람에게 느꼈던 싫어한 바로 왼쪽 사람을 사귀지 말고, 왼쪽 사람에게 느꼈던 싫어하는 바로 오른쪽 사람을 사귀지 않아야 한다.[20]

이처럼 혈구의 도는 자기를 중심으로 상하전후좌우에 대해, 길고 짧고 넓고 좁고 크고 작고 할 것 없이, 하나같이 공평하게 하는 작업이다. 혈구의 길은 이런 마음의 헤아림을 통해, 상하사방이 고르고 가지런하며 방정해져서 남거나 부족한 곳이 없게 만드는 인의 실천양식이다.

율곡은 혈구의 도를 기본으로 하여『성학집요』에서 '치국평천하'를「위정」으로 재편하며, 그 사유와 행위를 구체적이고 체계적이며 현실적으로 그려낸다. 그런 차원에서 대학이라는 어른의 학문, 성학의 이론 체계에만 머물지 않고, 현실적 역동성을 지닌 정치의 실천성을 확보했다.

율곡은 먼저, 정치를 왜하는지 그 근본을 밝힌다. 그것은 "천지는 만물의 부모이고 임금은 백성들의 부모"[21]라는 언급에 의지한다. 정치의 근본은 임금이 덕을 닦는 일이다. 임금의 직분은 백성의 부모와 같다는 점에서 그 본분과 행위의 기준을 확보해야 한다.[22] 그리고 백성을 위해 인을 행해야 한다. 이런 정치는 앞에서 언급한 것처럼, "백성이 많고 부유한 뒤에 가르쳐야 한다"는 유교 정치의 대체적인 체계와 과정, 즉 다스릴 대상(노동력)의 확보-경제 생산력의 증대-교육시스템의 구축과 맞닿는다. 그것은 안민(安民)-부민(富民)-교민(敎民)의 유교 체계로, 천시(天時)를 따르고 지리(地理)를 말미암아 양민(養民)의 도구를 만들고, 인심(人心)에 말미암고 천리(天理)에 근본하여 교화(敎化)의 도구를 만들며,

---

20)『大學章句』傳10章: 所謂平天下, 在治其國者, 上老老, 而民興孝, 上長長, 而民興弟, 上恤孤, 而民不倍. ······ 所惡於上, 毋以使下, 所惡於下, 毋以事上, 所惡於前, 毋以先後, 所惡於後, 毋以從前, 所惡於右, 毋以交於左, 所惡於左, 毋以交於右. 此之謂絜矩之道也.

21)「第4爲政」"總論": 天地爲萬物之父母, 元后爲斯民之父母. 此言甚切矣.

22)「第4爲政」"總論": 人君修德, 是爲政之根本, 而先知君職在於父母斯民, 然後建中建極, 以爲表準, 則其效若衆星拱之矣.

인정(人情)을 조절하고 시무(時務)를 헤아려 손익(損益)의 법규를 만드는 성인의 정치이다.23) 이때 가르치는 내용은 구경(九經)이다.24)

율곡은 정치에서 무엇보다 어진 사람의 등용을 중요하게 여겼다. 그것은 공자의 다음과 같은 언표를 기준으로 삼는다. "정치하는 데는 인재를 얻는 것이 중요하다. 어진 이를 기용하지 않고 정치를 잘하는 이는 없다." 임금과 신하가 서로 잘 만나야 정치를 잘 할 수 있는 것이기 때문에 임금의 직책은 오직 어진 이를 알아서 잘 맡기는 것이 우선순위이다.25)

어진 사람을 제대로 등용하기 위해서는 '사람 보는 방법'을 알아야 한다. 때문에 율곡은 "소행이 착할지라도 명예를 좋아하고 벼슬을 좋아하는 생각이 마음에 있다면, 그 하는 일이 착하지 못하다"라고 보고 이런 부류의 사람을 경계했다.26) 이외에도 '군자의 행실', '소인의 간사함을 구별하는 방법', '군자와 소인에 대한 통론', '등용과 불등용의 편의', '어진 이를 구하는 방법', '임용의 도', '예경 친신의 도', '소인을 멀리하는 방법' 등을 자세하게 제시하며 훌륭한 사람, 이른 바 지도성을 구비한 인격자를 갈구했다.

그에 대한 율곡의 염원은 다음과 같이 표현된다.

> 어진 이는 국가에 필수적으로 쓰여야 할 사람이다. 나라를 다스리려고 하면서 어진 이를 구하지 않은 것은 배에 있는 노를 버리고 하천을 건너려는 것과 같다. …… 임금은 반드시 먼저 궁리(窮理)와 지언(知言)을 하여 권도(權度)가 틀리지 않아야만 어진 이를 알아볼 수 있다. 아는 것이 제대로 밝아서 폐부까지 통찰하여야만 서로 믿을 수 있다. 믿음이 정말 돈독하여 부절같이

---

23) 이상익, 「『성학집요』를 통해 본 율곡의 정치학적 기획」, 『율곡학연구』 제1집, 한림대 한림과학원 율곡학연구소, 2005, 175쪽.

24) 「第4爲政」 "總論": 富庶而敎, 爲政之規模也. 九經之事, 爲政之節目也.

25) 「第4爲政」 "用賢": 孔子曰, 爲政在於得人, 不用賢, 而能致治者, 未之有也. 君臣相得, 乃可有爲, 人君之職. 惟以知賢善任爲先務.

26) 「第4爲政」 "用賢": 所行雖善, 若有好名好爵之念在心, 則所由不善矣.

합해져야만 서로 기뻐할 수 있다. 기뻐하고 진짜로 가깝게 되어 은혜가 부모-자식의 관계와 같이 되어야만 정사를 위임할 수 있다. 위임했을 때 성실성 있게 하여 두 가지 마음을 먹지 않아야만 도를 행하고 다스림을 지극히 할 수 있다. 그리하여 하고 싶은 뜻대로 한 시대를 훈도하고 넉넉하게 하여야 만세에 영향을 끼칠 수 있다. 군신이 만나는 것이 어찌 우연이겠는가.[27]

임금과 신하의 관계가 자연스럽고 적절하게 맺어지면, "반드시 그 사람의 착한 점을 취하여 모든 계책을 하나도 빠짐없이 들어서 시행해야만 정치를 온전하게 할 수 있다."[28] 착함을 취한다는 것은 무엇일까? 사람은 제 각기 지혜나 장점을 지니고 있다. 때문에 어리석은 사람이라고 할지라도 한 가지 지혜나 장점은 있다. 여러 지혜나 장점을 취하여 하나의 지혜로 합하고 나를 골고루 살피고 정밀하게 밝히어 적절함을 얻는다면,[29] 그것은 정치에서 훌륭한 지혜의 보고(寶庫)를 움켜쥔 셈이다.

그리하여 율곡의 사유는 현실의 시대 인식으로 들어간다. 그것이 유명한 '창업(創業)-수성(守成)-경장(更張)'의 논리이다. "지혜로운 이는 알려고 하지 않는 것이 없다. 마땅히 힘써야 할 것에 우선순위를 두고 실천하고, 여러 계책이 모였다하더라도 반드시 먼저 이 시대에 절실한 것을 취해야 한다!"[30] 창업은 개혁할 세태를 당하여 천리와 인사에 순응하여 실행하는 일이다. 수성은 성스러운 임금과 어진 재상을 통해 법을 창제하여 정치 기구를 베풀고, 예악을 융성하게 하여, 후세의 임금과 후세

---

27) 「第4爲政」"用賢": 賢人者, 有國之器用也. 求治而不求賢, 猶捨舟楫而求濟川也. …… 人君必先窮理知言, 權度不差, 然後可以識賢矣. 知之甚明, 肺肝洞照, 然後可以相信矣. 信之甚篤, 如合左契, 然後可以相悅矣. 悅之甚親, 恩如父子, 然後可以委任矣. 任之甚專, 不貳不參, 然後可以行道致治. 惟意所欲, 而陶甄一時, 垂裕萬世矣. 君臣相遇, 豈偶然哉.

28) 「第4爲政」"取善": 君臣旣相得矣. 而必須取人之善, 羣策畢擧, 然後可以致治.

29) 「第4爲政」"取善": 人各有智. 故愚者亦有一得. 苟能悉取衆智, 合爲一智, 而在我衡鑑, 精明得中, 則天下雖廣, 運之掌上, 事機雖煩, 決之建瓴矣.

30) 「第4爲政」"識時務": 智者, 無不知也. 當務之爲急, 羣策雖集, 必先取其切於時務者.

의 어진 이는 그 이룬 것을 법규에 따라 준수하는 일이다. 경장은 개혁과 같은 의미이다. 나라가 극성하면 그 가운데가 미약해지고 법이 오래되면 폐해가 생기며 마음이 안일에 젖으면 고루한 것에 인습되고 백 가지 제도가 해이해지면 나날이 어긋나서 나라를 다스릴 수 없다. 때문에 이때에는 반드시 현명한 임금과 현명한 신하가 있어서 개연히 일어나 근본을 붙들어 혼탁한 것을 다시 일으키고 묵은 인습을 깨끗이 씻어서 숙폐를 개혁하며 선왕의 뜻을 이어 일대의 규모를 새롭게 해야 한다.[31)

율곡은 16세기 후반 당시, 조선이 처한 사회 현실을 보면서, 크게 변혁하면 이익이 되고, 적게 변혁하면 그만큼 손해가 된다고 인식했다. 이른 바 '경장'의 시대로 접근한 것이다.[32) 경장은 유교적 가치관에서 보민(保民)과 안민(安民)이라는 유교적 이상정치의 이념을 실현하기 위한 방법이다.[33) 그런 시대 인식이 『대학』에서 말하는 '혈구지도'의 수준에서, 현실 정치를 논의할 수 없게 만들었으리라.

이렇게 시무를 제대로 한다고 해도 과거 태평성대를 이룬 선왕의 정치를 회복하기는 쉽지 않다. 왜냐하면 세상의 속된 무리들이 고질병처럼 득실거리기 때문이다. 그러므로 선왕을 모범으로 하여 시무를 돌아보아야 한다. 이것이 바로 선왕을 모범으로 하는 법선왕(法先王)이다.

법선왕은 중국 고대의 태평성대의 시대인 하은주 삼대를 모델로 한다. 그러기에 앞의 우임금과 문왕의 사례에서 언급했듯이, 어진 신하를

---

31) 「第4爲政」 "識時務": 創業之道, 非以堯舜湯武之德, 値時世改革之際, 應乎天而順乎人, 則不可也, 此無以議爲. 若所謂守成者, 聖君賢相, 創制立法, 治具畢張, 禮樂濟濟, 則後王後賢. 只得按其成規, 垂拱遵守而已. 所謂更張者, 盛極中微, 法久弊生, 狃安因陋, 百度廢弛, 日謬月誤, 將無以爲國, 則必有明君哲輔, 慨然興作, 扶擧綱維, 喚醒昏惰, 洗滌舊習, 矯革宿弊, 善繼先王之遺志, 煥新一代之規模, 然後功光前烈, 業垂後裔矣.

32) 황의동, 「栗谷의 爲政論」, 『栗谷學』 제5집, 사단법인 율곡사상연구원, 1992, 208쪽.

33) 장숙필, 「율곡 경장론의 특징과 그 현대적 의의」, 사단법인 율곡학회, 『栗谷思想研究』 제10집, 2003, 34쪽.

구해서 정사를 맡기면 그들은 작록을 보존하지 않으리라고 기대했다. 아울러 기강을 통할한다면 그들이 권세를 굳게 할 수 없을 것이고, 조정이 청명하다면 뇌물을 받을 수 없을 것이며, 예의로 풍속을 이루면 음란하고 사치스러움을 홀로 할 수 없을 것이고, 공업을 살펴서 내친다면 오래 토록 안일할 수 없을 것[34]으로 보았다.

이러한 이해에 기초하여 율곡은 인간의 삶과 세상의 이치에 대해 의미를 부여한다. 그것은 매우 상식적인, '착한 일에는 복을 내리고, 음탕한 일에는 화를 내린다.'라는 일반적인 논리로, "도를 따르면 길하고 도를 거슬리면 흉하다"[35]라는 우임금의 언표에 기인한다. 그러므로 '재앙을 만났을 때 수신하는 방법'이나 '환란을 만났을 때 예방하는 방법'을 구체적으로 제시하고, 이를 터득하여 정사에 임할 것을 권고한다.

> 세상에는 변하지 않는 것도 있고 변하는 것도 있다. 선한 행위에는 좋은 일이 생기고, 악한 행위에는 나쁜 일이 생기는 것은 이치의 당연함이다. 선한 행위에 좋은 일이 생기지 않거나 악한 행위에 나쁜 일이 생기지 않은 것은 이치의 괴이함이다. 성스러운 임금이 나쁜 일을 겪고 자신의 몸을 닦고 반성하면 재앙이 변하여 좋은 일로 된다. 반대로 용렬하고 어두운 임금이 재앙이 오지 않는다하여 묶은 관습에 젖어 있으면 도리어 재앙을 초래하게 된다.[36]

이런 세상의 이치를 파악하고, 삼가고 조심하며 정사를 도모하는 작업이 바로 근천계(謹天戒)이다. 그것은 철저하게 진실한 마음으로 진실한 덕을 닦을 때 효과를 볼 수 있다.[37] 여기까지가 정치를 행하는

---

34) 「第4爲政」 "法先王": 誠使人主有志於復三代之治, 而求賢委任, 則其爵祿不可保也. 摠攬綱紀, 則其權勢不可固也. 朝廷清明, 則賄賂不可受也. 禮義成俗, 則奢淫不可獨也. 考績黜陟, 則安逸不可恒也.

35) 「第4爲政」 "謹天戒": 惠迪吉, 從逆凶.

36) 「第4爲政」 "謹天戒": 第於其間, 有常有變, 善之致祥, 惡之致災, 理之常也. 善不見祥, 惡不見災者, 數之變也. 聖賢之君, 因災修省, 則災變爲祥, 庸暗之主, 狃於無災, 則反招殃禍. 此必然之勢也.

근본과 정치를 행하기 위해서 무엇을 갖추어야 하는지에 대한 기초 작
업이다.

2) 위정(爲政)의 실제적 구현; 립기강(立紀綱)-안민 (安民)-명교(明敎)

이제 구체적으로 정치를 실천하는 일은 기강(紀綱)의 확립에서 시작
된다. 기강은 그물의 윗부분 벼리와 아랫부분 추의 작용으로 그물을 활
짝 펴게 하여, 그물의 역할을 제대로 하게 만들어 준다. 그것은 어진 사
람과 어질지 못한 사람을 분별하여 상하의 역할을 구분하고, 공과 죄를
밝혀 상벌 시행을 공정히 하는 작업이다. 달리 말하면 인간과 사물의 본
분과 역할, 이치에 맞게 실천되어야 하는 당위법칙이자 삶의 표준이다.
율곡은 기강 확립을 위해 이렇게 강변한다.

> 기강은 나라의 원기(元氣)이다. 기강이 서지 않으면 모든 일이 일그러지고
> 원기가 튼튼하지 않으면 몸이 제대로 설 수 없다. …… 정치에서 기강을 잘
> 세운다는 것은 학자가 의를 모아서 호연의 기를 낳게 하는 일과 같다. ……
> 임금이 뜻을 먼저 정하여 학문을 바르게 하고, 몸을 성실히 하며, 호령을 발
> 하고 일을 한결 같이 거행하면 공정한 도에서 나오지 않은 것이 없다. 신하들
> 에게 임금의 마음을 우러러보고 맑은 하늘과 같이 느끼게 하여 흥기하는 것
> 이 있게 해야만 어진 이를 높이고 잘하는 일을 부리며, 망령된 이를 몰아 내
> 고 간사한 이를 제거하며, 실적을 고람하여 상벌을 분명히 하며, 일을 시행하
> 고 조처하는 것이 천리에 순하고 인심에 합당하지 않은 것이 없게 된다. 이렇
> 게 하여 세상을 복종시킨다면, 기강이 진작되고 명령이 행해져서 세상의 일이
> 모두 여의치 않은 것이 없을 것이다.[38]

---

37) 「第4爲政」 "謹天戒": 大抵應天以實, 不以文, 誠以實心修實德, 則危可使安. ……
　　此以實心修實德之效也.

38) 「第4爲政」 "立紀綱": 紀綱者, 國家之元氣也. 紀綱不立, 則萬事頹墮. …… 夫爲政
　　而能立紀綱, 如學者集義以生浩然之氣也. …… 必也君志先定, 典學誠身, 發號擧事,

모든 조직에서 기본 규율, 기강은 필수적이다. 그것은 조직을 유지하고 발전시키는 기본 구조이다. 따라서 정치에서 기강은 정치 운용에 핵심이 된다. 율곡은 기강의 근본으로 '사심이 없는 것'을 내세웠고, 기강을 세우는 법으로 '공정한 상벌'을 기준으로 했다.

나라의 기강이 섰다면, 이제 백성을 다스리는 일이 남았다. 정치 기구가 정해졌으므로 그 혜택을 백성들에게 돌려야 한다. 임금이 백성을 다스리는 길은 다양하다. 그중에서도 임금과 백성이 서로 따르는 일이 가장 중요하다. 여기에서 율곡은 백성을 사랑하는 길, 백성을 두려워하는 길, 백성을 헤아리는 길, 세금을 적게 거두는 길, 부역의 방법, 형벌의 방법, 의리를 판별하는 길, 절약하고 재산을 만드는 법, 백성들이 먹고 살게 하는 길, 군정을 닦고 밝히는 법 등 구체적인 정치의 길을 제시했다. 왜냐하면 국가가 효과적인 정치를 하느냐 그렇지 않느냐의 문제는 기강의 확립 정도에 달려 있기 때문이다.

율곡은 당시 조선 사회를 매우 걱정스러운 눈으로 직시하고 있었다. 왕조는 기강이 서지 않고, 관료 계층은 사사로운 정에 매여 불법을 행하고 공적인 것을 무시하며, 직분에 따라 맡은 일을 제대로 하지 않아 부패가 끊이지 않고, 타락하여 무능하였다.[39] 이에 율곡은 기강 확립이라는 정치 구현의 일보를 통해 조선 사회의 개혁을 꾀하였다. 그것은 『대학』에서 구체적으로 제시하지 못한 정치의 실제를 『성학집요』에서 명시한 것으로 이해된다.

물론 이것은 『대학』에서 혈구의 도와 연관하여 덕과 재물의 관계로 설명된다. 즉 "덕은 근본이고 재물은 말단이니, 근본을 가볍게 여기고

莫不粹然一出於大公至正之道, 使羣下咸得仰睹君心. 如青天白日, 觀感興起, 然後尊賢使能, 黜憸去邪, 考績核實, 信賞必罰, 施爲注措, 無不順天理合人心. 大服一世, 則紀綱振肅, 令行禁止, 天下之事, 將無往而不如意矣.

39) 林 堅, 「栗谷實學思想及其啓迪」, 사단법인 율곡학회, 『栗谷思想研究』 제15집, 2007, 141쪽.

말단을 중시하면 백성을 다투게 만들어 **빼앗는** 짓을 가르치게 된다." 또
는 "지도적 인사들이 재물을 모으면 백성은 흩어지고, 지도적 인사들이
재물을 나누어 주면 백성은 모이게 된다."40)라는 지도자의 정치 스타일
에 주목했다. 지도자는 덕이 있게 마련이다. 덕이 있으면 사람이 있게
되고 사람이 있으면 땅이 있게 되며 땅이 있으면 재물이 있게 되고 재물
이 있으면 쓰임이 있게 된다. 덕이 있게 되면 세상 사람들의 마음에 감
동을 주어 사람들이 모이게 되고, 사람이 모이면 덕 있는 임금의 땅은
사람이 모인만큼 넓어진다. 그리고 땅이 있으면 땅을 맡겨서 공물을 받
게 될 것이니 그것이 바로 재물이 된다. 그 재물은 이제 나라를 운용하
는 경비의 원천이 되어, '쓰임'이 있게 되는 것이다.

율곡이 말한 백성을 다스리는 길은 다름 아닌 『대학』에서 언급한 재
물의 올바른 쓰임을 정돈한 것이다. 기강을 세우는 일은 재물의 바른 쓰
임 가운데 있다. 달리 말하면 그것은 민생의 안정을 위한 제도적 장치의
마련과 실현이다. 여기에서 『대학』의 혈구 정신과 재물의 사용을 기강
이 확립으로 한 차원 끌어 올렸다고 볼 수 있다.

이제 율곡은 유교의 가르침에 충실하여 정치 실천의 마지막에 교육을
배치하였다. 『대학』의 치국평천하를 논의한 부분에서 백성의 교육이나
교화에 대한 언급은 없다. 어떤 측면에서 보면, 교육의 역할을 밝히는
『성학집요』의 "명교(明敎)" 부분은 『대학』에는 전혀 언급되지 않는 조
선 유교의 특징일 수 있다. 그만큼 교육을 강조하는 사고가 조선 유교에
담겨 있다고 판단된다. 율곡은 맹자의 사고처럼, 정치의 시작을 민생의
안정에 두었고 교육을 통한 윤리의 정립을 정치의 완성으로 보고 있다.
그것은 유교가 경제와 교육(윤리)를 양대 날개로 하여 정치를 전개하고
있다는 의미이다.41) 유교는 백성이 모이고 배부르면 가르친다는 것을

---

40) 『大學章句』傳10章: 德者本也, 財者末也. 外本內末, 爭民施奪, 是故財聚則民散, 財
散則民聚.

기본으로 한다.

> 『예기』에 이렇게 기록되어 있다. "넓은 땅이 없고 노는 백성이 없어서 절
> 제 있고 먹고 때에 따라 일을 하면 백성들이 모두 편안하게 살 수 있다. 이런
> 상황에서는 일을 즐거워하고 공업에 힘쓰며 임금을 높이고 윗사람을 친하게
> 여겨야만 학문이 일어날 수 있다." 먼저 부유하게 하고 그 다음에 교육하는
> 일은 이치와 사세의 당연한 것이다.[42]

율곡의 교육을 향한 열정은 조선 사회의 현실과 직결된다. 사람이 모
이고 어느 정도의 경제력이 달성되었다면 가르쳐야 한다는 유교적 신념
에서 볼 때, 당시 조선 사회는 전반적인 부분에서 불완전했다고 판단된
다. 율곡이 당시를 '경장'의 시대로 본 이유도 같은 맥락이다. 그런데 율
곡이 교육을 정치의 종점에 놓은 것은 보다 유교의 이념을 충실하게 이
행하려는 의도로 이해된다. 즉 임금 자신이 실천궁행하고 백성들의 의식
주와 삶의 다양한 고충을 제거해 준 다음, 학교를 설립하여 가르치고,
예를 제정하여 질서를 생활화하며, 선을 권하고 악을 징계하여 인간의
올바른 변화를 고민했던 것이다.[43]

율곡은 교육을 일으켜야 하는 근거를 공자에게서 찾는다. "법령으로
인도하고 형벌로 다스리면 백성들이 수치스러움을 느끼지 못하고 그것
을 모면하려고한 한다." 때문에 "덕으로 인도하고 예로 다스려 수치스러
움을 알고 또 착한 데로 나아가게 해야 한다." 이를 구현하기 위해 『성
학집요』에서는 '입교의 절목'과 '학교를 일으켜 선비가 익히는 것'에 대
해 얘기하고, 이어서 '선악을 분별하여 풍속을 바르게 하는 법'을 말하
여 교육을 정치의 궁극에 두었다. 그것은 유교 문화에서 일종의 책임감의

---

41) 황의동, 위의 논문, 221쪽.
42) 「第4爲政」 "明敎": 禮記曰, 無曠土, 無游民, 食節事時, 民咸安其居. 樂事勸功, 尊君
親上, 然後興學. 先富後敎, 理勢之當然. 故安民之後, 終之以明敎.
43) 황의동, 위의 논문, 223쪽.

발로이며,[44] 학자이자 공직자, 사회지도층으로서의 책무성의 발현이다.

이상에서 다룬 『대학』의 치국평천하(治國平天下)와 『성학집요』의 위정(爲政)의 논리 구조와 그 특징을 다음과 같이 정리할 수 있다.

〈표 4-3〉 위정(爲政)의 논리 구조와 특징

大學	聖學輯要		特徵	
治國平天下 辟 -치우침에 대한 경계	爲政	用賢	훌륭한 인재의 등용	정치의 실천적 기초
		取善	훌륭한 인재의 요건(善)	
		識時務	현실 사회에 대한 인식	
		法先王	과거 역사의 교훈	
		謹天戒	세상의 이치와 법칙 이해	
		立紀綱	사회 기강의 확립	정치의 실제적 구현
		安民	국민의 안정	
		明敎	교육의 실천	

율곡이 고심한 지도자 교육의 외적 차원인 치인교육은 크게 보면, 두 가지 측면에서 고려할 수 있다. 하나는 정치의 실천적 기초이고 다른 하나는 그것을 담보하여 확산되는 정치의 실제적 구현이다. 정치의 실천적 기초는 훌륭한 인재의 등용을 통해 역사와 사회를 바라보는 시대정신과 세상의 이치와 법칙을 파악할 줄 아는 지혜를 구하는 일이다. 정치의 실제 구현은 이를 바탕으로 사회 기강의 확립과 국민의 안정을 도모하는 데서 효과를 볼 수 있다. 그 정점에 다시 교육의 중요성과 그것을 통한 정치의 지속을 도모하는 명교(明敎)가 자리한다. 요컨대, 율곡이 추구하는 지도자 교육은 정치의 안정과 지속가능한 교육을 통해, 국민들이 편안하게 살아가는 복지국가의 구현으로 이어진다고 판단된다. 그것은 이후에 다룰 국민을 향한 교육의 실천으로 드러난다.

---

44) 황준연, 위의 책, 184-185쪽.

제5장
『격몽요결』의 일반교육론

『격몽요결(擊蒙要訣)』은 책 제목이 상징하고 있듯이, '어리석음을 몰아내는 요점을 기록한' 조선 유교의 교육학개론에 해당한다. 격몽(擊蒙)은 '어리석음을 깨우치거나 몰아낸다'는 의미로, 『주역(周易)』「몽(蒙)」괘에서 유래했다. 몽괘는 '산 아래에 샘물이 솟아나오는 것을 형상한 것으로, 어린이 혹은 어리석은 사람이 나서야 하는 형국을 상징하며, 어리석은 사람이 그것에서 벗어나 발전해야 하는 상황에 비유된다. 따라서 격몽은 어리석은 사람이 자발적으로 가르침을 받아 성숙해 가야 하는 양상을 담고 있다. 이 장에서는 개인교육 차원의 교육원리와 지침으로서의 특성을 지닌 『격몽요결』의 내용을 간략하게 점검하고, 일반 국민을 대상으로 하는 교육론 또는 학문론으로서의 저술 동기와 구성상의 특징을 중심으로 구명한다.

1. 『격몽요결』의 교육적 특성

『격몽요결』은 율곡의 나이 42세 때인 1577년에 저술되었다. 율곡이 부제학(副提學)을 그만두고 황해도 해주의 석담(石潭)에 거주할 때 지은 책이다.[1] 일반적으로 『격몽요결』은 율곡이 동몽(童蒙) 교육을 위해 지은 책으로 인식하기 쉽다. 그러나 『격몽요결』의 서문을 자세히 검토해 보

---

1) 『擊蒙要訣』「序」: 余定居海山之陽, …… 故略書一册子, 粗敍立心飭躬奉親接物之
   方, 名曰擊蒙要訣.; 이하 原文의 인용은 필요한 부분을 발췌하여 제시함.

면, 그것은 초학자(初學者)의 교육이나 타자에 대한 계몽과 교화의 차원
을 넘어서 있다. 율곡은 『격몽요결』의 저술 경위를 통해, 몇 가지 차원
의 저술 배경을 드러낸다.

> 한두 학도가 서로 좇아와 배움에 대해 물었으나, 내가 스승이 될 수 없는
> 것이 부끄러웠다. 문제는 그들과 같은 초학자가 무엇을 어떻게 배워야 하는지
> 그 방향을 모르고, 또 배움에 대한 견고한 뜻도 없이 봉뜬 마음으로 배우기만
> 바라는 것이 걱정되었다. 그러다가는 서로 간에 도움이 없을 뿐만 아니라 도
> 리어 남의 비방을 살 수도 있었다. 이런 것이 염려되어 마음을 정해 세우고,
> 몸가짐을 단속하며, 부모를 모시고 사람이나 물건을 맞이하는 방법 등을 담아
> 대략적으로 서술하고 『격몽요결』이라는 이름을 붙였다. 학도가 이것을 보고
> 마음을 깨끗이 하고 기초를 세워 즉시 공부하도록 하고, 나 또한 오래도록 구
> 태에 얽매였던 것을 근심해 왔는데, 이를 계기로 스스로 경계하고 반성하려고
> 한다.2)

율곡이 『격몽요결』을 지은 의도는 상당히 중층적이다. 초학자를 위한
배려와 자기에 대한 배려, 이 두 가지가 동시에 저술의 동기로 작용하고
있다. 그것은 『격몽요결』이 초학자를 위한 교육이론서이면서도 자기성
찰을 위한 수양서의 성격을 지닌다는 의미이다.

초학자들은 당시 주류 학문인 성리학(주자학)에 입문하는 학도를 의
미한다. 그렇다고 이들이 글공부를 처음 시작하는, 이제 겨우 문자를 깨
우친 정도의 어린 학동은 아니다. 성리학을 중심으로 학문을 본격적으로
시작하려는 성동(成童), 현대적 의미로 말하면 고등 학문에 진입하기 위
해 고심하는 청소년 수준 이상의 학생으로 이해할 수 있다.

『격몽요결』은 기본적으로 율곡을 찾아온 초학자를 위한 학문이론서

---

2) 『擊蒙要訣』「序」: 有一二學徒, 相從問學. 余慊無以爲師. 而且恐初學不知向方, 且
無堅固之志, 而泛泛請益, 則彼此無補, 反貽人譏, 故略書一册子, 粗敍立心飭躬奉親
接物之方, 名曰擊蒙要訣. 欲使學徒觀此, 洗心立脚, 當日下功, 而余亦久患因循, 欲
以自警省焉.

에 무게 중심이 있다. 그러면서도 관직을 사퇴한 율곡의 입장에서 볼 때, 순환 반복되는 관료의 일상과 자신의 존재를 잊고 살아온 구태의연한 모습을 학문적으로 반추하려는 율곡의 자기성찰이 담겨 있다. 즉 율곡은 『격몽요결』을 저술하면서 유학의 학문 단계와 과정을 체계화하기 위한 노력은 물론 자신을 새롭게 일깨우고 성찰하려는 수양의 계기로 삼았던 것이다. 이런 점에서 율곡이 『격몽요결』을 지은 동기와 목적이 의미심장하다.

그러다 보니, 『격몽요결』은 율곡 이후 조선시대 교육에 큰 영향을 미쳤다. 윤증(尹拯, 1629~1714)의 경우, "『격몽요결』은 배우는 자들에게 가장 요긴한 책이다. 현명한 사람이나 어리석은 사람, 노인이나 젊은이 할 것 없이 모두에게 유익한 책으로 배우는 자들이 가장 먼저 읽어야 할 책이다"라고 평가했고, 안정복(安鼎福, 1712~1791)이나 다산(茶山) 정약용(1762~1836)의 경우에도 『격몽요결』의 직·간접적 영향을 받아 자기 저술의 토대로 삼았다.[3]

2. 『격몽요결』의 구조와 내용

『격몽요결』은 서문을 비롯하여 본문에서 모두 10개의 항목을 다루고 있다. 서문에서는 학문의 의의와 중요성을 다루었고, 본문에서는 학문의 단계와 내용을 10개로 구조화하여 설명하고 있다.

율곡은 서문에서 학문의 의의와 중요성을 간단명료하게 제시한다.[4]

---

3) 김경호, 「조선후기 율곡교육사상의 전승과 변용-『격몽요결』을 중심으로」, 율곡학회, 『율곡사상연구』 22, 2011, 참조.

4) 『擊蒙要訣』「序」: 人生斯世, 非學問, 無以爲人. 所謂學問者, 亦非異常別件物事也. .只是爲父當慈 …… 皆於日用動靜之間, 隨事各得其當而已. …… 故必須讀書窮理,

그것은 첫째, 사람이 세상에 태어나 학문[교육]을 하지 않으면 바른 사람이 될 수 없다는 선언이고, 둘째, 학문은 일상생활에서 일삼음의 마땅함을 확보하는 작업이며, 셋째, 학문의 길은 책을 읽고 이치를 연구하며 자신의 본분에 맞는 일을 실천하는 것이라고 정돈했다. 이런 견해는 한마디로 말하면, 일상생활의 올바른 운용과 실천에 다름 아니다. 이어 본문에서는 교육의 내용을 10개의 영역으로 나누어 설명하고 있다.

첫째, 입지(立志)이다.[5] 입지는 뜻을 세우는 작업이다. 뜻을 세우는 일은 학문의 관건이다. 학문을 본격적으로 시작하려는 초학자에게, 미래에 어떤 사람이 될 것인지, 뜻을 세우는 일은 매우 중요하다. 그런데 교육의 전제 조건이 되는 인간의 본성 파악에서 율곡은 의미심장한 견해를 제시한다. 사람의 본성은 일반인이나 성인(聖人)이나 모두 동일하다는 선언이다. 그것은 본성의 차원에서 볼 때, 인간은 평등하다라는 교육가능성을 적극적으로 옹호한 발언이다. 대신, 율곡은 인간은 제각기 기질(氣質)의 차이가 있음을 강조한다. 따라서 기질을 바로 잡으면 누구나 요임금이나 순임금과 같은 훌륭한 사람, 이른 바 성인(聖人)이 될 수 있다는 것이다. 엄밀히 말하면, 이런 인식은 율곡의 고유한 학설이라기보다는 성리학자들이 인간을 바라보는 기본 입장으로 볼 수 있다.

교육은 인간의 변화가능성을 전제로 한다. 율곡은 '격몽'의 첫 단추를 기질의 변화라는 '교기질(矯氣質)'에서 찾았다. 인간은 천리(天理)를 본성으로 하는 존재이다. 그렇다고 하늘로부터 주어진 덕성인 명덕(明德), 그 성선(性善)이 가만히 있어도 저절로 드러나는 것은 결코 아니다. 유위적인 기(氣)를 분석하고 살펴서 기(氣)의 본연을 회복할 수 있도록 노력

以明當行之路.

5) 『擊蒙要訣』「立志」: 初學, 先須立志, 必以聖人自期. …… 蓋衆人與聖人, 其本性則一也. 雖氣質不能無淸濁粹駁之異, 而苟能眞知實, 去其舊染, 而復其性初 …… 人皆可以爲堯舜 …… 惟有心志, 則可以變愚爲, 變不肖爲賢 …… 人存此志, 堅固不退, 則庶幾乎道矣 …… 所貴乎立志者, 卽下工夫 …….

하는 과정을 거쳐야 한다.6) 이런 점에서 율곡은 '격몽'의 초기 단계인 입지에서, 사람마다 기질이 다르다는 점을 중시하고, 그것의 변화가능성 을 타진했다.

앞에서 언급하였지만, 율곡은 『성학집요』에서 기질의 차이에 따라 교 정하는 학문 방법을 제시하기도 하였다. 그 방법은 자기를 이기는 일인 극기(克己)와 애쓰고 노력하는 면강(勉强)이고, 그 목적은 굳세고 부드러 운 인간의 기품인 강유(剛柔)를 통해, 악(惡)을 선(善)으로 이끌어 내는 데 있었다. 이는 율곡이 주돈이의 견해를 취하여 인간의 성격을 기(氣)가 센 사람과 기가 부드러운 사람의 두 부류로 나누고, 장·단점을 분석하여 단점을 고쳐 나가려는 교육양식이다.7) 이러한 율곡의 교기질(矯氣質)론 은 결국 어리석음을 명석함으로, 악함을 착하게 만들 수 있다는 믿음에 기초하여, 인간을 변화하려는 인간개조론이다.8) 때문에 학문을 본격적 으로 시작하는 사람은 성인이 되기 위한 뜻을 세운 후, 그것을 지켜나가 기 위한 강한 의지를 갖고 학문에 온 힘을 쏟아야 한다는 것이 율곡의 논리이다.

이어서 등장하는 혁구습(革舊習)에서 처세(處世)에 이르기까지는 입지 를 실천하는 구체적인 교육방법이다. 그것은 유교의 수기치인(修己治人) 의 관점에서 보면, 일종의 교육단계일 수도 있고, 교육의 차원을 개인에 서 보다 큰 규모의 공동체로 나아가며 확장하는 구조로 인식된다.

두 번째 등장하는 혁구습(革舊習)은 학문의 기본자세인 동시에 교육 의 태도를 가늠할 수 있는 열쇠이다.9) 그러기에 그것은 실제로 교육을

---

6) 장숙필, 「율곡의 사단칠정론」, 민족과 사상연구회 편, 『四端七情論』, 서울: 서광 사, 1992, 105쪽.

7) 周濂溪, 『通書』: 剛善, 爲義, 爲直, 爲斷, 爲嚴毅, 爲幹固, 惡, 爲猛, 爲隘, 爲强梁. 柔善, 爲慈, 爲順, 爲巽, 惡, 爲懦弱, 爲無斷, 爲邪佞.

8) 신창호, 『수기, 유가교육철학의 핵심』, 서울: 원미사, 2005, 144쪽.

9) 『擊蒙要訣』「革舊習」: 人雖有志於, 而不能勇往直前 …… 惰其心志 …… 常思動

추동하는 일종의 전제 원리이다. 왜냐하면 학문에 뜻을 두고 입지를 했음에도 불구하고 진보가 없는 것은 구습에 얽매여 헤어나지 못하기 때문이다. 따라서 구습은 교육의 실천 과정에서 우선적으로 척결해야 할 대상이다. 율곡은 사람다운 사람인 성인으로 나아가는 공부의 과정에서 가장 큰 방해물은 삶을 왜곡시키는 낡은 습관들이라고 했다. 때문에 마음을 어지럽히고 일상의 건전한 삶을 해치는 나쁜 습관들은 단호하게 떨쳐 버려야 한다. 마음을 깨끗이 한 후에 학문의 길로 접어들어야 일상을 순탄하게 만드는 동시에 성숙한 삶을 승화할 수 있다. 이때 삶을 왜곡시키는 낡은 습관은 여덟 가지로 제시되고, 욕망을 절제하지 못하는 데서 생기는 다양한 습속과 유학이 추구하는 것과 어긋나는 공부 방법 등이 여기에 포함된다.

셋째, 지신(持身)이다.[10] 지신은 몸가짐이다. 뜻을 세우고 낡은 습관을 버린 다음, 자신을 가다듬는 실제적 작업이다. 이때 몸가짐은 예의에 맞게 지속해야 한다. 학문하는 사람은 정성스럽게 일상의 합리적 길을 이행해야 하고 세속의 자질구레한 일로 자신을 어지럽혀서는 안 된다. 몸가짐을 실천하는 방법은 유학의 전통에서 아홉 가지 용모 다스리는 법인 '구용(九容)'으로 정돈되고, 학문하는 방식은 아홉 가지 생각인 '구사(九思)'를 교훈으로 삼는다. 나아가 예의가 아닌 네 가지의 비례(非禮)를 배척하고, 음식과 의복, 거처 등과 같은 삶의 일상성에 주의할 것을 당부한다. 이는 일상생활에서 자신의 마음이 천리에 합치하도록, 개인적 욕

作 …… 喜同惡異 ……好以文辭 …… 工於筆札 …… 好聚閒人 …… 歆羨富貴 …… 嗜慾無節 …… 此習使人志不堅固, 行不篤實 …… 使此心無一點舊染之汚, 然後可以論進學之工夫矣.

10) 『擊蒙要訣』「持身」: 學者必誠心向道, 不以世俗雜事亂其志, 然後爲學有基址 …… 收斂身心, 莫切於九容, 進學益智, 莫切於九思 …… 非禮勿視, 非禮勿聽, 非禮勿言, 非禮勿動四者, 修身之要也 …… 爲學在於日用行事之間 …… 克己工夫, 最切於日用 …… 居敬以立其本, 窮理以明乎善, 力行以踐其實三者, 終身事業也 …… 思無邪, 毋不敬, 只此二句, 一生受用不盡, 當揭諸壁上, 須臾不可忘也 ……

망을 극복하기 위한 극기(克己) 공부의 강조이다. 그것은 외부로 드러나는 지식습득보다는 실제로 모든 삶의 현장에서 자신의 몸을 삼가는 작업이다.11)

넷째, 독서(讀書)이다.12) 독서는 학문에서 간접 경험을 부여하기 위한 주요한 장치이다. 학문할 자세가 갖추어진 후에는 이치를 궁리하여 나아갈 길을 밝혀야 한다. 그것을 위한 훌륭한 수단이 다름 아닌 독서이다. 왜냐하면 성현들의 가르침이 다양한 경전에 담겨있기 때문이다. 따라서 예로부터 학문의 방법으로 가장 많이 쓰이는 방법이 독서이다. 율곡은 독서의 단계를 『소학』에서 시작하라고 일러준다. 그 다음이 『대학』과 『대학혹문』, 『논어』, 『맹자』, 『중용』 등의 사서(四書)이고, 그 이후에 『시경』을 비롯하여 오경(五經)을 차례대로 읽어 나간다. 『소학』과 사서오경이 끝난 후, 성리학으로 자신을 갈고 닦았던 송대 학자들의 고민을 읽어낸다. 『근사록』을 비롯하여 『주자어류』, 송대 여러 학자들의 저술에 이르기까지 깊고 넓은 독서가 권장된다. 그것은 주자가 제기한 독서의 양식과 동일한 구조이다. 하지만, 주자 당시에는 유행하지 않았으나, 주자의 주도하에 편집된 『소학』을 맨 앞에 두었다는 점이 특이하다. 이는 주자학을 강화하는 성격을 지닌다. 나아가 율곡은 독서의 방법적 원리를 일러 주는데, 글의 뜻과 이치를 정밀하게 깨닫고 마음에 젖어드는 글 읽

---

11) 문태순, 「격몽요결의 학문론 연구」, 안암교육학회, 『한국교육학연구』 10-2, 2004, 95쪽.

12) 『擊蒙要訣』「讀書」: 學者常存此心, 不被事物所勝, 而必須窮理明善, 然後當行之道, 曉然在前, 可以進步, 故入道莫先於窮理, 窮理莫先乎讀書 …… 凡讀書者, 必端拱危坐, 敬對方冊, 專心致志, 精思涵泳 …… 先讀小學 …… 大學及或問 …… 論語 …… 孟子 …… 中庸 …… 詩經 …… 禮經 …… 書經 …… 易經 …… 春秋 …… 五書五經, 循環熟讀, 理會不已, 使義理日明, 而宋之先正所著之書, 如近思錄, 家禮, 心經, 二程全書, 朱子大全, 語類及他性理之說 …… 使義理常常浸灌吾心, 無時間斷, 而餘力亦讀史書, 通古今, 達事變, 以長識見, …… 凡讀書, 必熟讀一冊, 盡曉義趣, 貫通無疑, 然後乃改讀他書, 不可貪多務得, 忙迫涉獵也.

기를 강조했다.

다섯째는 사친(事親)이다.[13] 사친은 부모 섬기기이다. 그것은 유학의 핵심 이론인 효(孝)의 중요성을 일깨우는 작업이다. 유교는 부모의 은혜를 깊이 깨닫고 부모의 뜻을 따르며 효도를 다하는 것을 사람의 도리 중 으뜸으로 가정한다. 부모 섬기기에서 첫 번째로 중요한 것은 부모의 뜻을 잘 따르는 일이다. 그리고 생활에 불편함이 없도록 정성껏 봉양하는 일이다. 그것은 일상생활에서 한시라도 부모님을 잊지 않은 효의 실천으로 나타나야 하고, 몸가짐을 삼가고 언행을 법도에 맞게 하는 것으로 부모를 드러낼 수 있어야 한다.

여섯째와 일곱째는 상제(喪制)와 제례(祭禮)이다.[14] 이는 부모를 비롯하여 선조들에 대한, 사후에 진행되는 효도 행위이다. 율곡은 주자의 후학답게, 상·제례에 해당하는 모든 예를 한결같이 『주자가례(朱子家禮)』에 따를 것을 권고한다. 그러고도 의심이 나거나 잘 모를 때는 예를 아는 선생이나 어른에게 물어서 행하도록 인도한다. 그 궁극의 목적은 슬픔과 공경, 정성을 다하여 부모와 선조를 모시는 것이다.

여덟째는 거가(居家)이다.[15] 거가는 집안에 거처할 때의 행동양식을 말한다. 거가의 방법 또한 유교의 예법에 따른다. 한 집안에서 처자와 식구들을 거느리는 작업은 간단하지 않다. 여기에서 집안은 현대적 의미의 가정과는 상당히 다르다. 그것은 형제자매, 자식, 생질, 숙부모, 일꾼 등을 포함하는 대가족 내지 대친족이다.[16] 따라서 집안에서의 살림은

---

13) 『擊蒙要訣』「事親」: 凡人莫不知親之當孝 …… 人家父子間, 多是愛逾於敬, 必須痛洗舊習, 極其尊敬.

14) 『擊蒙要訣』「喪制」: 喪制當一依朱文公家禮, 若有疑晦處, 則質問于先生長者識禮處, 必盡其禮可也.; 「祭禮」: 祭祀, 當依家禮 …… 主於盡愛敬之誠而已 …….

15) 『擊蒙要訣』「居家」: 凡居家, 當謹守禮法, 以率妻子及家衆, 分之以職, 授之以事, 而責其成功, 制財用之節, 量入而爲出 …… 治家當以禮, 辨別內外 …….

16) 신창호, 『『대학』, 유교의 지도자 교육철학』, 서울: 교육과학사, 2010, 155쪽.

절약을 해야 하고 사치스럽고 호화로운 생활은 금해야 한다. 뿐만 아니라 형제 사이에는 우애 있게 지내야 하고 부부 사이에는 예의와 공경을 잃지 않아야 한다. 나아가 집안의 어른은 자녀교육에도 힘을 쏟아야 하고, 하인이나 일꾼들은 그 직분에 적절하게 대우하고 다스려야 한다.

아홉째는 접인(接人)이다.[17] 접인은 말 그대로 사람과 사귀고 교제하는 일이다. 만남 가운데 이루어지는 관계이다. 율곡은 강조한다. "사람을 대할 때는 온화하고 공경해야 하며 스스로를 높이거나 남을 업신여겨서는 안 된다"라고. 사람을 사귈 때는 착한 사람을 선택하여 교제하면서 상호 영향력을 미치고, 내가 남에게 비방을 받는 경우가 생기면 스스로를 성찰해야 한다. 윗사람인 스승과 어른을 모실 때는 공손하게 삼가야 하고, 동료나 아랫사람인 친구, 지역인사, 어린 아이를 대할 때는 온순하고 공손하며 자애로워야 한다.

그리고 율곡은 마지막 열 번째에 처세(處世)를 배치했다.[18] 처세는 세상에 거처하는 방식, 즉 나의 삶을 펼칠 공동체 사회에서 어떻게 살아갈 것인지에 대한 고려이다. 율곡은 세상에 나아가는 떳떳한 통로로 과거(科擧)를 들었다. 율곡의 인식은 간단하다. 과거를 통하지 않고서 세상에 나가 뜻을 펼 수 있는 어떤 지위에도 나아갈 수 없다! 따라서 과거 공부에 힘써야 한다는 것이다. 그 시험에 통과해야 공식적으로 백성을 다스리는 관료가 되어 뜻을 펼 수 있다. 그것은 당시 제도권에 충실한 일종의 시대정신일 수도 있다. 그러면서도 율곡은 과거 공부와 리학(理學; 성리학 이론)공부를 병행할 수 있다는 입장을 견지한다. 그리고 과거를 통

---

17) 『擊蒙要訣』「接人」: 凡接人, 當務和敬 …… 同聲相應, 同氣相求 …… 人有毀謗我者, 則必反而自省 …… 常以溫恭慈愛惠人濟物爲.

18) 『擊蒙要訣』「處世」: 古之學者。未嘗求仕。學成則爲上者擧而用之 …… 非科擧, 無由進於行道之位 …… 今人名爲做擧業, 而實不著功, 名爲做理學而實不下手 …… 位高者, 主於行道, 道不可行, 則可以退矣 …… 祿仕, 亦當廉勤奉公, 盡其職務, 不可曠官而餔啜也.

해 관직에 올랐다면 마땅히 자신의 직책을 성실히 이행해야 한다. 하지만 자신의 직책을 성실히 수행하기 힘든 상황이 오면 그 자리에서 물러나야 한다. 설사 가난을 면하기 위해, 녹봉을 받기 위해 과거를 통해 관직에 나왔다고 하더라도, 청렴하고 부지런히 공무를 수행하여 직무에 충실해야 한다.

입지에서 처세에 이르는 과정은 일종의 학문 단계로 볼 수도 있고, 교육과정으로 이해할 수도 있다. 그 시작과 종결은 개인이 어떤 뜻을 세우느냐에서 출발하여 세상에서 삶을 누리는 처세에서 마무리 된다. 입지는 학문에서 가장 중요한 관문 역할을 한다. 본격적으로 유학을 시작하는 사람은 반드시 '성인(聖人)'이라는 최고의 경지를 추구하는 뜻을 세우고 다양한 차원의 유학 공부를 통해 일상의 합리적 운용을 도모하는 수준에 이르러 학문의 완성을 엿볼 수 있다.

이러한 격몽의 요체는 '수신(修身)'과 '제가(齊家)', 그리고 '접인(接人)·처세(處世)'의 세 영역으로 분류되기도 한다.[19] 수신의 영역은 개인이 공부하는 학습내용으로 입지, 혁구습, 지신, 독서가 이에 해당하고, 제가의 영역은 가정생활에 관한 내용으로 사친, 상제, 제례, 거가가 해당하며, 접인·처세 영역은 사회생활에 관한 내용으로 접인과 처세가 이에 해당한다. 또는 수기, 인륜, 처사의 세 부분으로 구분되기도 한다. 이때 수기는 입지, 혁구습, 지신, 독서장의 항목이고, 인륜은 사친, 상제, 제례를 배치하였으며, 처사는 거가, 접인, 처세장이 해당한다.[20] 이는 개인에서 가족, 사회로 나아가는, 학문의 범주와 내용의 확산을 보여주는데, 유학의 학문론을 체계화하고 있는 『대학』의 8조목, 이른 바 격물치지(格物致知)에서 수신제가치국평천하(修身齊家治國平天下)에 이르는 학문의

---

19) 김병희, 「율곡의 아동교육론-『격몽요결』을 중심으로」, 한국교육철학회, 『교육철학』 40, 2010, 45-49쪽.

20) 주영은, 「『격몽요결(擊蒙要訣)』에 나타난 아동교육에 관한 연구」, 한국보육학회, 『한국보육학회지』 3-1, 2003, 참조.

단계와 유사한 논리적 맥락을 갖추고 있다.[21] 이를 정리하면 <표 5-1>
과 같다.

<표 5-1> 『격몽요결』의 구조와 내용

구조와 단계		내용	수준과 차원		
서문		학문의 의의와 중요성	- 초학자 교육의 지침 자기 수양의 계기		
본문	1. 입지 (立志)	학문에 입문하는 초학자들은 성인이 되겠다는 뜻을 세워야 함	학문의 전제 요건	- 수신(修身) 영역 - 개인적 수준의 마음공부와 몸가짐	수기 (修己)의 차원
	2. 혁구습 (革舊習)	마음은 더럽히고 있는 나쁜 습관을 제거해야 함	학문실천의 전제 원리		
	3. 지신 (持身)	세속의 잡된 일에 마음을 어지럽히지 않고 몸을 지킴	학문실천의 세부 방법		
	4. 독서 (讀書)	궁리를 하기 위한 글 읽는 방법			
	5. 사친 (事親)	부모 모시는 방법		- 제가(齊家) 영역 - 혈연공동체 수준의 질서 유지	치인 (治人)의 차원
	6. 상제 (喪制)	부모 및 일가친척의 상을 치르는 방법			
	7. 제례 (祭禮)	제사의 원칙과 방법			
	8. 거가 (居家)	처자와 친척을 거느리고 집안을 경영하는 방법			
	9. 접인 (接人)	사람을 교제하는 방법, 선생과 어른 모시는 방법		- 접인(接人)· 처세(處世) 영역 - 사회공동체 수준의 관계 정립	
	10. 처세 (處世)	세상에 처신하는 방법으로 과거 공부와 성리학 공부의 병행			

---

21) 정호훈, 「16세기 말 栗谷 李珥의 教育論-『擊蒙要訣』『學校模範』을 중심으로」, 한
국사상학회, 『韓國思想史學』 25, 2005, 참조.

3. 『격몽요결』 독해[22)

□ 서문

사람이 세상에 태어나서 공부를 하지 않으면 사람다운 사람이 될 수 없다. 여기서 '공부를 한다.'는 것은 일상에서 벗어난 특별한 삶이나 별난 어떤 일이 아니다.

그것은 부모의 자리에 있는 사람은 자식을 사랑하고, 자식의 자리에 있는 사람은 부모에게 효도하며, 어떤 조직의 구성원이나 중간 간부의 자리에 있는 사람은 조직의 지도자에게 충실하고, 부부의 인연을 이룬 사람은 남편과 아내로서 서로 존중하며, 형제자매 사이에는 우애가 있고, 한 사회의 젊은 사람들은 그 사회의 어른을 그에 합당하게 제대로 대접하며, 친구 사이에는 상호 신뢰를 형성하여, 각자의 본분과 역할에 맞게 잘 살아가는, 바탕을 마련하는 일이다.

이는 우리가 평소 생활하고 행동하는 가운데, 각자의 위치에 따라 제각기 역할에 충실하려는 노력일 뿐이다. 자기 마음을 무슨 특별히 심오하고 이상야릇한 곳으로 쓰거나, 어떤 일을 하여 기이한 효과를 보는 것을 의미하지 않는다.

공부를 하지 않는 사람은 마음이 꽉 막히고 보고 들은 것이 적어, 세

---

22) 여기에서는 『격몽요결』을 직역하지 않고, 현대 민주주의 사회의 시대정신과 교육의 추세에 맞추어 현대적으로 새롭게 독해하였다. 예를 들면, 백성, 신하, 임금 등과 같은 용어는 왕정사회의 산물이므로, 현대적 의미를 부여하여 조직이나 공동체의 구성원, 중간관리자, 최고지도자 등으로 바꾸고, 성인이나 군자의 경우, 훌륭한 사람이나 사회지도층 인사, 건전한 민주시민 등, 현대 사회에 맞추어 개념을 수정하여, 현대 민주 교육의 정신에 부합할 수 있도록 하였다. 유교식 예악 중 현대에는 거의 사라진 문화의 경우, 과감히 생략하고, 지식 정보화 사회, 국제화, 다문화 등 현대의 생활양식을 반영하였다. 필요한 경우에는 내용을 보완하여 의미가 분명하게 통하도록 가필하였다.

상에 대해 제대로 알지 못한다. 흔히 무식하다고 한다. 그러므로 반드시 공부를 하여 자연과 인간, 사회가 어떻게 돌아가는지 그 이치를 탐구하여, 자기의 위치와 본분, 역할을 파악한 다음, 자신의 일에 충실하면 무난하게 일을 수행할 수 있을 것이다.

문제는 세상 사람들이다. 상당수의 사람들은 '공부를 한다.'라는 것이, 우리가 살아가는 평소의 생활 가운데 있다는 사실을 인지하지 못한다. 그러다 보니, 공부를 일상생활과는 별도로 형이상학적이고 고상한 그 무엇을 찾는 작업으로 이해하여, 공부는 정말 어려운 것이라고 생각한다. 그리고는 자기는 공부하는 사람이 아니고 공부하는 사람은, 학자나, 연구자, 전문가 등등 특별한 사람들이 별도로 하는 것이라고 착각하여, 공부라고 하면 머리를 흔들면서 자포자기하고 다른 사람들에게 미룬다. 이런 지경이니, 어찌 안타깝고 슬픈 노릇이 아닌가!

1) 뜻을 세우라

공부하기로 마음먹은 사람에게 가장 중요한 것은 무엇인가? 목표 설정이다. 무엇보다도 공부해서 무엇을 할 것인지에 대한 뜻을 세우는 일이다. 그것을 흔히 '입지(立志)'라고 한다. 어떤 뜻이냐 하면, 반드시 사람다운 사람, 가장 완벽한 인간이 되겠다고 스스로 마음에 다짐해야 한다. 이때, '난 안 돼!'라든가, 이런저런 핑계로 조금이라도 자신을 부족하고 쓸모없는 인간으로 여기거나, 공부를 하는 도중에 조금 힘들다고, 혹은 게을러서 그만둘 생각을 가져서는 안 된다.

보통 사람도, 원래 타고난 본성은 보통 사람보다 뛰어난 훌륭하다고 하는 사회지도층 인사와 똑같다. 사람마다 기질의 차이는 있게 마련이다. 어떤 사람은 맑고, 어떤 사람은 흐리고, 어떤 사람은 순수하고, 어떤 사람은 탁할 수 있다. 그런 가운데 진정으로 자신의 본성을 제대로 파악하여, 잘못된 낡은 습관을 버리고, 착하게 타고난 본성을 본래대로 되찾는다면, 자신의 능력과 모습을 모두 갖출 수 있을 것이다. 사람의 본성이 이러한데, 보통 사람이라고 하여, 공부하기로 마음먹으면서, 사회지도층 인사가 되기를 다짐하지 않는단 말인가?

옛날에 맹자도 이렇게 말하였다.

"사람의 본성은 본래 착한 것이다. 전설상의 제왕인 요임금과 순임금도 착한 마음으로 정치를 해서 평화로운 세상을 만들었다. 그러므로 사람은 누구나 요임금과 순임금처럼 될 수 있다."

맹자같이 훌륭한 사상가가 우리에게 거짓말을 했겠는가? 사람은 늘 분발해야 한다. 사람의 본성은 누구에게나 본래 착한 일을 할 수 있도록 갖추어져 있다. 옛날 사람이냐 요즘 사람이냐, 지혜로운 사람이냐 어리석은 사람이냐에 따라, 본성상 차이는 있을 것이다. 하지만, 훌륭한 사람은 무엇 때문에 훌륭한 사람이 되었고, 나는 무엇 때문에 보통 사람이 되었는가? 이는 공부하기로 마음먹은 후에, 진정으로 무엇을 할 것인지 뜻을 세우지 않고, 알아가는 과정에서도 분명하게 지식을 습득하지 않으며, 그에 따라 행실도 착실하게 하지 않았기 때문이다. 뜻을 세우는 일이나 분명하게 지식을 습득하는 일이나 행실을 착실하게 하는 일, 이 모든 것은 자신에게 달려 있을 뿐이다. 어찌 공부를 한다고 하면서 다른 사람에게서 그것을 구할 수 있겠는가?

안연이 말하였다.

"순임금은 어떤 사람이며 나는 어떤 사람인가? 목표를 세워 놓고 노력하는 사람은 모두 그와 같이 될 수 있다."

우리 모두 안연이 순임금처럼 되기를 염원한 그런 삶의 태도를 본보기로 삼을 필요가 있다.

자연 상태에서, 얼굴 모습이 밉게 생긴 사람을 곱게 바꿀 수 없다. 체력이 약한 사람을 체력 강한 사람으로 바꿀 수 없다. 키 작은 사람을 키 큰 사람으로 바꿀 수 없다. 얼굴이나 체력이나 키 같은 것은 생물학적으로 이미 정해진 것이라 바꿀 수 없는 영역이다. 하지만 마음만은 어리석은 것을 지혜롭게 만들고, 사랑하지 않는 마음을 사랑하게 만들 수 있다. 왜냐하면 사람의 심성은 움직일 수 있어 전해진 분수에 매이지 않기 때문이다. 사람에게서 지혜보다 더 아름다운 것이 없고 사랑하는 일보다 더 귀한 것은 없다. 무엇이 걱정되어 사랑하고 지혜로운 사람이 되려고 하지 않고, 타고난 착한 본성도 세상에 펼치지 않으려 하는가? 세상 사람들이, 공부를 할 때 분명하게 착한 마음으로 자기 뜻을 갖고, 굳게 실행해 나간다면, 사람의 길이 무엇인지, 자신이 추구하는 일을 거의 이룰 수가 있을 것이다.

어떤 사람은 스스로 뜻을 세웠다고 말하면서도, 열심히 노력하지 않고 머뭇거리며 결과가 좋기만을 요행으로 바란다. 이런 사람은 말로는 뜻을 세웠다고 하지만, 사실은 공부를 하려는 성의가 없다. 진정으로 공부하는 데 뜻을 둔 사람이라면, 사람을 사랑하고 훌륭한 사람이 되는 데 큰 문제가 없다. 하려고 마음먹으면 자기 뜻대로 되는 것인데, 어찌 공부하는 일을 다른 사람에게서 구하여 훗날 잘 될 것을 기대하는가? 아, 안타깝다.

뜻을 세우는 일, 입지가 중요하다는 것은 공부를 시작하고도 뜻대로 되지 않을까 염려스러워, 늘 공부하는 것을 생각하며 뒷걸음치지 않아야 하기 때문이다. 뜻이 참되고 착실하지 못하여 머뭇거리면서 생활을 계속한다면, 나이를 먹고 죽을 때가 되어도, 어찌 자기가 세운 뜻을 이룰 수 있겠는가?

2) 낡은 버릇을 고쳐라

어떤 사람이 공부를 하겠다는 뜻을 품고 있으면서도 용감하게 온 힘

을 다해 똑바로 나아가 뜻을 이루지 못하는 것은 무엇 때문일까? 가장
큰 이유 중의 하나가 낡은 습관이 그것을 가로막고 있기 때문이다. 낡은
습관이란 무엇을 말하는가? 아래에 그 내용을 자세하게 적어 본다. 정신
을 바짝 차리고 뜻을 가다듬어 이것들을 과감히 끊어 버리지 않는다면,
끝내 자신이 세운 뜻을 이룰 수 없으리라.

첫째, 마음에 세운 뜻을 실천하는데 게을리 하고, 자기의 몸가짐을 함
부로 하며, 평소에 한가롭고 편안하기만을 생각하고, 뜻을 이루는 과정
에서 겪게 되는 여러 가지 구속을 싫어하는 것이다.

둘째, 여기저기 기웃거리기를 좋아하여 차분하게 자기 마음을 지키지
못하고, 분주하게 드나들며 떠들고 헛되이 나날을 보내는 것이다.

셋째, 뜻을 세우지 않고 무턱대고 사는 사람들처럼 그냥 그들과 같은
것을 좋아하고, 뜻을 세워 보통 사람들이 추구하는 것과 다르게 나아가
는 것을 싫어하여, 옛날부터 내려오는 잘못된 풍속에 매몰되어 아무 생
각 없이 행동하고, 그것을 고치려는 생각을 조금 하다가도 보통 사람들
에게 따돌림을 받을까봐 두려워하는 것이다.

넷째, 세상 사람들이 좋아하는 얄팍한 유행이나 인기에 편승하여 글
이나 말로써 이름이 알려지기를 좋아하고, 그에 휩쓸려 경전(經傳)을 베
껴다가 기교를 부려 자기의 글처럼 만들면서 꾸미는 것이다.

다섯째, 진지하게 연구하여 논문이나 저술을 쓰기보다는 사소한 편지
쓰기나 별 의미 없는 메시지를 주고받는데 공을 들이고, 거의 매일 음주
가무를 즐기면서 노는 데 정신없으며, 특별히 하는 일도 없이 세월을 보
내면서, '인생 별 것 있어!'라는 태도로 그것이 깨끗한 삶인 것처럼 스스
로 말하는 것이다.

여섯째, 한가한 사람들과 어울려, 세월 가는 줄 모르게 놀 수 있는 바
둑이나 장기, 골프나 드라이브 같은 것을 즐기고, 종일토록 배불리 먹으
면서, 쓸데없는 말씨름을 하며 날을 보내는 것이다.

일곱째, 재산이 많고 지위가 높으며, 명품 옷이나 가방 등을 착용하고 다니는 사람을 부러워하고, 가난하고 천한 것을 싫어하여, 싸구려 옷을 입고 싸고 거친 음식 먹는 것을 아주 부끄럽게 여기는 것이다.

여덟째, 욕심을 부리고 그것에 빠져 절도 있는 생활을 할 수 없어 끊고 누르지 못하고, 재물을 끌어 모우고 놀고먹으며 성적인 대상을 탐하는 데만 빠져 그 맛을 꿀과 같이 여기는 것이다.

낡은 습관, 잘못된 버릇은 다양하지만, 여기서는 이 정도만 들어 둔다. 이러한 버릇은 사람의 뜻을 굳고 튼튼하게 만드는데 방해가 되고, 행동을 근실하게 만드는데 장해가 된다. 그러다보니, 오늘 한 것을 다음 날 고치기 어렵게 만들고, 아침에 그 행동을 뉘우쳤다가도 저녁이 되면 다시 원상태가 되게 한다.

때문에, 크게, 단단하게 마음을 먹고, 용감하게 한칼로 썩은 뿌리와 줄기를 시원스럽게 끊어 버리듯, 마음 바탕을 깨끗이 씻어 털끝만큼도 낡은 생각이 남지 않게 해야 한다. 그리고 수시로 자신의 삶을 반성하면서 한 점의 낡은 버릇도 마음에서 없애야 한다. 그런 다음에 뜻을 세워 실천하는 공부를 말할 수 있으리라.

3) 몸가짐을 바르게 하라

공부를 하는 사람은 반드시 성실하고 일관된 마음으로 그 길로 향하고, 세상의 여러 가지 잡일로 인해 그 뜻을 어지럽히지 말아야 한다. 그런 다음에야 공부를 하는 기초가 잡힌다. 그러므로 공자는 "충실과 자기 신뢰를 최우선으로 해야 한다."라고 하였고, 주자는 이를 해석하여, "사람이 충실하고 신뢰가 가지 않으면, 모든 일이 진실하지 못하여, 악한 일을 저지르기 쉽고 착한 일은 하기 어렵게 된다. 그러므로 반드시 충실과 신뢰를 으뜸으로 삼는 것이다."라고 하였다. 그러므로 반드시 충실과 신뢰를 으뜸으로 삼아 용감하게 공부한 다음, 자기가 뜻한 일을 이룰 수 있다. 황면재가 말한, "진실하고 성실한 마음가짐을 가지고 힘써 공부하라"고 한 것도 이런 맥락이다.

일상생활에서는 항상 일찍 일어나고 늦게 잠자리에 들며, 의복을 단정하게 입고, 얼굴을 찡그리지 말며, 두 손은 공손하게 모아 바르게 앉고, 걸음걸이는 조용하게 하며, 말을 적게 하되 때에 맞게 해야 한다. 일상의 행동 하나하나를 가벼이 하거나 소홀히 해서는 안 되며, 아무리 사소한 일일지라도 그냥 아무렇지 않게 지나쳐서는 안 된다.

몸가짐과 마음가짐에는 아홉 가지 태도, 이른 바 '구용(九容)'이 있고, 공부를 깊게 하고 지혜를 더하는 데는 아홉 가지 생각, 이른 바 '구사(九思)'가 있다.

구용(九容)은 발은 무겁게, 손은 공손하게, 눈은 바르게, 입은 신중하게, 소리는 조용하게, 머리는 똑바르게, 숨소리는 맑게, 서 있는 모습은 의젓하게, 얼굴빛은 장엄하게 가지는 태도이다. 다시 말하면, 발은 경솔하게 들었다 놓았다 하지 않되, 어른이 부르면 이에 구애받지 않고 빨리 나아간다. 손을 공손하게 가지는 태도는, 손을 게으르게 늘어뜨리지 않는다는 말이다. 할 일이 없을 경우에는 단정하게 팔짱을 끼고 제멋대로 움직이지 말아야 한다. 눈을 바르게 하는 태도는 눈매를 안정시켜 똑바로 바라보고, 흘겨보거나 곁눈질하지 말아야 한다는 말이다. 입은 말을 할 때나 음식을 먹을 때가 아니면 함부로 벌리거나 씰룩대지 말아야 한다. 소리는 조용히 내되, 재채기나 기침 따위의 잡된 소리는 특별한 경우를 제외하고는 참아야 한다. 머리는 똑바로 들고 몸을 꼿꼿이 하고, 쓸데없이 이리저리 돌리거나 한쪽으로 기우뚱거리며 기울이지 말아야 한다. 숨소리는 콧숨으로 고르게 하고, 거센 소리가 나게 하지 말아야 한다. 서 있는 모습은 중심을 잡아서 똑바로 서고 한쪽으로 기대서지 말아야 하며 엄연히 덕이 있는 기상을 가져야 한다. 얼굴빛은 태만한 기색이 없도록 해야 한다.

구사(九思)는 볼 때는 밝게 보기를, 들을 때는 똑똑하게 듣기를, 얼굴 빛은 온화하게 가지기를, 태도는 공손하기를, 말은 참되기를, 무슨 일을 할 때는 공경하기를, 의심스러울 때는 묻기를, 분할 때는 곤란하게 될 것을, 이득이 생기면 의리를 생각해야 한다는 것이다. 다시 말하면, 어떤 사물을 보는 데 그것을 소유하려는 생각이 없으면 환해서 보이지 않는 것이 없고, 어떤 일에 대해 듣는데 막히는 것이 없으면 분명하여 들리지 않는 것이 없다. 얼굴빛은 온화하고 부드럽게 가져 노여운 기색이 없애 고, 몸가짐은 단정하고도 장엄하게 해야 하며, 한 마디 말을 하더라도 참되고 미더워야 하고, 한 가지 일을 하더라도 공경하고 신중해야 한다. 마음에 의심나는 일이 있으면 반드시 잘 아는 사람에게 물어 틀리지 않 도록 하고, 성이 날 때는 반드시 자신을 징계하고, 합당한 이치를 따져 스스로 자신을 억제해야 한다. 그리고 재물이 생기면 반드시 그것을 가 지는 것이 올바른 일인지 아닌지를 밝히고, 의리에 합당할 때에만 받는, 이런 생각을 지녀야 한다는 말이다.

공부를 하는 사람은 일상생활에서 늘, 이 아홉 가지 태도와 아홉 가지 생각을 마음에 두고 자신의 몸가짐을 살펴야 한다. 때문에 잠깐 동안이 라도 자신의 몸가짐과 마음가짐을 제멋대로 해서는 안 된다. 이런 삶의 자세를 잊지 않기 위해, 구용과 구사의 내용을 공부방의 한쪽에 써 붙여 놓고, 수시로 눈여겨 볼 필요가 있다.

민주 시민으로서 민주적 생활방식에 어긋나는 것은 보지 말고, 어긋 나는 소리는 듣지 말며, 어긋나는 일은 말하지 말고, 어긋나는 행동은 실천하지 말라! 이 네 가지는 민주시민으로서 우리의 몸을 닦는 데 중요 한 것이다. 그런데 민주적 삶의 양식을 깊이 체득하지 못하고 처음 공부 하는 사람은, 그것이 민주적 생활양식에 맞는 것인지 어긋나는 것인지 분별하기 어려울 수 있다. 따라서 자연의 이치와 현대 사회의 법칙을 깊이 궁리하고 밝혀 아는 데까지 만이라도 힘써 행하면, 깨닫는 것이 많으리라.

엄밀히 말하면, '공부를 한다'는 것은 일상생활의 모든 일을 하는 가운데 있다. 평소에 행동을 공손히 하고, 일을 공정히 하며, 다른 사람과의 관계에 성실한 것. 이것 자체가 바로 '공부를 한다'고 명명할 수 있다. 독서를 하거나 다양한 자료나 정보를 읽는 것은 공부의 이치를 보다 분명히 하려는 보조 수단일 뿐이다.

의복은 화려하고 사치스런 명품을 입는 것이 중요한 것이 아니고, 자기 몸과 기후 변화에 맞게, 예를 들어 추운 날씨라면 추위를 막을 수 있을 정도로 입으면 된다. 음식은 호텔이나 맛 집의 비싸고 기름진 음식을 먹는 것이 중요한 것이 아니고, 거친 음식일지라도 자신의 몸에 맞게 상황에 따라 배고픔을 면할 수 있으면 된다. 거주하는 집은 비싸고 화려한 저택에서 사는 것이 중요한 것이 아니고, 아늑하면서도 편안히 지낼 수 있고 병들지 않을 정도의 보금자리이면 된다.

그러므로 공부하는 사람은 자신이 지향하는 뜻을 실천하는데, 마음을 바르게 가지고, 민주 시민으로서 기본 질서를 지킬 수 있도록 날로 힘쓰되, 조금 공부하였다고 하여 스스로 만족해서는 안 된다.

개인적인 욕망을 억제하고 조절하여 스스로 자기를 이기는 공부는 일상생활에서 가장 중요하다. 자기를 이기는 공부는, 내가 좋아하는 것이 다른 사람도 보편적으로 좋아하는 것인지, 세상의 이치에는 맞는 것인지, 가늠해 보아야 한다. 내 마음이 이성과의 성적 쾌락 즐기기를 좋아하는가, 돈이나 재물을 통한 이익을 좋아하는가, 명예를 좋아하는가, 정치적으로 높은 지위나 권력을 좋아하는가, 그냥 편안하게 지내기를 좋아하는가, 파티를 베풀고 즐기기를 좋아하는가, 진기한 보배를 좋아하는가? 등등, 좋아하는 일들을 잘 살펴보고 그것이 이치에 합당하지 않다면, 모두 단호히 끊어버리고 그 싹과 뿌리를 남겨 놓지 않아야 한다. 그런 다음, 내 마음이 진정으로 좋아하는 것이 어떤 일이건 이치에 합당하게 되어, 개인의 욕망을 억제하고 조절할 수 있어야 제대로 공부가 되리라.

공부와 관계없는 말이 많고 쓸데없는 생각이 많은 것이 공부를 하려고 마음먹는데 가장 해롭다. 그러므로 특별한 일이 없으면 조용히 앉아서 마음을 가라앉히고, 사람을 만나게 되면 할 말을 가려서 간단하고 신중하게 하라. 때와 상황에 맞게 말을 하면 말이 간단하지 않을 수 없고, 말이 간단하면 사람과의 관계가 일그러지지 않고 자연스럽게 된다.

수많은 사람들이 피땀을 흘리며 만들어 놓은 민주적 생활 방식이 아니면, 함부로 언급하거나 실천의 지침으로 삼지 말라. 이것이 시대정신이고 민주사회에서 살아가는 한 죽을 때까지 명심할 일이다.

공부를 하는 사람은 한결 같이 자기가 뜻을 둔 길로만 향해야 한다. 공부 이외의 다른 일에 마음이 빼앗겨서는 안 된다. 더구나 그 일이 올바르지 않은 것이라면 절대로 마음에 두지 말아야 한다. 사람들이 많이 모인 곳에서 장기나 바둑, 포커나 화투를 이용한 노름판이 벌어지면, 보거나 머뭇거리지 말고 물러나고, 음주가무로 얼룩진 곳에서 노래를 부르고 춤을 추며 놀게 되거든, 반드시 피해 가야 한다. 큰 파티 자리에서 간혹 웃어른이 굳이 만류하여 피해 물러날 수 없으면, 그 자리에 앉아 있더라도 용모를 단정히 하고 마음을 맑게 가져, 간사한 소리나 음란한 기색이 자기를 침범하지 못하도록 해야 한다. 모임에 참석하여 술을 마시게 되더라도 몹시 취해서는 안 되고, 거나하면 그만두는 것이 좋다. 모든 음식은 알맞게 먹고, 맛있다고 마구 먹어서 몸을 상해서는 안 된다. 말을 하거나 감정을 표현할 때는 간단하고 신중하게 하고, 시끄럽게 떠들거나 감정을 심하게 표출하여 그 절도를 벗어나서는 안 된다. 행동거지는 조용하고 자연스럽게 하고, 거칠게 하여 몸가짐을 그르쳐서는 안 된다.

어떤 일이 있으면 이치에 맞게 처리하고, 관련되는 자료를 읽으면 신중하게 그 이치를 깊이 연구하라. 이 두 가지를 제외하고는, 조용히 앉아서 마음을 가다듬고, 생각을 차분하게 정리하여 다른 생각이 어지럽게 일어나지 않게 하며, 분명하게 정돈하여 실수가 없도록 하는 것이 중요하다. 이른바 '스스로 깨달음으로써 마음을 바르게 한다'라는 말은 바로 이에 해당한다.

몸과 마음을 바르게 가져, 겉과 속이 한결같게 하고, 보이지 않는데 있더라도 보이는 곳에 곳에 있는 것과 같이 하고, 혼자 있더라도 여러 사람과 함께 있는 것과 같이 하여, 내 마음을 저 푸른 하늘의 밝은 해처럼 남들이 환히 볼 수 있도록 할 것이다.

한 가지라도 올바르지 않은 일을 하고, 한 사람이라도 죄 없는 사람을 죽이고 세상을 얻는다고 하더라도, 그런 일을 절대 해서는 안 된다는 생각을 항상 가슴 속에 간직하고 있어야 한다.

성리학에서 말하는 '몸가짐을 바르게 가짐으로써 근본을 삼고, 사물의 이치를 깊이 연구함으로써 착한 일을 밝히고, 모든 일을 행하는 데 힘써서 실제를 실천할' 필요가 있다. 다시 말하면, 이른 바 '거경(居敬), 궁리(窮理), 역행(力行)'을 하여, 이 세 가지를 공부의 지침으로 삼는 것이 중요하다.

특히, 마음에 삿됨이 없음과 공경하지 않는 것이 없음, 이른 바 사무사(思無邪), 무불경(無不敬), 이 두 구절은 언제 어디서나 애용하여도 맞아 들어가리라. 그러므로 공부방의 벽 위에 써 붙여 놓고서 잠시도 잊지 않으면 좋다.

매일 스스로 마음가짐과 몸가짐을 자세히 살펴보고, 마음이 흐트러져 있는지, 공부가 제대로 진척되고 있는지, 행하기에 힘쓰고 있는지, 이러한 것들을 성찰해야 한다. 그리하여 이러한 점이 있으면 고치고, 없으면 더욱 부지런히 힘써서, 죽는 날까지 게으르지 않도록 해야 한다.

4) 글을 제대로 읽어라

공부를 하는 사람은 항상 그 마음을 자기가 뜻하는 공부에 두어야 한다. 그 이외의 다른 일에 마음을 두어서는 곤란하다. 왜냐하면 자기가 공부하는 것의 이치를 깊이 연구하여 착한 일이 무엇인가를 분명하게 안 다음, 무엇을 실천해야 하는지 그 길이 앞에 훤하게 나타나서 갈고 닦은 실력이 점차 발전할 것이기 때문이다. 그러므로 공부하는 사람은 먼저 자기가 공부하려는 대상에 대해 구체적으로 연구해야 한다. 그 방법 중에 중요한 것이 바로 글을 읽는 것이다. 우리 앞에 있는 글, 연구에 관련된 자료들은 이전의 훌륭한 학자들이 연구한 자취이기에 본받고 경계해야 할 다양한 내용이 기록되어 있다.

글을 읽는 사람은 반드시 팔짱을 끼고 단정하게 앉아서 공경스럽게 책을 대하여야 한다. 마음을 몰입하여 뜻을 깊이 생각하면서 읽고, 심오한 뜻을 이해하여 내용을 실천할 방법을 고민해야 한다. 겉핥기식으로 읽어서 마음으로 체득하지 못하고 몸으로 실행하지 못하면, 책은 책대로 나는 나대로일 것이니, 글을 읽은 들 무슨 이로움이 있겠는가? 글은 다음과 같은 책을 차례대로 읽어야 한다.

먼저, 『소학』을 읽어서, 부모에게 효도하고, 형제자매에게 우애 있고, 공동체의 지도자에게 충실하고, 사회의 어른을 공경하며, 스승을 높이고, 친구들과 상호 신뢰하는 등, 인간의 도리에 대하여 하나하나 자세하게 익혀서 힘써 실행해야 한다.

다음으로 『대학』과 『대학혹문』을 읽어, 사물의 이치를 연구하여 마음을 바로잡고, 자기의 몸가짐을 닦으며, 사람과 관계하는 도리에 대하여 하나하나 참되게 알아서 성실히 실천할 바탕을 마련한다.

다음으로 『논어』를 읽어, 사람을 사랑하는 방법을 알고, 자기 공부를 위한 근본 바탕을 마련하는 방법을 하나하나 밝게 살펴, 이를 더욱 확대하고 충실하게 한다.

다음으로『맹자』를 읽어, 공적 의리와 사적 이익을 분명하게 구별하여, 인간의 개인적 욕망을 막고, 보편적 도리를 마련하는 방법을 하나하나 밝게 살펴, 이를 더욱 확대하고 충실하게 한다.

다음으로『중용』을 읽어, 인간의 본성과 정서를 파악하고 사물의 이치를 연구하여, 세상이 바른 자리를 얻고 모든 일이 제대로 성사되는 미묘한 이치에 대하여 하나하나 그 뜻을 깊이 탐색하여 얻도록 한다.

다음으로『시경』을 읽어, 인간의 본성과 정서가 그릇되고 바른 것, 선에 대해 칭찬하고 악에 대해 징계할 것에 대해 하나하나 깊이 연구하여, 그 느낌을 일으키고 징계할 근거를 마련한다.

다음으로『예기』를 읽어, 천지자연의 이치에 따라 규정한 예절과 사람이 마땅히 지켜야 할 법칙에 관한 제도에 대해 하나하나 제대로 강구하여, 마음가짐과 몸가짐을 바르게 세운다.

다음으로『서경』을 읽어, 중국 고대 전설적인 제왕들이 세상을 평화롭게 다스린 공명정대한 원리 원칙에 대해, 그 방법을 하나하나의 제대로 알아서, 그 근본으로 거슬러 올라가 자세히 살펴본다.

다음으로『역경』을 읽어, 좋고 나쁘고, 살고 죽고, 나아가고 물러나고, 쇠하고 성하는 기미에 대해, 하나하나 잘 관찰하여 깊이 연구한다.

다음으로『춘추』를 읽어, 훌륭한 지도자가 국민의 착한 행실에 대해서는 상을 주고 악한 행실에 대해서는 벌을 주며, 때로는 억누르고 때로는 칭찬하며 다루는 오묘한 말씀과 깊은 뜻에 대해, 하나하나 자세하게 연구하여 깨닫는다.

『소학』『대학』『논어』『맹자』『중용』의 오서(五書)와『시경』『예경』『서경』『주역』『춘추』의 오경(五經)을 번갈아 익숙하게 읽고, 완전하게 이해한 후에, 책에 담긴 내용과 의미, 이치가 날로 밝아지게 한다.

그리고 중국 송나라 때의 훌륭한 학자들이 지은 책인『근사록』과『가례』,『심경』,『이정전서』,『주자대전』,『주자어류』, 그 밖의 성리(性理)의 학설과 같은 것을 그 사이사이 정독해서, 그 뜻과 이치가 항상 내 맘에 흠씬 젖어들어 끊어지지 않도록 해야 한다.

또한 시간이 허락할 때마다, 역사책을 읽어서 옛날과 오늘 벌어지는 일이 어떤 의미가 있는지 교훈으로 삼고 사물의 변화에 통하여, 박식과 견문이 뛰어나게 한다. 아울러 성리학의 입장에서 볼 때 바람직하지 않은 불교나 노장과 같은 이단이나 잡된 글들을 읽어서 뜻을 펼쳐가는 데 방해가 되어서는 안 된다.

책을 읽는 방법은 반드시 한 가지 책을 익숙하게 읽고 그 뜻을 모두 파악하여 완전히 통달하여 의심이 없게 된 다음에, 다른 책을 바꿔 읽어야 한다. 욕심을 내어 많은 책을 읽고 많은 내용을 얻기를 탐내어, 산만하게 이것저것 읽어서는 안 된다.

5) 부모를 제대로 모셔라

사람다운 사람이라면 부모에게 효도해야 한다는 것을 모르는 사람은 없다. 그러나 효도를 하는 사람이 매우 적다. 왜냐하면 부모의 은혜를 깊이 알지 못하기 때문이다. 그러므로 『시경』에서 이렇게 노래하였다.

"아버님은 날 낳아 주시고 어머님 날 길러 주셨네. 그 은덕 갚고자 하나 하늘처럼 넓고 커서 끝이 없네."

사람의 아들로 세상에 태어난 내 몸과 마음, 피와 살은 모두 부모님께서 주신 것이다. 때문에 기침하고 숨 쉴 때는 그 기맥이 서로 통한다. 이 몸은 나 개인의 것이 아니라 부모가 나에게 물려준 기운이다. 그러므로 "가여워라, 부모님 날 낳아 기르시느라 고생하시었네."라고 하였다. 부모의 은혜가 이러한데, 어찌 감히 자기 몸을 스스로 가졌다고 부모에게 효도를 다하지 않을 수 있으랴? 사람은 늘 이런 마음을 지니고 있어야 한다. 그럴 때 저절로 부모에게 향하는 정성이 생기게 마련이다.

부모를 모시는 사람은 한 가지 일이나 한 가지 행실이라도 감히 제멋대로 하지 말고, 반드시 여쭈어 본 후에 허락이 있은 뒤에 행해야 한다. 할 만한 일일지라도 부모가 허락하지 않으면, 할 만한 일임을 이해할 수 있도록 자세하게 설명해 드린 후, 해도 좋다는 허락을 받은 후에 행하고, 끝내 허락하지 않으면, 부모님의 의견을 무시하고 결행해서는 안 된다.

매일 날이 밝기 전에 일어나서 세수를 하고 머리를 빗고 옷을 갖추어 입고, 부모의 침실로 나아가서, 숨을 낮추고 부드러운 목소리로, 더운지 찬지, 편안한지 불편한지, 여쭈어 보아야 한다. 밤에는 또 침실에 가서 이부자리를 손보아 드리고, 따뜻한지 서늘한지를 살펴보아야 한다. 낮에 모시고 있을 때에는 항상 기쁜 낯빛과 부드러운 태도로 시중을 들며 공경을 다하고, 곁에서 봉양할 때는 정성을 다해야 한다. 외출을 할 때는 반드시 언제 어디에 갔다 오는지 알리고 인사를 해야 한다.

보통 사람들은 집안에서 부모와 자식 사이에, 부모가 자식을 사랑하는 일이 자식이 부모를 존경하는 것보다 지나칠 때가 있다. 이는 잘못된 버릇이다. 이제는 이런 낡은 습관을 철저히 씻어 버리고, 자식은 부모를 극진히 모시며 존경해야 한다. 부모가 앉거나 눕는 자리에 자식이 감히 앉거나 눕지 않아야 하며, 부모가 손님을 접대하는 자리에서는 자식이 감히 제멋대로 손님을 접대해서는 안 된다. 부모가 주차하는 곳에 부모를 제쳐두고 자식이 제멋대로 주차해서는 곤란하다.

부모가 하려는 일이 법이나 도덕 윤리에 어긋나고 사회 질서를 해치는 것이 아니라면, 부모가 말하기 전에 그 뜻을 받들고, 소홀히 하여 그것을 어겨서는 안 된다. 그것이 사회 질서를 해치는 일이라면, 온화한 기색과 공손한 태도, 부드러운 목소리로 그것이 잘못된 일임을 똑바로 알려 주되, 그 뜻을 여러 번 설명하여, 부모가 이해하여 알아듣도록 해야 한다.

평소에 잠깐이라도 부모에 대한 생각을 놓치지 않아야 한다. 그래야 효도를 한다고 말할 수 있다. 몸가짐을 제멋대로 하고, 말하는 것이 상식에 어긋나며, 빈둥빈둥 놀면서 세월을 보내는 사람은, 모두 부모에 대한 생각이 없는 사람들이다.

세월은 흐르는 물과 같기에 부모를 모시는 기간이 오래 가지는 않는다. 그러므로 자식들은 부모가 살아계실 때 정성을 다하고 힘을 다해 모셔야 한다. 그러면서도 항상 효도를 제대로 하지 못한 것은 아닌가 하고 염려해야 한다. 옛 사람의 시에 "하루 동안 부모 봉양하는 일을 정승이 부귀 누리는 것과 바꾸지 아니하네."라고 하였다. 이른 바 '날을 아낀다'라는 말이 그것을 대변한다.

6) 제사지내는 절차[23]

7) 제사지내는 예법

8) 가정의 생활예절에 대하여

가정에서는 사회에서 상식적으로 용인할 수 있는 일상의 예절을 따라 집안 식구들을 대해야 한다. 식구들 모두에게는 나름대로의 역할을 부여하고, 돈은 아껴 쓰도록 절제하는 의식을 길러야 한다. 가정의 재정은 들어오는 수입을 고려하여 지출해야 하며, 가정의 재산 형편에 따라 식구들이 저마다 필요한 만큼의 비용을 절제 있게 주어야지, 모든 식구들

---

23) 21세기 현재 대한민국은 유교, 불교, 천주교, 개신기독교, 심지어는 이슬람교에 이르기까지 다양한 종교를 신봉하는 사람들이 많다. 또한 전통적인 장·제례 문화가 다양화하고, 다문화 가정이 늘면서, 유교식 예식문화가 무너진지 오래이다. 전통 유교식 제사를 지내는 가정도 있고, 제사를 지내지만, 기독교식 추도 예배를 보는 가정도 있다. 이에 전통 유교식 제사에 관한 장은 생략한다.

에게 똑같이 균일하게 주어서는 안 된다. 쓸데없는 비용을 절약하고, 사치스럽고 호화스러운 명품 구입을 금지하여, 항상 약간의 여유가 있도록 하고, 갑자기 뜻하지 않는 일이 발생하였을 때를 대비해야 한다.

관례(冠禮)와 혼례(婚禮)의 제도는 마땅히『주자가례』에 따라서 하도록 하고, 세상 사람들이 제멋대로 하는 속된 풍속을 그냥 흉내 내서는 안 된다.24)

형제자매는 한 부모님이 주신 몸을 함께 받았기 때문에, 모든 형제자매의 몸을 내 몸처럼 여겨야 한다. 때문에 형제자매 사이에는 저와 나의 구별이 없어야 한다. 음식과 의복이 있으면 있는 대로, 없으면 없는 대로, 같이 먹고 같이 입어야 한다. 형은 굶주리는데 아우는 배부르고, 동생은 추워서 벌벌 떨고 있는데 형은 따뜻하게 지낸다면, 이것은 한 몸의 팔다리와 몸뚱이 가운데, 어떤 부분은 병들고 어떤 부분은 튼튼한 것과 같다. 이런 상황에서 어찌 형제자매의 몸과 마음이 편안할 수 있겠는가?

요즘 사람들 중에 형제자매끼리 서로 사랑하지 않는 경우가 있는데, 이는 모두 자식이 부모를 사랑하지 않기 때문이다. 자식이 부모를 사랑하는 마음을 제대로 갖추었다면, 어찌 같은 부모의 자식을 사랑하지 않겠는가. 형제자매 중에서 착하지 않은 행실을 하는 자가 있으면, 형제자매들은 마음을 다하여 진정으로 충고해야 하고, 점차로 삶의 이치가 무엇인지 하나씩 일러 주면서 깨우쳐서 내면으로 느껴 깨닫게 해야 한다. 갑자기 노여운 기색을 드러내거나 거슬리는 말을 하여 화목함을 잃어서는 안 된다.

요즘 학문을 하는 사람들의 태도도 한심한 지경이다. 겉으로는 학문

---

24) 이 부분도 마찬가지이다. 현재 한국사회에서 관례는 거의 사라진 상태이다. 이와 유사한 양식으로 20세 전후인, 만 19세 되는 해, 5월 셋째 주 월요일을 성인의 날로 정하여 젊은이들이 기념하고 있을 뿐이다. 혼례의 경우, 전통 혼례식이 있으나 대부분의 사람들은 서구식 결혼예식의 양식을 본뜬 예식장을 이용한다. 『주자가례』에 의하는 경우는 거의 없으므로 따르지 않는다.

을 하는 체 하며 자랑스럽게 말하지만, 속으로는 착실히 하는 이가 드물다. 부부 사이의 경우, 이부자리 안에 들기만 하면 적절하게 조절하지 못하고 정욕을 함부로 불태워 위신과 예의를 잃어버리기 쉽다. 그러다보니 부부가 서로 예의를 지키고, 서로 공경하는 사람이 매우 적은 듯하다. 이런 방식으로 살아서는 개인의 몸을 닦고 집안을 바로잡으려고 해도 쉽지 않다. 남편은 반드시 온화하면서 바른 의리로 아내를 거느리고, 아내는 유순하면서 정당한 도리로 남편을 받들어서, 부부 사이에 예의와 공경을 잃어버리지 않아야 한다. 그런 다음에야 집안 일이 잘 다스려 질 것이다. 그런데 이전부터 서로 버릇없이 무시하면서 살아오다가 하루아침에 갑자기 서로 공경하려고 하면, 사람의 마음처럼 제대로 되지 않는다. 부부 사이에 서로 주의하고 경계하면서 반드시 이전의 습관을 버리고 점차로 예의 바른 길로 들어가도록 하는 것이 좋다. 아내가 남편의 언행이 일관 되게 바르게 나오는 것을 보게 된다면, 반드시 점차 서로 믿고 순종할 것이다.

자식을 낳아서 기를 때, 주변의 사물을 인지할 무렵이 되면, 사람이 사람답게 살아가는 착한 행실을 가르치며 인도해야 한다. 어려서부터 윤리도덕이 무엇인지 가르치지 않으면, 청소년이 되고 어른이 된 다음에 잘못된 버릇이 누적되고 정신을 차리지 않게 되어, 사람답게 살 수 있도록 가르치기가 매우 어렵다. 자식을 가르칠 때의 순서는 아이가 배워야 하는 질서 체계인 『소학(小學)』의 내용을 기준으로 한다. 한 집안에서 나름대로 정한 예법이 잘 행해지고, 책 읽고 글 쓰는 것 이외에 쓸데없는 잡다한 기예에 정신을 뺏기지 않는다면, 그 집안 자식들도 학문을 내버리고 다른 일을 하려고 밖으로 뛰쳐나가는 근심은 없게 된다. 형제자매의 아들, 즉 조카들은 내 자식과 마찬가지이니, 그들을 사랑하고 가르치기를 자식을 사랑하는 것과 같이 하여, 조카들에 따라 가볍고 무겁고 후하고 박한 차별을 두어서는 안 된다.

집안에서 일하는 하인들은 나를 대신하여 수고하는 사람들이다. 그러므로 그만큼 은혜를 베풀어 주는 동시에 위엄을 보여주면서 그들의 마음을 얻어야 한다. 조직의 최고지도자가 조직의 구성원들을 대하는 것이나 주인이 하인을 대하는 것이나, 그 이치는 한 가지이다. 공동체의 최고지도자가 구성원들을 제대로 구제하기 위하여 복지를 베풀지 않으면 구성원들은 공동체를 이탈하고, 구성원들이 흩어지면 그 공동체는 망하게 마련이다. 주인이 하인을 제대로 보살피지 않으면 하인은 주인을 떠나고, 하인이 흩어지면 집안은 망하는 것이다. 세상 이치가 이와 같다. 따라서 집안의 하인들이 추위와 굶주림에 떨지 않도록 입을 것과 먹을 것을 모자라지 않게 주고, 집안에서 제각기 맡은 일에도 나름대로 보람을 느끼게 해야 한다. 잘못하는 일이 있으면 먼저 성의껏 가르치고 깨우쳐 주어 고치도록 한다. 가르쳐도 고치지 않으면 그때 가서 회초리로 때리되, 주인이 때리는 것이 할 일과 도리에 대해 진정으로 가르치고 깨우쳐 주기 위함이지 미워하기 때문이 아님을 알게 해야 한다. 그런 다음에야 하인들의 마음을 고치게 할 수 있다.

집안을 다스리는 기준은 집안에서 정해 놓은 예법을 원칙으로 한다. 하인의 경우에도 안팎을 분별하여, 남자와 여자가 한 곳에 뒤섞여 있지 못하게 해야 한다. 남자 하인은 할 일도 없는데 함부로 여자 하인들이 있는 곳에 들어가서는 안 된다. 여자 하인도 남편과 혼인을 한 후에는 음란하게 굴지 않아야 한다. 음란한 짓을 하는 하인의 경우, 집안에서 나와 따로 거처하게 하고, 집안의 질서와 풍습, 분위기를 더럽히지 않도록 해야 한다. 하인들도 형제자매들처럼 서로 화목하게 지내야 한다. 만약 싸우거나 시끄럽게 떠드는 자가 있으면 법도에 따라 엄중하게 다스린다.

건전한 인격자는 사람으로서 올바르게 살아가는 도리를 얻지 못할까 먼저 근심하지, 단순하게 경제적으로 어려운 문제만을 우선적으로 근심하지는 않는다. 집안이 경제적으로 살아가기 어려움에 닥쳐 가난함을 구제할 대책을 강구하더라도, 굶주림과 추위를 면할 정도면 된다. 지나치게 풍족하게 쌓아 두고 잘 살 생각을 하면 곤란하다. 그만큼 부정이 생길 수 있다. 동시에 세상의 여러 가지 떳떳하지 않은 일들을 마음에 간직해 두어서도 안 된다.

옛날에 세상을 피하여 산 사람 중에, 신발을 만들어 팔아서 먹고 산 사람도 있고, 다른 사람에게 노동력을 제공하여 남의 집 밭일을 해 주고 먹고 산 사람도 있었다. 이런 사람들은 경제적으로 부유하냐 조금 가난하냐의 문제가 삶의 걸림돌로 작용하지 않았다. 부유함 자체가 그리 큰 문제가 아니었기에 그들의 생활에 스스로 만족할 수 있었다. 어떤 일이 나에게 이로운 것인지 해로운 것인지를 비교하거나, 풍성한 것인지 풍성하지 않은 것인지를 헤아리는 생각을 두면, 내 마음가짐에 해로운 영향을 미칠 수 있다. 그기에 학문을 하는 사람은 반드시 경제적 풍요, 물질적 만족에 조심하고, 경제적으로 약간 어려움을 겪을지라도 도덕 윤리와 정신적 가치의 중요성을 충분히 고려할 필요가 있다.

집안이 경제적으로 너무나 가난하게 되면, 가난한 삶에 시달려서, 사람으로서 지켜야할 도리를 잃어버리는 경우가 많다. 학문하는 사람은 이런 처지를 당하더라도, 사람으로서 올바른 도리를 잃지 않도록 힘써야 한다. 옛날 사람은 이렇게 얘기하였다. "곤궁한 처지에 있으면, 그가 어떠한 일을 하지 않는가를 살펴보고, 가난한 처지에 있으면, 그가 어떠한 물건을 가지지 않는가를 살펴본다." 그런 차원에서 공자도 "사람답지 못한 사람, 즉 소인배는 어렵거나 가난해져서 궁지에 몰리면 마음과 행동이 어지러워진다."라고 하였다.

예컨대, 가난한 처지에 놓여 있어 마음이 흔들리고 있다. 이런 경우, 올바른 도리를 행할 수 없을 가능성이 높다. 사람으로서 올바른 행위를 할 수 없을 게 뻔한데, 공부를 해서 어디에 쓸 것인가? 어떤 일이건 그것을 사양하거나 받거나 가지거나 주거나 할 때에는 반드시 그 일이 올바른지 올바르지 않은지 자세히 생각하여, 올바르면 가지고 올바르지 아니하면 가지지 말아야 한다. 아무리 사소한 일일지라도 털끝만큼이라도 소홀히 넘겨서는 안 된다.

친한 친구의 경우, 그 친구가 매우 어렵다고 하자. 재물을 융통해 주는 것이 친구로서의 의리일 것이다. 그럴 때는 주는 것을 모두 받는 것이 마땅하다. 다만 내 형편이 궁핍하지도 않은데 쌀이나 옷감을 주는 경우에는 그것을 받아서는 안 된다.

그 밖에 조금 아는 사람의 경우, 명목이 뚜렷한 선물이면 받고, 명목이 없는 데 선물을 함부로 받아서는 안 된다. 여기서 명목이라는 것은 초상이 났을 때의 조의금, 여행을 갈 때의 경비, 혼사 때의 부조, 재난을 당했을 때의 이웃돕기 성금 등이 그런 것에 해당한다. 만약 몹시 악한 사람, 평소 때 별로 좋게 보지 않던 사람의 경우, 그 선물이 명목이 있더라도 받게 되면 마음이 반드시 불안할 것이다. 마음이 불안한 경우, 억지로는 받지 말아야 한다. 그러기에 맹자는 이렇게 말하였다. "하지 말아야 할 것은 하지 말고, 하고 싶지 않은 것은 하려고 하지 말아야 한다." 이런 자세가 옳은 일을 행하는 정당한 삶의 방식이다.

중국 명나라의 경우, 여러 고을의 지도자들에게 저마다 그에 해당하는 봉급을 지급하였다. 때문에 그 나머지를 헤아려 위급한 사람들을 도울 수 있다. 그런데 조선의 경우, 지도자들에게 주는 개인적인 봉급이 없다. 대신 공동체의 재산인 나라의 곡식으로 일상의 비용을 쓰게 된다. 그러므로 아무리 지도자라고 할지라도 공동체의 재산을 개인적으로 남에게 준다면 그것이 많고 적고 간에 모두 죄가 된다. 심한 경우, 장물죄(臟物罪)를 범한 것에 해당할 수도 있고, 받는 사람도 역시 그렇게 된다. 건전한 인격자로서 선비가 되어 고을의 지도자와 친하다고 하여 지도자가 주는 물건을 받으면, 이는 공동체와 조직에서 정한 법을 어기게 되는 것이다.

지금도 그렇지만, 옛날에는 다른 나라에 갈 경우, 그 나라의 법은 어떤지, 특히 금지하는 것이 무엇인지를 물었다고 한다. 어떤 나라에 찾아가서 거처하려고 하면서, 어찌 그 나라가 금지하는 법을 어길 수 있겠는가? 한 조직의 최고지도자가 주는 선물은 대개 받기 어려운 것이다. 그런데 지도자가 개인적으로 조직의 공동 재산 가운데서 선물을 내어 주면, 서로 친하거나 친하지 않거나, 명목이 있거나 없거나, 물건이 많거나 적음을 막론하고 모두 받지 말아야 한다. 다만, 지도자와 교분이 매우 두텁고 공동 재산 안에 있지만 개인적인 재물로 아주 위급한 일을 돕는 의미에서 주는 것이라면, 상황에 따라 받아도 좋다.

9) 사람을 만나는 방식

사람을 만나 대접할 경우, 부드럽게 대하고 공경하는 데 힘써야 한다. 나보다 나이가 2배가 되면 부모님처럼 모시고, 10세 정도 위면 형처럼 섬기고, 5세 정도 위면 친구보다 약간 존중하는 정도로 모셔야 한다. 가장 어리석은 행동은, 자기의 학문을 믿고 스스로 높은 체하거나, 자기 기운을 자랑하여 다른 사람을 업신여기는 짓이다.

친구를 사귈 때는 반드시 공부하기를 좋아하고, 착한 행실을 좋아하며, 바르고 엄격하고 곧고 미더운 사람을 취해야 한다. 그러한 사람과 함께 있으면서 바르게 경계하는 말을 겸허하게 받아들이면 나의 모자라는 점을 제대로 다스릴 수 있다. 만약 게으르고, 놀기 좋아하고, 유약하고, 아첨하고, 바르지 못한 사람이면, 사귀어서는 안 된다.

같은 지역 사회나 공동체에 사는 사람 중에서 착한 사람이 있으면, 반드시 올바른 도리를 바탕으로 친하게 사귀어야 한다. 그런데 착하지 않은 사람이 있을 경우에는 나쁜 말로 그의 더러운 행실을 드러내지는 말고, 그냥 아는 사람 정도로만 대하고 친하게 서로 왕래하지는 말아야 한다. 만약 예전부터 아는 사람이라면 서로 만났을 때 간단한 안부 정도나 묻는 차원에서 그치고, 좀 깊이 있는 다른 말은 주고받지 않는 것이 좋다. 그러다 보면, 자연스럽게 점차 사이가 멀어지면서도 원망이나 노여움을 사는 데까지 이르지는 않을 것이다.

유유상종(類類相從)이라는 말처럼, 같은 소리는 서로 응하고, 같은 기분은 서로 찾는다. 내가 공부하고 연구하며 학문에 뜻을 두었다면 내 마음은 반드시 그와 같은 길을 가는 학자를 찾고, 그 학자도 또한 반드시 나와 같은 학자를 찾을 것이다. 명목상으로는 학문을 한다고 표방하면서 수시로 온갖 사람들을 끌어 들여 시끄럽게 떠들어대며 날을 보내는 사람은, 실제로 그가 즐거워하는 것이 학문에 있지 않기 때문에 그러하다.

사람을 만나서 대접하는 방식은 다양하다. 지역이나 상황, 분위기나 종사하는 직업에 따라 행하는 방식이 있기에 사람을 만나기 전에 어떻게 해야 할 지, 예절에 대해 미리 정할 수는 없다. 그러나 대체로 부모님의 친구쯤 되는 분에게는 큰절을 하고, 지역 사회 사람으로 자기보다 나이가 15살 이상인 분에게도 큰절을 하며, 사회지도층 인사로 덕망이 있고 지위가 높은 분이면서 나이가 자기보다 10년 이상인 사람에게도 큰절을 하고, 같은 지역 사람으로 자기보다 20세 이상인 분에게도 큰절을 한다. 그 이외의 경우에는 나이와 지역 사회 및 사회지도급 인사로서의 역할과 본분 등 상황에 따라 알맞게 조절하면 된다. 사람을 만나는 예의에서 핵심은 항상 자기를 낮추고, 남을 높이는 뜻을 가슴에 지니고 있는 것이 옳다. 그러기에 『시경』에서 "온화한 마음으로 남을 공경함은 덕을 쌓은 근본일세."라고 읊었다.

사람들이 나를 헐뜯고 비난하는 일이 있으면 반드시 스스로 반성을 할 필요가 있다. 내가 진정으로 비난받을 만한 행실이 있었으면 스스로 자신을 꾸짖고 잘못을 고치는데 주저하지 말아야 한다. 나의 잘못은 아주 작은데, 다른 사람이 그것을 꼬투리 삼아 더 보태고 늘려서 말했으면,

그 말이 비록 지나치더라도 내가 비난받을 만한 근거가 있는 것이므로, 마땅히 이전의 잘못된 점을 없애고 털끝만큼도 남겨 놓지 말아야 한다. 그런데 나에게 본래부터 아무런 잘못이 없는데도, 다른 사람이 거짓말을 꾸며 말했으면, 그런 인간은 허황된 사람에 지나지 않으니 그런 어처구니없는 사람과 거짓과 진실을 따져서 무엇 하겠는가? 그냥 무시하라. 그런 허황된 비난은 바람이 귓전을 스쳐가고 구름이 허공을 지나가는 것처럼 생각하라. 그러면 나와 아무 상관이 없는 것과 같다.

비난하는 말의 대부분은 이와 같다. 다른 사람이 비난을 해왔을 때, 나에게 조금이라도 잘못이 있었으면 고치고, 없었으면 상관하지 말고 자신의 본분에 더욱 힘쓰면 된다. 그러면 어느 것이나 모두 나에게 유익한 일이다. 내가 잘못한 사안에 대해 들었다고 하자. 그런데도 스스로 판단하여 두려워하는 생각을 가지지 않고 기어코 자신을 잘못이 없는 처지에 놓으려고 한다면, 그 잘못은 더욱 깊어져 비난의 소리는 점점 거세질 것이다.

옛날에 어떤 사람이 비난을 그치게 하는 방법을 묻자, 문중자가 다음과 같이 말하였다. "스스로 몸가짐을 닦는 것보다 나은 일이 없다." 그러자 이에 더하여 이익이 될 만한 한 마디 말을 요청하니까, "스스로 변명하지 말라"라고 하였다. 이 말이야말로 학문하는 사람이 좌우명으로 지킬 만한 언표이다.

선생이나 원로학자, 전문가를 모시고 있을 때는 뜻과 이치의 깨닫기 어려운 점을 물어 그 학문의 진리를 밝히는데 주력해야 한다. 지역사회의 어른이나 유지를 모시고 있을 때는 조심하여 공경하고 삼가며 말을 함부로 하지 말고, 묻는 것이 있으면 사실대로 공손히 대답한다. 친한 벗과 함께 있을 때에는 젊은이로서 개인의 성숙을 비롯하여 인간과 자연, 민족과 국가, 사회의 건전한 발전과 관련한 문제들을 강론하여 연마하고, 그에 관한 이론과 이치를 이야기할 뿐 세속(世俗)의 비루한 말이나 시정(時政)의 잘잘못과 지도자의 인품, 남의 잘못과 같은 사안을 적극적으로 입에 올리지 않는 것이 좋다. 지역사회 사람과 함께 있을 때는 묻는 데 따라 대답하더라도 절대 욕설을 하거나 음란한 말은 하지 말아야 한다. 점잖은 태도로 자기를 높이 두지 않더라도 절대 스스로 높은 체하는 기색을 가져서는 안 되며, 오직 좋은 말로 이끌어 도와, 공부하고 연구하는 데 몰입하는 이미지를 주면서, 조용히 인도해 주어야 한다. 어린 아이들과 함께 있을 때는 다정하게 사람의 삶에서 중요한 도리이자 핵심 가치인 효도와 공경, 충실과 믿음의 길을 말해주어, 착한 마음을 갖게 한다. 이와 같이 하여 공부를 지속한다면, 지역사회는 물론 자신이 속한 공동체는 점차로 건전한 사회로 거듭날 것이다.

항상 온화하게 공경하고, 인자하게 사랑하고, 사람에게 은혜를 베풀고, 사물을 배려하는 마음가짐을 지녀야 한다. 사람을 침노하고 사물을 해치는 일 등은 털끝만큼도 마음에 두지 말아야 한다. 사람들이 지닌 나쁜 속성 중의 하나는 자기에게 이롭게 하기 위해 다른 사람이나 사물을 해치는 짓이다. 그러므로 공부를 하는 사람, 교육에 종사하는 사람은 먼저 자기에게만 이롭게 하려는 마음을 끊어야 한다. 그래야 사람을 위한, 세상을 위한 공정한 도리를 배울 수 있다.

공부에 몰두하고 연구에 애쓰는 교육자는 공적인 일이나 예의 상 찾아보아야 할 일, 또는 부득이한 일이 아니면, 교육과 연관이 적은 공공기관에 드나들며 기웃거리지 말라. 공공기관의 지도자가 아무리 친한 사이라고 하더라도 자주 찾아가 보아서는 안 되는데, 하물며 친구가 아닌 경우에는 더욱 들락거려서는 곤란하다. 공공기관의 경우에도, 교육과 연관되지 않은, 올바르지 못한 청탁을 한다면, 일체 거절하고 들어주지 말아야 한다.

10) 세상에 나아가는 이치

옛날의 학자는 자기 스스로 공직 자리를 구한 것이 아니라, 공직자로서의 자세와 능력이 갖추어지면, 윗사람이 그를 천거하여 공직으로 나아갔다. 공직생활을 한 사람은 다른 사람을 위해 자신을 희생하였고, 자기의 이익을 위해 봉사하지는 않았다. 그런데 조선시대는 그렇지 아니하고 과거(科擧)로 사람을 뽑았다. 그러다보니 학문이 뛰어나고 남보다 훌륭한 행실을 하는 사람이 있다고 해도, 과거가 아니면 다른 사람을 위해 봉사할 공직생활에 나아갈 길이 없었다.

공직생활은 배운 사람이라면 누구나 한번쯤 꿈꾸었던 직업이다. 조선시대와 같은 사회제도에서는 사회 진출을 앞두고, 부모가 그 자식에게, 형이 그 동생에게 권면할 수 있는 것이 과거 이외에는 아무것도 없다고 해도 과언이 아니었다. 공부에 몰두하던 교육자들이 공직생활을 통해 높은 벼슬자리를 탐내는 풍습도 여기에 그 이유가 있다. 조선시대에 공부를 삶으로 삼았던 많은 연구자와 교육자들은 대부분 부모의 희망과 문중(門中)의 계책에 따라 과거 공부에 힘쓸 수밖에 없었다. 그렇다하더라도 그 심지와 능력을 닦아서 그 때를 기다리면서 성공과 실패는 천명(天命)에 맡기고, 과거 시험 합격으로 높은 지위의 벼슬자리만을 탐내는데 열중하여, 공부의 본래 의미를 손상시켜서는 안 된다.

조선시대 당시 사람들은 과거 공부가 번거로워서 진정한 공부, 학문을 제대로 할 수 없다고 말한다. 이것은 핑계에 불과하다. 진정한 마음에서 나온 말이 아니다. 옛 사람은 부모를 봉양할 때, 밭을 갈아 농사를 지은 사람도 있고, 남의 품팔이를 한 사람도 있으며, 쌀을 져 나르며 짐꾼 노릇을 한 사람도 있었다. 밭을 갈고 품팔이를 하고 짐꾼 노릇을 할 때, 그 노력과 괴로움은 대단했을 것이다. 어느 겨를에 책을 읽었겠는가? 그들은 부모를 위해 수고로움을 견뎌내며 자식으로서 해야 할 책임을 다하였다. 그리고 틈이 날 때마다 조금씩 글을 배웠지만 사람으로서 덕을 쌓을 수 있었다.

그런데 요즘 공부한다는 사람들은 옛날 사람처럼 부모를 위해 수고를 감당하는 자를 볼 수 없다. 다만, 과거 공부 한 가지 일만이 부모가 마음으로 바라는 것이므로 이 공부에만 몰두한다. 과거 공부는 자연과 인간, 세상의 법칙을 공부하는 성리학의 본질 공부와는 차이가 있으나, 앉아서 책을 읽고 글을 짓고 하는 일이라는 점에서는 유사하다. 그것은 밭 갈고 품팔이 하고 짐꾼 노릇하는 것보다는 100배나 편하다. 그렇다면, 그 틈틈이 남은 힘으로 조선시대 진리의 기준인 성리학 책의 본령을 읽을 수 있지 아니한가?

과거 공부를 하는 사람은 과거 합격 여부, 즉 성공하느냐 못하느냐에 동요되어 항상 마음이 초조하다. 그것은 오히려 몸으로 노력하여 마음을 해롭게 하지 않는 것만 못하다. 그러므로 옛 성현들이 이렇게 말했던 것이다. "공들이는 것이 방해될까 걱정하지 말고, 오직 뜻을 빼앗길까 근심하라."

과거 공부를 하면서도 지켜야 할 분수를 잃지 않는다면, 과거 공부와 성리학 공부를 함께 해도 어긋남이 없을 것이다. 지금 사람들은 과거 공부를 한다고 명목을 내세우고 있으나 실제로는 그 효과를 나타내지 못하고, 성리학 공부를 한다고 명목을 내세우고 있으나 실제는 손도 대지 않는다. 그러다가 과거 공부를 재촉하면, 나는 성리학에 뜻을 두고 있으므로 과거에 힘을 쓸 수 없다고 하고, 성리학 공부를 재촉하면, 나는 과거 공부에 매여 있어서 성리학에 힘을 쓸 수 없다고 한다. 이와 같이 형편에 따라 두 가지 말로 구실을 붙이고는 아무 하는 일 없이 세월을 보내다가, 결국은 과거 공부, 성리학 공부, 어느 것도 제대로 이루지 못하고 만다. 이런 사실을 늙은 뒤에 뉘우친다하더라도 무슨 소용이 있겠는가? 아하! 공부의 참 의미를 제대로 이해하고, 경계해야 하리라.

사람들의 속성은 참으로 재미있다. 아직 공직생활에 나아가지 않았을 때는 오직 공직생활을 하고 싶어 급급해 한다. 공직생활을 하고 있는 동안에는 또 그 자리를 잃어버릴까 염려한다. 이와 같은 생각에만 골몰하여, 그 본분을 잃어버리는 사람이 많다. 정말 무서운 일이다. 공직생활에서 특히, 지위가 높은 사람은, 주어진 일에 최선을 다하다가, 일을 실천하기 어려운 상황이 발생하면, 이런저런 핑계를 대면서 자리에 연연하지 말고 정당하게 물러나는 것이 옳다.

혹시, 집안이 가난하여 반드시 공직생활이라도 하여 먹고 살아야 한다면, 상대적으로 편안한 내근직인 일반 사무직을 사양하고, 상대적으로 힘든 외근직으로 나가, 높은 자리를 사양하고 낮은 자리에 있으면서도, 기본적인 경제 문제를 해결하면 된다. 공직생활을 할 때는 반드시 청렴하고 근면하게 공동체를 위해 봉사하고, 맡은 일을 충실히 해야 하며, 자리를 오래 비워 놓고 놀고먹어서는 안 된다.

제6장
『학교모범』의 국민교육론

『학교모범』은 『격몽요결』을 저술한 후 5년 뒤인 율곡 이이의 나이 47세 때 지은 책이다. 이때 율곡은 대사헌(大司憲)이라는 높은 관직에 재직하고 있으면서 국왕인 선조에게 이 책을 저술하여 올렸다. 따라서 내용의 유사성에도 불구하고, 개인 자격으로 학생들의 교육을 위해 지은 『격몽요결』과는 그 성격을 달리한다. 국가 교육기관인 성균관(成均館)이나 사학(四學), 향교(鄕校)에서 실시되던 교육의 상황을 성찰하고, 그 이론적 대안으로 교육의 지침을 구체적으로 마련하기 위한 성격이 강하다. 현대적 시각으로 본다면, 『학교모범』은 국·공립학교의 교육목적과 내용, 방법, 학교 운영 등 일종의 공교육(公教育), 또는 국민교육의 이론적 지침을 제공한 것이다.

1. 『학교모범』의 교육적 특징

『학교모범』은 『격몽요결』과 달리 매우 공식적인 저술이다. 왕명(王命)으로 국왕에서 지어올린 만큼 그 목적도 공공성을 띠고 있고, 구체적이다. 율곡은 『학교모범』의 앞부분에서 그 취지를 잘 설명하고 있다.

자연의 질서에 따라 사람이 태어났고, 세상의 모든 사물에는 그에 합당한 법칙이 존재한다. 따라서 사람도 누구나 착한 본성을 부여 받았다. 그러나 가르치는 사람이 제 역할을 하지 못하고 교화 또한 제대로 이루어지지 않으면 교육이 제구실을 못하게 된다. 때문에 선비들의 성격이 얄팍해지고 양심이 마비되어 들뜬 명예만 숭상하고 본분에 걸맞게 실행하는데 힘쓰지 않을 수 있다. 그러다 보니 위로는 조정에 인재가 모자라게 되어 관직이 빈 곳이 많고, 아래로는 사회 풍속이 점차 쇠퇴하고 어지러워지기 쉽다. 이런 생각에 이르게 되면 참으로 한심하지 않을 수 없다. 이제는 옛날의 낡은 습관을 일소하고 선비의 기풍을 크게 변화시켜야 한다. 그러기 위해 선비를 선택하여 교화에 힘을 쏟아야 하기 때문에, 성현이 보여준 모범적 교훈을 본떠서 그 지침이 될 만한 『학교모범』을 16조로 만들었다. 이를 통해 여러 선비들에게 몸가짐과 일해 나가는 규범으로 삼게 한다. 제자가 된 자는 진실로 이를 준행하여야 하고, 스승이 된 자는 먼저 이것으로 자신을 바로 잡아, 스승으로서 제자 이끄는 도리를 다하여야 한다.[1]

위의 서문을 분석해 보면, 『학교모범』을 저술한 이유는 크게 네 부분으로 나누어진다. 첫째는 교육의 원칙과 위상 정립에 관한 언급이고, 둘째는 현실 인식과 교육의 역할에 대한 문제 제기이며, 셋째는 교육 현실과 미래에 대한 걱정으로 교육 지침의 제정이고, 마지막으로 교육지침의 활용 차원에서 제자와 스승의 도리 문제를 다루고 있다.

첫째, 교육의 원칙과 위상에서는 자연의 질서와 사물의 법칙, 그리고 인간의 품성에 대한 유교의 시선을 드러내고 있다. 그것은 인간이 부여받은 착한 본성을 교육을 통해 진작할 수 있다는 믿음이다. 앞에서 말한 교기질(矯氣質)과 통한다.

둘째, 현실 인식과 교육 역할의 경우, 율곡은 스승의 역할과 교화의 부재를 들어 위기의식을 일깨운다. 즉, 마땅히 스승 역할을 해야 할 관료들은 잘못된 습속에 물들고 양심 불량에다 헛된 명예를 꿈꾸며 본분을 망각하고 있다는 것이다. 그러다보니 인재 양성에 소홀하게 되어 사회적 동량을 기르지 못했다고 지적한다. 이것이 시대 문제를 낳을 수 있다는

---

1) 『學校模範』: 天生蒸, 有物有則, 秉彝懿德. 人孰不秉. 只緣師道廢絶, 敎化不明, 無以振起作成. 故士習偸薄, 良心梏亡, 只尙浮名, 不務實行. 以致上之朝廷乏士, 天職多曠, 下之風俗日敗, 倫紀斁喪. 念及于此, 誠可寒心, 今將一洗舊染. 丕變士風. 旣盡擇士敎誨之道, 而略倣聖賢謨訓, 撰成學校模範. 使多士以爲飭躬制事之規, 凡十六條. 爲弟子者, 固當遵行, 而爲師者, 尤宜先以此正厥身, 以盡表率之道.

게 율곡의 인식이다.

셋째, 교육 지침을 제기하는 현실적 문제이다. 낡은 시대정신을 제거하고 사회지도층으로서 관료와 그들이 담당해야 할 교화의 기준을 구체적으로 만들었다는 자긍심이다. 그것은 성현들의 가르침을 근거로 재편집한 것이다. 다시 말하면, 『학교모범』은 왕명도 있었지만, 낡은 습관의 일소와 관료의 기풍 변화라는 율곡의 소명 의식이 반영된 저술이다.

마지막으로 율곡은 『학교모범』의 활용과 적용 문제를 직접적으로 언급한다. 그것은 제자에게는 교육의 규칙이자 준수해야 할 규정으로서 일종의 학칙에 해당한다. 스승에게는 자신을 수양하는 성찰의 지침이자 학생 인도의 기준이 된다.

2. 『학교모범』의 구조와 내용

이런 차원에서 『학교모범』은 교육하는 본질을 전반적으로 열거하고 있는 국민교육학 개론 혹은 교육학원론, 일종의 교육헌장에 해당한다. 이는 모두 16개의 항목으로 구성되어 있는데, 크게 다섯 차원에서 논의할 수 있다. 첫 번째 차원은 개인의 독서(讀書)와 강학(講學), 두 번째 차원은 개인 수준에서의 인간관계, 세 번째 차원은 가정과 사회라는 공동체 수준에서의 질서와 관계의 정립, 네 번째 차원은 학문 과정에서 주의할 덕목의 제시, 다섯 번째 차원은 학교생활과 운영에 관한 지침 제시이다.[2]

---

2) 이를 개인 영역(입지, 검신, 독서, 신언, 존심), 가정 영역(사친, 거가), 사회·단체 영역(사사, 택우, 접인, 응거, 수의, 상충, 독경, 거학, 독법)으로 나누어 본다(김경호, 「학교모범에 나타난 율곡의 교육사상 -교육이념과 내용을 중심으로」, 율곡학회, 『율곡사상연구』, 6, 2003, 138-139쪽); 그리고 보다 크게는 '製進動機-교육과

첫 번째 차원은 개인의 독서(讀書)와 강학(講學) 수준이다. 이는 입지 (立志)에서 존심(存心)에 이르는 수기(修己) 차원에서, 수렴(收斂)하는 성 격을 띤다. 그 대강은 다음과 같다.[3]

첫째는 입지(立志)인데, 『격몽요결』과 마찬가지로 배우는 사람은 먼 저 뜻을 세워 그 목적을 확실히 정해야 함을 강조했다. 그것은 궁극적으 로 인간의 착한 본성인 인성을 회복하는 작업으로, 성인을 꿈꾸는 자기 결의이다.[4]

둘째는 검신(檢身)이다. 검신은 몸단속으로, 배움의 길에 들어서서 제 일 먼저 실천해야 하는 것이다.[5] 몸을 가다듬어 용모와 복장을 단정히 하고, 가만히 있을 때는 공손하게, 걸을 때는 똑바로 걷는다. 음식은 적 절하게 먹고 글은 정성들여 반듯하게 쓰며 책상과 강당을 깨끗하게 사용 하고 몸가짐을 신중히 한다. 그리고 예가 아니면 보지도 듣지도 말하지 도 행동하지도 말아야 한다. 또한 심성을 해치는 현란하고 문란한 음악 이나 오락은 접하지 않으며 퇴폐적인 놀이에 빠지지 않아야 한다.

셋째는 독서(讀書)이다.[6] 배우는 사람의 본분은 독서와 강학에 있다

정 총론', '16條와 勸獎黜陟-교육내용과 장학규정' '擇師養士事目-교사채용 및 학 생선발 방법, 장학규정'의 세 부분으로 나누어 보기도 한다(김왕규, 「栗谷李珥의 『學校模範』 연구」, 한국한문교육학회, 『한문교육연구』 6, 1992, 90쪽).

3) 김순영·진윤수, 「栗谷의 『學校模範』에 나타난 體育思想」, 충남대학교 체육과학연 구소, 『體育科學研究誌』 24, 2006, 3-4쪽; 김영희, 「율곡의 『학교모범』에 기초한 인성프로그램 개발연구」, 경기대학교 학생생활종합센타, 學生生活研究 19, 2004, 13-15쪽.

4) 『學校模範』「立志」: 謂學者先須立志, 以道自任 …… 必要作聖人而後已.

5) 『學校模範』「檢身」: 謂學者旣立作聖之志, 則必須洗滌舊習. 一意向學, 檢束身行.

6) 『學校模範』「讀書」: 謂學者旣以儒行檢身, 則必須讀書講學, 以明義理, 然後進學功 程 …… 其讀書之序, 則先以小學, 培其根本, 次以大學及近思錄, 定其規模, 次讀論 孟中庸五經, 間以史記及先賢性理之書, 以廣意趣, 以精識見, 而非聖之書勿讀, 無益 之文勿觀. 讀書之暇, 時或游藝, 如彈琴習射投壺等事, 各有儀矩. 非時勿弄, 若博弈 等雜戲, 則不可寓目以妨實功.

고 해도 과언이 아니다. 일상을 통해 몸을 가다듬고 마음을 집중하여 독서와 강학에 매진해야 한다. 독서의 순서는 『소학』에서 시작하여 『대학』과 『근사록』, 그리고 『논어』, 『맹자』, 『중용』 등의 사서(四書)를 읽고 이후에 오경(五經)으로 나아간다. 그런 다음 역사서나 성리학자들의 다양한 견해를 섭렵한다. 그것은 먼저 근본배양에서 학문의 규모를 정하고 점차로 철학과 역사적 식견을 넓혀가는 모양새를 갖춘다. 다시 말하면, 독서에 임하는 사람은 예절에 관계되는 책을 통해 도덕을 실천할 수 있도록 스스로를 다지고 다음으로는 인격을 향상할 수 있게 하여 도덕성을 함양하며, 역사서를 읽어 실천능력을 배양한다. 이외에 성현(聖賢)의 경전이 아닌 무익한 글은 삼가야 하며, 여가가 있으면 거문고 연주나 활쏘기, 투호 등을 익혀 교양을 함양해야 한다.

넷째는 신언(愼言)으로 말을 신중히 하라는 주의이다.[7] 사람의 허물이나 실수는 말로 인한 것이 많다. 따라서 무엇보다도 말을 신중히 하도록 교육할 필요가 있다. 특히, 실속 없는 말이나 빈말, 난폭한 말, 욕설 등을 삼가 해야 한다.

다섯째는 존심(存心)이다.[8] 존심은 마음을 보존하는 작업이다. 유교에서는 마음이 착하다는 성선(性善)이나 선단(善端)을 가정하기 때문에 율곡도 이러한 맹자의 경향을 이어 받아 존심을 강조했다. 그 방법으로는 정좌(靜坐) 등을 연마하여 고요한 마음상태를 유지하도록 권고한다. 여기까지는 개인의 수양 차원, 즉 개인의 독서와 강학 수준에서 공부하는 양식을 정돈한 것이다.

두 번째 차원은 개인 수준에서의 인간관계 차원이다. 이는 사친에서 택우에 이르는 과정으로, 비록 개인 차원에서 이루어지는 행위이기는 하

---

7) 『學校模範』「愼言」: 謂學者欲飭儒行, 須愼樞機. 人之過失, 多由言語 …….

8) 『學校模範』「存心」: 謂學者欲身之修, 必須內正其心 …… 當靜坐存心 …… 存養省察, 勉勉之已, 則動靜云爲, 無不合乎義理當然之則矣.

나, 수기와 치인을 통합하는 수준에서 진행된다. 요점을 정돈하면 다음과 같다.

첫째는 사친(事親)으로 부모 섬기는 양식을 제시한 것이다.[9] 유교는 인간 사회에서 착한 행실의 근본이 효도로부터 출발한다고 인식한다. 따라서 도덕 윤리의 사회적 실천은 부모에게 효도하는 일에 힘쓰는 일로부터 시작되어야 한다. 평소에 부모의 마음을 잘 헤아려 뜻을 따르고 상황에 맞게 봉양하며, 병환이 났을 때는 정성껏 간병하고, 돌아가셨을 경우에는 슬픔을 다하여 제사를 지내고 길이 추모하는 자식의 도리를 다하여야 한다. 이는 천륜을 지닌 인간이 실천해야 할 부모 자식 사이의 기본적이며 보편적 윤리이다.

둘째는 사사(事師)이다.[10] 사사는 배우는 사람이 스승을 섬기는 일이다. 배우는 사람에게 스승은 매우 중요한 존재이다. 스승은 진리를 전해 주는 사람이고, 진리를 배우는 일은 스승을 받드는 일에서부터 시작한다. 다시 말하면, 스승을 받들지 않을 경우, 진리를 받들지 않는다는 논리가 성립한다.

셋째는 택우(擇友)이다.[11] 택우는 벗을 선택하는 일로, 배우는 과정에 있는 자들에게 매우 중요한 행위이다. 배움의 과정에서 벗으로부터 많은 영향을 받기 때문에, 벗은 배움의 동반자이다. 그 관계의 형성은 진실하고 돈독한 사람을 벗으로 사귀는 택우의 과정에서 나온다. 이처럼 사친에서 택우에 이르는 교육의 덕목은 개인 수준에서의 인간관계를 보여준다.

세 번째 차원은 가정과 사회라는 공동체 수준에서의 질서와 관계의

---

9) 『學校模範』「事親」: 謂士有百行, 孝悌爲本 …… 事親者, 必須居則致敬 …… 以盡口體之奉, 病則致憂 …… 喪則致哀 …… 祭則致嚴, 以盡追遠之誠 …….

10) 『學校模範』「事師」: 謂學者誠心向道, 則必須先隆事師之道 …… 便非議其師, 亦不可不思義理而只信師說, 至於奉養之宜, 亦當隨力致誠。以盡弟子之職.

11) 『學校模範』「擇友」: 謂傳道解惑。雖在於師。而麗澤輔仁。實賴朋友。…… 相箴以失, 相責以善, 切磋琢磨, 以盡朋友之倫 …….

정립이다. 그것은 거가(居家)에서 응거(應擧)에 이르는 교육의 단계로, 치인(治人)의 차원에서 발산되고 확장되는 논리를 지녔다.

첫째의 거가[12]는 집안에서 형제자매 간의 우애, 부부간에 화목 등을 다룬다.

둘째인 접인(接人)에서는 사회에 나아가 타자들과 만나고 사귈 때 예의로 접할 것을 권고한다.[13] 도덕적인 일을 서로 권하고 잘못을 서로 깨우쳐 주며, 이를 바탕으로 사회 윤리를 확립하고 어려운 일을 서로 도우며, 늘 타자를 돕고 위하는 마음을 갖도록 하는 내용을 담고 있다.

셋째에 응거(應擧)가 자리한다.[14] 응거는 과거 응시와 연관된다. 인간은 본성을 회복하여 수양이 되면 그것을 바탕으로 도덕 윤리의 사회적 실천을 지향해야 한다. 그 방법의 핵심은 과거를 통해 관료로서 사회에 봉사하는 차원인 치인(治人)이다. 당시 사회 제도적 차원에서 볼 때, 과거에 응시하는 것은 사회적 실천을 위한 관문이었다. 이런 점에서 거가와 응거는 가정과 사회라는 공동체 수준에서의 질서와 관계 정립의 방법을 보여준다.

네 번째 차원은 학문 과정에서 주의할 덕목의 제시이다. 그것은 교육과정에서의 규칙에 해당한다. 수의(守義)에서 독경(篤敬)에 이르기까지 학문의 원리와 원칙, 그리고 방법을 세밀하게 보여준다.

첫째 수의(守義)는 의리를 지키는 자세의 체득이다.[15] 배우는 사람은 이익이나 명예를 추구하는 마음을 억제하고 의리를 지키도록 노력해야

---

12) 『學校模範』「居家」: 謂學者旣修身心, 則居家須盡倫理 …… 兄友弟恭 …… 夫和妻順…… 訓子以義方 …… 至於御家衆, 主嚴而行恕…….

13) 『學校模範』「接人」: 謂學者旣正其家, 則推以接人. 一遵禮義 …… 每以德業相勸, 過失相規, 禮俗相成, 患難相恤, 常懷濟人利物之心…….

14) 『學校模範』「應擧」: 謂科第雖非志士所汲汲, 亦近世入仕之通規. 若專志道學, 進退以禮義者, 則不可尙已 …… 學問科業, 兩無所成者多矣. 最可爲戒.

15) 『學校模範』「守義」: 謂學者莫急於辨義利之分. 義者, 無所爲而爲之者也. 稍有所爲, 皆是爲利蹠之徒也. 可不戒哉…….

한다.

둘째는 상충(尙忠)이다.[16] 유학의 기본 전제가 수양을 통한 자기충실에 있는 만큼, 배우는 사람은 진실한 마음을 갖도록 노력해야 한다. 어떤 일을 맡건, 진실한 마음을 간직해야 본분을 다하고 절개를 지킬 수 있기 때문이다.

셋째가 독경(篤敬)이다.[17] 독경은 말 그대로 경(敬)에 최선을 다하는 모습이다. 경건한 마음을 독실하게 갖도록 노력하여 최고의 인격을 갖추어야 학문의 경지에 들어섰다고 볼 수 있다. 이는 학문 과정에서 주의하고 터득해야 할 유교의 덕목이다.[18]

다섯 번째 차원은 학교생활과 운영에 관한 지침 제시이다. 그것은 거학(居學)과 독법(讀法)에 구체적으로 기록되어 있다.

첫째 거학(居學)은 학궁에서의 생활방식을 자세하게 적시하고 있는데, 핵심은 학교생활을 모범적으로 이행해야 한다는 말이다.[19] 특히, 동료들과 진지하게 강론하여 인격향상에 힘을 다하여야 한다.

둘째에 배치되어 있는 독법(讀法)은 실제적인 교육의 원칙과 지침을 일종의 규칙과 규정으로 정돈한 것이다.[20] 그 핵심은 학교의 규칙을 준

---

16) 『學校模範』「尙忠」: 謂忠厚與氣節, 相爲表裏 …… 必須講明禮學, 以盡尊上敬長之
    道. 苟如是, 則忠厚氣節, 兩得之矣.

17) 『學校模範』「篤敬」: 謂學者進德修業, 惟在篤敬, 不篤於敬, 則只是空言, 須是表裏如
    一 …….

18) 『학교모범』의 16개 조목을 가치론의 차원에서 분류할 수도 있는데, '목적적 가치
    론'의 조목은 앞에서 나온 입지와 존심, 수의, 상충, 독경 등으로 의지와 연관된
    것이며, '행동적 가치론'으로서의 조목은 그 외의 것으로 입지보다는 행동에 연관
    된 것이다. 강태훈, 「『學校模範』에 나타난 栗谷의 敎育的 價値論」, 혜전대학, 『論
    文集』 3, 1985, 6-7쪽.

19) 『學校模範』「居學」: 謂學者居學宮時, 凡擧止, 一依學令 …… 羣居必講論相長 ……
    若先生是師長在學宮, 則行揖之後, 講問靖益, 虛心受敎 …….

20) 『學校模範』「讀法」: 謂每月朔望, 諸生齊會于學堂, 謁廟行揖, 禮畢後坐定, 師長若在,
    則坐于北壁, 諸生則坐于三面, 掌議掌議有故, 則有司或善讀書者代之, 抗聲讀白鹿洞

수할 수 있도록 학생들에게 숙지시키고, 규칙을 어길 때는 엄격하게 판단하여 학교운영을 원만히 해야 한다. 이는 학교 조직을 어떻게 운영할 것인지에 대한 양식과 기준을 정돈하여 권면한 것이다.

그리고 글의 말미에는 선한 행위를 한 학생과 악한 행위를 한 학생들의 일상을 기록하여 선적(善籍)과 악적(惡籍)을 남겨 교육에 효율성을 기할 것을 당부한다. 그것은 오늘날의 생활기록부와 유사한 것으로 일종의 교육과 학습에 관한 기록이다. 이는 기록 자체로 끝나는 것이 아니라 인재선발과 교육적 동기를 부여하는 데 필수적인 자료로 활동된다. 그리고 유학 교육의 핵심이랄 수 있는 스승 선택의 중요성과 관료 선발의 규정을 구체적으로 정리하고 재차 강조하였다. 이를 정돈하면 <표 6-1>과 같다.

〈표 6-1〉『학교모범』의 구조와 내용

구조와 단계		내용	수준과 차원		
서문		교육의 원칙과 이유 설정	교육의 원론과 문제 제기; 교육과정 총론		
본문	1. 입지(立志)	배우려는 사람은 먼저 성인이 되려는 뜻을 세워야 함	개인의 독서와 강학 수준	수기(修己) 차원의 수렴	학문의 내용
	2. 검신(檢身)	낡은 습관을 씻고 배움에 정진하며 몸가짐을 단속함			
	3. 독서(讀書)	독서 강학을 통해 의리를 밝힘(『소학』-『대학』-『근사록』·『논어』-『맹자』-『중용』-『오경』 순으로 독서)			
	4. 신언(愼言)	언행을 신중히 함			
	5. 존심(存心)	착한 마음을 보존하여 근본을 세움			
	6. 사친(事親)	효제를 근본으로 하는 관료의 행실과 부모 섬김의 의미와 방법	개인 수준에서의 인간관계	수기치인(修己治人)의 통합	

敎條及學校模範一遍, 因相與講論, 相勉以實功 …….

7. 사사(事師)	배움의 추구에서 스승을 섬기는 도리의 융숭함			
8. 택우(擇友)	벗의 중요성과 사귐의 윤리			
9. 거가(居家)	가정과 가문을 다스리는 방법	가정과 사회라는 공동체 수준에서의 질서와 관계 정립	치인(治人) 차원의 확장	
10. 접인(接人)	마을의 이웃을 만나는 인간 관계법			
11. 응거(應擧)	입신행도(立身行道)와 충군보국(忠君報國)을 위한 과거 공부에 임하는 자세			
12. 수의(守義)	의(義)·리(利) 구분의 중요성	학문 과정에서의 주의할 덕목	학문의 원리원칙과 방법	
13. 상충(尙忠)	충후(忠厚)함을 기르기 위한 예학(禮學)의 중요성			
14. 독경(篤敬)	진덕수업(進德修業)의 핵심			
15. 거학(居學)	학궁(學宮)에서의 생활방식	학교생활과 운영에 관한 지침	조직 운용의 양식	학교 운영의 원칙과 지침
16. 독법(讀法)	매월 초하루와 보름에 학당에 모여 교육의 원칙과 지침 확인			
말문	선적(善籍)과 악적(惡籍)의 기록과 스승 선택, 관료 양성의 규정	교화의 효율성과 인재선발의 동기부여; 교사채용		

3. 『학교모범』 독해[21]

□ 서문

모든 사람은 천지자연과 부모의 유전자를 물려받아 태어났다. 때문에

---

21) 『학교모범』의 독해는 앞의 『격몽요결』 독해와 동일한 방식으로 현대적 의미를 더하였다.

사람을 비롯한 모든 사물은 그것이 존재하는 것만큼 그 이치와 법칙을 지니고 있다. 천부적으로 타고난 덕은 누구나 다 받았지만, 요즘 세상은 사도(師道)가 끊어지고 교육이 제대로 이루어지지 않는다. 때문에 공부하는 사람들의 속성이 세상에 유행하는 일들에 매몰되고 양심이 마비된 상태이다.

그러다보니 사람들은 실속 없는 명예만을 숭상하고 진정한 삶의 실천에는 힘쓰지 않는다. 실제에 힘쓰지 않으니, 정부의 고위 공직사회에는 인재가 모자라 공직에 빈자리가 많게 되고, 아래로는 사회 분위기가 날로 부패하고 험악해지며, 도덕 윤리는 날로 쇠퇴하고 어지러워진다. 이런 지경까지 생각하면 우리 사회의 모습이 참으로 한심하다.

이제 지난날의 잘못을 없애고, 공부하고 연구하는 분위기를 만들어 건전한 사회의 기풍을 일으키려고 한다. 그러려면 공부하고 연구할 건전한 인격자들을 선택해야 하고 그들을 교육해야 한다. 이에 과거 훌륭한 학자들이 실천했던 모범적 교훈을 본떠서, 『학교모범』을 만들어, 공부하는 사람들과 교육자들이 몸가짐을 바르게 하고 일을 해 나가는 규범으로 삼게 하였다. 그것은 모두 16조목으로 되어 있다.

배우는 사람은 이를 제대로 지켜야 하고, 가르치는 사람은 이를 통해 교육자로서 자신의 자세를 바로잡아, 교육자 본연의 임무를 다해야 한다.

1) 입지(立志); 뜻을 세우라

배우는 사람은 먼저 뜻을 세우고, 올바른 사람의 길을 추구하는 숭고한 정신을 자신의 인생목표로 삼아야 한다. 그 길은 높고 먼 곳에 있는 것이 아닌데, 대부분의 사람들은 자발적으로 그것을 행하지 않는다. 착한 것은 이미 모두 나에게 갖추어져 있다. 그러므로 다른 것에서 구할 필요가 없다. 그것을 실천하는데 머뭇거리며 기다릴 것도 없고, 어렵게 여겨 망설일 것도 없다.

주저함 없이 바로 세상을 향해 올바르게 마음을 세우고, 다른 사람을 이해하고 배려하면서 어울려 살려는 삶의 기준을 마련하며, 역사상 훌륭한 사람들이 후세에게 물려준 학문을 이어받고, 온 세상의 인류공영을 위한 삶을 목표로 삼아야 한다. 스스로 더 나아갈 수 없다고 포기하면서 자신의 앞길에 선을 긋고, 지금 당장 탈 없고 편안함만을 고집하며 그에 대해 관대한 못된 버릇은 털끝만큼도 가슴에 싹트지 못하게 해야 한다. 영예나 비방, 이해관계, 재앙과 복 등이 어떻게 나에게 다가오느냐에 따라 마음이 함부로 움직여서는 안 된다.

공부하는 사람은 그런 부분을 초월하여 스스로 분발하고 채찍질하고 격려하여, 반드시 세상에서 가장 훌륭한 인격자가 되고 말 것이라고 다짐할 필요가 있다.

2) 검신(檢身); 몸단속에 주의하라

배우는 사람은 세상에서 가장 훌륭한 인격자, 아름다운 사람인 성인(聖人) 되겠다는 뜻을 한번 세웠으면, 반드시 옛날의 잘못된 버릇을 씻어 버리고 오로지 공부에 몰두하여 몸가짐과 행위를 단속해야 한다. 평소에 밤에는 늦게 자고 새벽에 일어나서, 옷매무새는 정숙하게, 용모는 장중하게, 보고 듣는 것은 단정하게, 거처는 공경하게, 걸어 다닐 때는 똑바로 서서, 음식은 절제 있게, 글씨를 쓸 때는 경건하게, 책상과 의자는 정제하게, 마루와 방은 정결하게 해야 한다.

『격몽요결』에서도 말했지만, 항상 구용(九容)으로 몸을 가져야 한다. 구용은 발은 무겁게, 손은 공손하게, 눈은 바르게, 입은 신중하게, 소리는 조용하게, 머리는 똑바르게, 숨소리는 맑게, 서 있는 모습은 의젓하게, 얼굴빛은 장엄하게 가지는 태도이다. 다시 말하면, 발은 경솔하게 들

었다 놓았다 하지 않되, 어른이 부르면 이에 구애받지 않고 빨리 나아간
다. 손을 공손하게 가지는 태도는, 손을 게으르게 늘어뜨리지 않는다는
말이다. 할 일이 없을 경우에는 단정하게 팔짱을 끼고 제멋대로 움직이
지 말아야 한다. 눈을 바르게 하는 태도는 눈매를 안정시켜 똑바로 바라
보고, 흘겨보거나 곁눈질하지 말아야 한다는 말이다. 입은 말을 할 때나
음식을 먹을 때가 아니면 함부로 벌리거나 씰룩대지 말아야 한다. 소리
는 조용히 내되, 재채기나 기침 따위의 잡된 소리는 특별한 경우를 제외
하고는 참아야 한다. 머리는 똑바로 들고 몸을 꼿꼿이 하고, 쓸데없이
이리저리 돌리거나 한쪽으로 기우뚱거리며 기울이지 말아야 한다. 숨소
리는 콧숨으로 고르게 하고, 거센 소리가 나게 하지 말아야 한다. 서 있
는 모습은 중심을 잡아서 똑바로 서고 한쪽으로 기대서지 말아야 하며
엄연히 덕이 있는 기상을 가져야 한다. 얼굴빛은 태만한 기색이 없도록
해야 한다.

그리고 예(禮)가 아니면 보지 말고, 예가 아니면 듣지 말고, 예가 아니
면 말하지 말고, 예가 아니면 움직이지 말아야 한다. 이른바 예가 아니라
는 것은 조금이라도 세상의 질서에 어긋나는 빛과 음란한 음악 소리, 천
박하고 오만한 놀이, 계속되는 흥청망청하는 잔치 같은 것인데, 이는 절
대 하지 말아야 한다.

3) 독서(讀書); 글을 읽어라

배우는 사람은 착한 행실로 자신의 몸가짐을 단속한 후에 글을 읽고
해석하며 그것에 담긴 내용을 제대로 파악하여야 한다. 그래야만이 공부
가 진척되어 재미를 느끼게 될 것이다. 스승을 따라 수업하되, 넓게 배우
고, 자세하게 물으며, 조심스럽게 생각하고, 명확하게 분별해야 한다. 그
리하여 공부하는 내용에 푹 빠져 탐구하며 진정으로 체득해야 한다. 글

을 읽을 때는 언제나 차분하게 단정히 앉아서 글 읽기에 전념하고, 하나의 글을 온전하게 터득한 후에 다른 글을 읽어야 한다. 무조건 많은 글을 보려고만 하지 말고, 또한 글을 외워서 지식을 습득하려고만 해서도 안 된다.

글을 읽는 순서는, 먼저 『소학(小學)』으로 사람이 살아가는 데 필요한 기본자세와 법도를 알아 근본을 배양하고, 다음에는 『대학(大學)』과 『근사록(近思錄)』으로 공부의 체제를 정비하며, 그 다음으로 『논어(論語)』와 『맹자(孟子)』, 『중용(中庸)』과 오경(五經), 즉 『주역(周易)』, 『서경(書經)』, 『시경(詩經)』, 『예기(禮記)』, 『춘추(春秋)』를 읽는다. 그리고 틈틈이 사마천의 『사기(史記)』와 여러 훌륭한 학자들이 지은 성리(性理)에 관한 서적을 읽어, 뜻을 넓히고 자신의 식견을 확보한다.

훌륭한 사람이 지은 것이 아닌 서책은 가능한 읽지 말고, 성리학에 위배되는 무익한 글은 보지 말아야 한다. 글을 읽다가 여가시간을 활용하여 때때로 거문고를 연주하거나 활쏘기를 익히거나 화살 같은 것을 병에 던져 넣는 투호와 같은 유희를 즐기는 것도 좋다. 그러나 그런 유희는 즐겨야 할 때와 아닌 때 등 나름대로의 규제가 있으므로, 적당한 시기가 아니면 손대지 말아야 한다. 특히, 도박과 같은 잡된 일에 빠져 공부를 방해해서는 안 된다.

4) 신언(愼言); 말을 삼가라

배우는 사람이 착한 행실을 제대로 하려면 말을 삼가야 한다. 사람의 잘못이나 실수는 흔히 말에서 나오는 것이 많다. 말은 반드시 정성스럽고 미덥게 그 시기에 맞추어 해야 하고, 말에 대한 승낙은 신중히 해야 한다. 말소리는 조용하게 하고 농담이나 시끄러운 소리를 함부로 지껄여서는 곤란하다. 가능한 한 명문명구와 같은 유익한 말을 많이 하고 황당하고 천박한 말이나 비상식적인 괴이한 얘기 등은 입에서 내지 않는 것이 좋다. 동료들과 얘기할 때, 쓸데없는 농담 따먹기로 세월을 보내거나, 세상의 정치적 사안을 잘 알지도 못하면서 함부로 논란하거나, 남의 장점 혹은 단점을 절제없이 드러내어 말하는 것 등도 모두 공부에 방해되는 일이므로 모두 경계해야 한다.

5) 존심(存心); 마음을 보존하라

배우는 사람이 몸을 닦으려면, 반드시 내면의 마음을 바로잡아 외부 사물의 유혹을 받지 않게 해야만 한다. 그래야 마음이 차분하게 안정되어 사악한 것을 물리치고 실제로 올바른 덕을 얻을 수 있다. 그러므로 배우는 사람이 먼저 힘쓸 일은 조용하게 앉아 내면을 성찰하며 마음을 기르는 작업이다. 마음이 고요한 가운데 산란하지 않고 어둡지 않아야 큰 근본을 세울 수 있다. 하나의 생각을 펼칠 때는 반드시 마주한 사안이 착한지 악한지의 기미를 잘 살펴야 한다. 그것이 착한 것일 때는 왜 착한지 그 의리를 탐구하고, 그것이 악한 것일 때는 악이 더 이상 자라지 못하도록 싹을 끊어버려야 한다. 그런 다음에 마음을 보존하고 기르며 성찰하는 노력을 계속하면, 말과 행동이 법칙에 맞지 않는 것이 없다.

6) 사친(事親); 부모를 잘 모셔라

공부하는 사람의 모든 행위 가운데 효도와 공경이 근본이다. 세상에서 법도로 만들어 놓은 삼천 가지 죄목 가운데 불효가 가장 큰 죄이다. 부모를 모시는 자식은 평상시에는 공경을 다하여 부모의 뜻을 이어받고 따르는 자세로 예의를 다하며, 동시에 즐거운 마음으로 봉양을 다하여야 한다. 병환 시에는 근심스런 마음으로 모든 의약품을 써서 보살펴야 한

다. 초상이 났을 때는 슬픈 마음으로 상례의 도리를 다하고, 제사에는
엄숙한 마음으로 추모의 정성을 다하여야 한다. 겨울에는 따뜻하게 지낼
수 있게 하고, 여름에는 시원하게 지낼 수 있게 하며, 날이 저물면 잠자
리를 보살펴 드리고, 날이 밝으면 아침 문안을 하며, 외출할 때는 반드시
외출하는 이유와 장소를 알리고, 외출에서 돌아오면 반드시 다녀온 사실
을 알린다. 그래야 부모님이 걱정을 덜 하게 된다. 어떤 일에서건 옛날
훌륭한 사람들이 실천했던 교훈에 따르고, 부모가 잘못이 있으면 성의를
다하여 완곡하게 충고하여 말려서 점차로 도리를 깨닫도록 해야 한다.
자기의 행동을 돌이켜보아 모든 행위가 제대로 갖추어지고 완전한 덕으
로 일관하게 되어 부모를 욕되게 하지 않아야 비로소 부모를 모신다고
말할 수 있다.

7) 사사(事師); 스승을 잘 모셔라

배우는 사람이 진정으로 사람다운 사람의 길이 무엇인지 알고 실천하
려는 데 뜻을 둔다면, 스승을 최고로 예우하며 제대로 모셔야 한다. 옛날
부터 신하가 임금을 섬기듯이, 자식이 부모를 모시듯이, 스승도 그렇게
지극 정성을 다하여 모셔야 한다. 스승과 함께 있을 때에는 아침저녁으
로 찾아뵙고, 초하루·보름에 동료들과 함께 모일 때는 서로 인사하며 예
의를 갖추어서 뵙는다. 평소에는 존경을 다하여 모시고, 가르침을 깊이
믿고 늘 명심하여 잊지 말아야 한다. 스승의 말씀과 행동에 의심되는 점
이 있을 때는 조용히 찾아가서 여쭙고 그 잘잘못을 가려야 하는 것이지,
개인의 소견으로 스승을 비난하지 말아야 한다. 또한 합당한 의리나 법
칙을 생각하지 않고 무조건 스승의 말만 맹신해서도 안 된다. 스승을 봉
양할 때는, 개인의 능력에 따라 성의를 다하여 제자로서의 직분을 다해
야 한다.

8) 택우(擇友); 벗을 잘 선택하라

사람다움의 길을 이어받고 삶의 다양한 의혹을 해결하는 데는 스승의 도움이 필요하지만, 살아가면서 서로 사랑하고 포용하는 마음을 지니도록 격려하는 데는 벗의 도움이 필요하다. 그러므로 배우는 사람은 충실하고 신뢰가 있으며, 부모에게 효도하고 동료를 존중하며, 강직하고 바르며, 신중하게 최선을 다하는 사람을 선택하여 벗으로 삼아야 한다. 잘못이나 실수가 있으면 서로 경계하고 충고하며, 선행은 서로 권하고 부지런히 노력하여 벗으로서의 윤리를 다해야 한다. 뜻을 깊게 세우지 못하고 엄밀히 자신을 조절하지 못하며, 들뜬 마음으로 희희낙락하기를 좋아하고, 말만 앞세우고 제 힘자랑이나 하는 자는 모두 벗으로 삼지 말아야 한다.

9) 거가(居家); 집안에서 어떻게 행동할 것인가

공부하는 사람은 양심을 닦은 후에, 집안에서는 가정의 윤리를 다해야 한다. 형은 우애하고 아우는 공순하여 형제자매 사이는 한몸 같이 여겨야 한다. 남편과 아내 사이에도 서로 예의를 다하여 바른 도리로 자녀를 교육하되, 자식에 대한 지나친 애정으로 말미암아 자식의 총명 여부를 판단하는데 현혹당하지 말아야 한다. 집안의 하인들을 통솔하는 데는 엄하게 하되, 처지에 맞게 관용을 베풀고, 그들이 굶주리거나 추위에 떨지 않도록 잘 보살펴주어야 한다. 위아래가 질서가 잡히고 안과 바깥의 구별이 있어, 한 집안의 모든 일이 정상적으로 진행되도록 해야 한다

10) 접인(接人); 어떻게 사람을 만나야 하는가

공부하는 사람은 집안을 바로 잡은 후에, 바깥에서 사람을 만나고 대접할 때도 예의를 제대로 지켜야 한다. 나이 많은 사람은 공경하게 모시고, 나이가 10살 이상이면 형으로 섬기고, 두배 이상이면 더욱 공손하게 대우한다, 나이 어린 사람은 내리사랑으로 어루만져야 한다. 친척에게 화목하고 이웃을 사귀는 부분에서는, 늘 그들과 사이좋게 지내고, 좋은 일은 서로 권장하고 잘못은 서로 바로잡아 주며, 예의 있는 사회 분위기를 만들고, 걱정근심과 어려운 일은 서로 구제하여 항상 남을 배려하며, 모든 사물을 이롭게 하는 마음을 품고, 다른 사람에게 피해를 주고 사물을 해롭게 하려는 생각 따위는 털끝만큼도 마음에 두어서는 안 된다.

11) 응거(應擧); 어떻게 과거에 응시할 것인가

과거시험은 진정으로 공부하는 선비가 애써 구할 것은 아니다. 하지만 그것이 공직생활에 들어가는 기본적인 방법이기 때문에 무조건 무시할 일도 아니다. 진정한 학문에 온 마음을 다하는 선비는 과거시험을 숭상할리 없지만, 공직생활에 뜻을 두고 과거에 응시한다면, 과거시험 준비를 착실히 하여 합격해야지, 부질없이 허송세월만 보내서는 안 된다. 과거시험을 보게 되면, 얻고 잃는 것이 있게 마련인데, 지켜야할 것은 잃지 말아야 하며, 항상 자신을 완성하고 사람다움의 길을 실천하여 나라를 위해 몸 바칠 생각을 해야 한다. 특히, 공직생활에 들어서면서 구차하게 물질적으로 풍요하기를 찾아서는 안 된다.

진정으로 사람의 길이 무엇인지 그것을 탐구하는 데 뜻을 두어 게으르지 않고, 일상생활에서 실천하는 일이 상식과 도리에 따라서 하지 않는 것이 없다면, 과거 공부도 일상사의 한 가지이니, 실제 공부의 효과를 얻는 데 무슨 방해가 되겠는가?

요즘 사람들이 늘 뜻을 빼앗길까 염려하는 것은, 얻고 잃는 것에 집착하여 생각이 움직이기 때문이다. 또 요즘 공부하는 선비의 공통된 병폐는, 태만하고 해이하여 글 읽기에 힘쓰지 않는 것이다. 그러다보니 진정한 공부를 한다고 하면서 과거시험 준비를 경시하여 부질없이 세월만 보내고, 진정한 공부나 과거시험 준비, 그 어느 한 가지도 성취하지 못하는 이가 매우 많다. 이런 점을 심각하게 경계해야 한다.

12) 수의(守義); 정의를 지켜라

공부하는 사람은 무엇보다도 정의와 이익을 분명하게 구별하여야 한다. 정의는 무엇을 위해 하는 것이 아니다. 그러므로 조금이라도 무엇인가를 바라는 목적이 있다면, 그것은 그 목적을 위하는 도둑의 무리와 같다. 그러므로 어찌 경계하지 않으랴. 착한 일을 한다고 하면서 명예를 구하는 자가 있다면, 그는 명예를 위하는 마음을 지닌 자이다. 훌륭한 사람은 그런 자를 '물건을 훔치기 위해 담벼락에 구멍을 파는 도둑'보다 심한 녀석으로 여긴다. 더구나 착한 일을 하지도 않으면서 명예를 구하려는 녀석은 말할 것도 없다.

공부하는 사람은 털끝만한 이익을 위해 절대로 욕심을 내어서는 안 된다. 옛사람은 부모를 위하여 일을 하면서, 품팔이와 쌀을 지고 배달하는 일, 등 험한 일까지도 하지 않은 일이 없었다. 그럼에도 그 마음은 늘 깨끗하여 사사로운 이익에 물드는 일이 없었다. 그러나 요즘 공부하는 선비는 종일토록 훌륭한 글을 읽으면서도 개인적 이익을 버리지 못하는 경우가 있으니, 슬프지 않을 수 없다.

집안이 가난하여 생계를 유지하기 위해, 할 수 없이 먹고 살기 위한 여러 가지 계획을 하지 않을 수 없다. 그러나 이런 경우에도 개인적인 욕심에 빠져 이익을 구할 생각은 추호도 하지 말아야 한다. 어떤 물건을 주고받을 경우, 언제나 그것이 마땅한지의 여부를 살피고, 재물을 얻으면 의리에 맞는지의 여부를 생각하며, 털끝만큼도 그대로 지나쳐 버려서는 안 된다.

13) 상충(尙忠); 충실한 생활을 존중하라

충실한 생활과 절도 있는 삶은 서로 짝이 된다. 자신을 단속하는 절도는 없으면서 모가 나지 않은 둥글둥글한 삶을 사는 경우, 충실한 체하는 것도 옳지 않고, 근본적인 덕이 없이 남달리 과격하면서 그것이 자신의 기질인 체하는 것도 옳지 않다. 세상의 분위기가 얄팍하다보니 진실한 삶의 모습은 점점 쇠퇴한다. 추잡스럽게 아부하는 자가 있는가 하면, 거만스레 기개만 높은 자가 있어, 충실하게 생활하고 절도 있게 사는 진정한 학자를 찾아보기가 참으로 어렵다.

『시경』에서 "온순하고 공손한 사람이 오직 덕의 기틀이다." 또 "부드럽다고 깔보지 말고, 군세다고 겁내지 말라"라고 노래한 것처럼, 반드시 온순하고 공손하며 부드럽고 순연하여 근본이 깊고 두터워야 정의를 세워 절도 있는 삶으로 나갈 수 있다.

천박하고 아첨하는 자는 말할 나위도 없지만, 명색이 공부를 한다는 학자나 선비가 자기가 재주 있고 현명하다고만 믿고, 다른 사람을 경멸하고 모욕하는 자가 있다면, 그가 사회에 미치는 해독은 이루 말할 수 없다.

조그마한 것을 얻는 것으로 만족하고, 걸핏하면 성내는 자가 어찌 진정으로 자신에게 충실하고 삶에 절도가 있겠는가! 요즘 공부한다고 하는 사람들의 병폐가 이와 같은데, 이는 모두 사회의 질서를 제대로 인식하지 못하고 예의를 실천하지 못하여, 쓸데없는 교만으로 가득차 있기 때문이다. 그러므로 사회에 필요한 질서와 예의를 강구하여 밝히고, 윗사람을 높이고 어른을 공경하는 도리를 다하여야 한다. 이렇게 하면 삶에 충실하고 절도 있는 생활을 할 수 있게 될 것이다.

14) 독경(篤敬); 깨달음에 최선을 다하라

공부하는 사람이 훌륭한 인성과 학자로서의 자세를 갖추려면, 오직 내면으로 자신의 존재를 깨닫고 행동을 삼가는 데 최선을 다하여야 한다. 자신을 깨닫고 행동을 삼가는 데 최선을 다하지 못하면, 어떤 언사를 내뱉더라도 그것은 빈말일 뿐이다. 말과 행동에 안팎으로 한결같아서 조금도 끊어지거나 일그러지는 일이 없어야 한다.

말에는 가르침이 있고, 행동에는 법도가 있다. 낮에는 직장에 나가 하는 일이 있고, 밤에는 휴식을 취하면서 얻는 것이 있다. 눈 깜짝할 사이나 숨 한 번 쉬는 사이에도 마음을 보존하고 몸을 기르는 것이 있다.

어떤 상황이건 꾸준히 충실하게 일을 진행하되, 그 효과를 미리 생각하거나 구하지만 말고, 날마다 부지런하여 최선을 다하여 일을 계속하는 것, 이것이 바로 실제적인 공부이다. 이런 실제적인 공부에 힘쓰지 않고, 해박한 지식을 습득하여 자신을 꾸미는 도구로 삼기만 하는 자는 공부하는 사람의 적이니, 어찌 두려워하지 않을 수 있겠는가.

15) 거학(居學); 학교에서 어떻게 공부할 것인가?

배우는 사람이 성균관이나 향교와 같은 공식 교육기관인 학교에 재학 중일 때는 모든 행동은 반드시 학칙에 따라야 한다. 글을 읽기도 하고, 글을 짓기도 하며, 점심 식사 후에는 잠시 노닐면서 휴식을 취하고 정신을 맑게 하여, 다시 돌아와 공부를 한다. 저녁 식사 후에도 또한 그렇게 해야 한다. 동료들과 여럿이 함께 있을 때는 반드시 서로 토론하면서 식견을 늘이고, 자신의 행동거지를 돌아보면서 조심스럽게 행동한다. 스승이 학교에 있으면 예를 갖추고 질문하면서, 마음을 터놓고 가르침을 받으며, 그 은혜를 늘 잊지 말아야 한다, 쓸데없이 무익한 글을 물어서 마음과 힘을 그릇되게 써서는 안 된다.

16) 독법(讀法); 학교에서 공부하는 방법은 어떠한가

매월 1일과 15일에는 여러 학생들이 학교에 함께 모여, 훌륭한 학자들을 모신 사당에서 공자를 비롯한 위대한 학자들을 배알한다. 사당의 배알 예식이 끝나면 교실에 조용히 앉아, 스승이 있으면 북쪽에 앉고, 여러 학생들은 스승을 바라보고 앉는다.

학생자치회의 회장인 장의(掌議)는 소리 높여 공부의 기본 지침인 『백록동교조(白鹿洞敎條)』 또는 『학교모범』을 한 번씩 읽는다. 장의가 없을 때는 사무를 맡아보던 유사(有司) 또는 글을 잘하는 학생이 그것을 대리한다. 그리고 나서 학생들 상호 간에 토론을 통해 논의하면서 공부의 내실을 다지고 서로 열심히 공부하도록 격려한다. 스승이 있으면 스승에게 진지하게 질문을 한다.

학생회 차원에서 학교 당국에 건의할 일이 있으면 바로 정돈하여 건의하되, 학생이 개별적으로 건의할 일이 있으면, 스승에게 먼저 해야 한다. 사고로 수업에 참석하지 못하는 학생이 있으면, 반드시 서면으로 모든 학생에게 알려야 한다. 병이 있거나 시골에 갔거나 기일(忌日) 이외에, 다른 사고를 핑계되며 수업에 참석하지 않는 학생에 대해서는, 두 번까지 경고하되 1개월간 정학시키고, 그래도 학교에 오지 않으면 스승에게 알리고 학생회에서 그 사안을 논의하여 처벌해야 한다. 복학을 허락할 때는 학생회 전체가 모인 자리에서 대면하여 해당 학생을 비판하며 꾸짖는다.

□ 결어

위의 16조목에 대해, 스승과 제자, 벗들 사이에 힘써 지키도록 서로 격려하고 단속하여 마음에 새기도록 한다. 학생 중에 마음을 잘 간직하고 몸을 잘 단속하여, 『학교모범』을 준수하고 학문 성취가 뛰어나 칭찬할만한 자가 있으면, 학생회의에서 승낙을 얻어 선적(善籍)에 기입한다. 그 중에서도 또한 남달리 뛰어난 학생이 있으면 그 내용을 스승에게 알려 표창할 수 있도록 한다.

학칙을 준수하지 않고, 다음과 같은 행실에 빠진 학생은, 그 정도에 따라 정학이나 퇴학을 시키고, 악적(惡籍)에 기입한다.

> 지향하는 바가 분명하지 않아 놀면서 허송세월을 보냄/ 몸가짐을 삼가지 않고 방심하며 행동 또한 장중하지 않음/언어가 진실하지 않음/부모에게 정성을 다하지 않고 형제자매 사이에 우애가 없음/집안의 법도가 난잡하여 질서가 없음/스승을 존경하지 않고 나이 많고 덕이 있는 이를 업신여겨 예법(禮法)을 경멸함/아내를 소박하고 음탕한 창기에 빠짐/쓸데없이 귀한 사람 뵙기를 좋아하여 염치를 돌보지 않음/쓸데없이 아무나 사귀기를 좋아하여 천박한 사람들에게도 몸을 굽힘/술 마시기를 좋아하여 방탕을 낙으로 삼음/소송하기를 좋아하여 하지 못할 일을 그만두지 않음/재물 얻는 데 몰입하여 남의 원망을 무시함/어질고 재능 있는 사람을 시기하고 선량한 사람을 비방함/일가와 화목하지 않고 이웃과 사이 좋게 지내지 않음/제사에 엄숙하지 못하고 신명에 태만함/ 예의 바른 사회 풍속을 이루려하지 않고 어려운 재난을 구제하지 않음/지방에서 지역사회 지도층을 함부로 비방함

정학이나 퇴학을 당하였지만, 마음을 바로 잡고 잘못을 고쳐서 뚜렷하게 착한 행동을 한 흔적을 보이면, 복학을 허가한다. 하지만 모든 학생

이 모인 학생회에서 대면하여 비판하며 꾸짖는다. 이때 악적에 올렸던 이름은 지운다.

끝내 자신의 잘못을 뉘우치지 않고 나쁜 버릇이 더욱 커져, 자기를 꾸짖는 동료를 오히려 원망하는 자가 있으면, 스승에게 알려 그 명적(名籍)을 삭제하고, 서울과 지방의 모든 학교에 통보하여, 아예 어떤 학교에도 들어가지 못하게 한다. 그렇다하더라도 자기의 잘못에 대해 스스로 원망하고 꾸짖어 뚜렷하게 착한 행동을 한 흔적을 보이면, 3년이 지난 뒤에 착한 행동이 더욱 제대로 나타나기 시작하면 입학을 허용한다.

학생의 잘못을 기록으로 남겨 놓을 경우에는, 잘못의 근거나 기준을 명확하게 세워, 그에 따라 기록하고, 근거나 기준을 세우기 전의 잘못에 대해 소급하여 논의하거나 기록해서는 안 된다. 가능한 한 학생이 스스로 자신의 잘못을 고칠 수 있는 길은 열어 주는 것을 원칙으로 한다. 그럼에도 불구하고, 자신의 잘못을 고치려 하지 않고 게으름만 피우거나 남을 핑계대거나 비방하는 등, 개선의 여지가 없을 경우에, 학생회에서 논의하여 처벌해야 한다.

교육을 하는 방법은 훌륭한 스승을 잘 선택하여 교육을 맡기는 것이 최고의 방법이다. 요즘은 훈도(訓導)를 임명할 때, 그 인물이 어떠한지 제대로 가리지 않고, 오직 천거에 따르므로 스승의 자리가 가난한 선비의 입에 풀칠하는 방법이 되었다. 이에 훈도의 이름이 천해져 서로 비웃고 나무라는 지경에 이르렀다. 스승으로서 적합하지 않은 사람이 스승이 되었을 때, 공부하는 학자의 이미지가 날로 쇠퇴해지는 것은 당연한 일이다. 괴이할 것이 없다. 이런 상황에서 제도를 바꾸어 스승을 선택하더라도 사람들이 믿지 않고, 또 스승으로서 부임하기를 좋아하지 않을 것이다. 좋은 법과 훌륭한 뜻이 있다한들 장식에 불과하고, 학교에 적을 둔 학생들도 학문에 뜻이 없고 일을 피하려고만 할 것인데, 이렇게 되면 스승을 얻어도 배울 사람이 없을 것이다. 때문에 제도를 완전히 개혁하

거나 새로운 각오를 다지지 않으면 좋은 스승 좋은 학생이 서로 만나기
가 쉽지 않을 것이다.

이에 훌륭한 스승을 선택하고 훌륭한 인재를 양성하는 규정을 아래의
『학교사목』에서 보다 구체적으로 기록해 둔다.

□ 학교사목

① 학문과 덕행이 있어 사람들에게 존경을 받고, 사표(師表)가 될 만
   한 사람은 매년 서울에서는 한성부(漢城府)와 오부(五部)에서, 지
   방에서는 감사와 수령들이 적극적으로 추천한다. 먼저 그 사람의
   이력과 공적을 조사하여 기록하고 명단을 적어 이조(吏曹)에 내려
   보내고 성균관(成均館) 당상관(堂上官)이 관학(館學)의 유생들을
   모아 공천하게 한다. 스승으로서 합당한 사람은 명단을 뽑아 이조
   에 보고한다. 매년 말, 서울과 지방에서는 그 명단을 뽑아 올린다.
   이조에서는 다시 자세하게 검토하여 자리가 공석이 되는 대로 그
   를 스승으로 임명하되, 현재 살고 있는 곳과 가까운 지역의 학교
   에 발령해 준다. 스승으로서 근무성적을 보고, 공적이 남달리 뛰어
   나고 인재양성과 학교의 분위기를 교육적으로 변화시킨 사람은
   승진을 시켜 더 나은 공직생활의 길을 열어 주고, 그 다음으로 직
   무에 충실하여 공적을 인정받은 사람도 공직생활의 길을 열어 준
   다. 그 다음 가는 사람은 임기가 차면 다른 지역으로 옮겨서 근무
   성적이 보다 좋아지면 공직생활의 길을 열어준다.
② 전직 관료 중에 조정의 관직을 한 자는 파직이건 아직 벼슬을 못
   하였든 간에, 그 중에서 사표가 될 만한 사람에게 교관(敎官)을 주
   되, 6품 이상이면 교수(敎授)에 임명하고, 7품 이하면 훈도에 임명
   하며, 성공한 자로서 임기가 차면 복직하게 한다.

③ 서울과 지방에서 명단에 뽑힌 사표가 될 만한 사람으로서, 생원·
진사이거나 저명한 자는 재능과 자격의 유무에 불구하고, 바로 교
관에 임명하고, 그렇지 못한 사람은 반드시 그 재능과 자격을 고
사하여 요행을 바라는 폐단을 없애도록 한다.

④ 서울과 지방에서 학문과 덕행으로 추천되어 공직생활을 하게 된
사람과 생원·진사로서 벼슬할 만한 사람은 먼저 교관으로 시험적
으로 채용한다. 그리고 교관으로서 잘하는지의 여부를 보고 임기
가 차지 않더라도 등용할 수 있는 길을 열어둔다. 즉 교관과 정부
의 공직생활을 하나의 길로 섞이게 하고, 재능 있는 선비들이 훈
도가 되는 것을 영예스럽게 뽑히는 것으로 여기게 하여, 이전의
비천한 이름을 씻도록 한다.

⑤ 학교의 스승으로 제대로 선택한 후에는 예의에 맞도록 대우하여,
스승이 그 직위에서 편안하게 지내도록 한다. 지방의 감사와 수령
이 학문과 덕행을 우대하여 늘 추천하지만, 스승으로 부임하지 않
는 사람에 대하여서는 스승으로 취임하도록 적극 권한다. 최고지
도자인 왕의 명령서를 지닌 공직자인 봉명사신을 맞이할 때에는
최고의 법인 『대전』에 의하여 대문 밖에서 기다리고, 그 말 머리
에 서지 않는다. 그리고 가르친 학생의 학문이 능숙한가, 몸가짐을
삼가는지를 고시하여 상벌한다. 그리고 훈도에게는 시강(試講)하
게 하지 말고 교수하는 방법만을 토론한다. 스승의 급료를 정하되,
목사(牧使)가 있는 고을 이상은 쌀과 콩 각 2섬·벼 4섬을 월급하
고, 도호부(都護府)에서는 쌀 2섬·콩 1섬·벼 3섬을 월급하고, 군
(郡)에서는 쌀 1섬 5말·콩 1섬·벼 2섬을 월급하고, 현(縣)에서는
쌀과 콩과 벼 각 1섬을 월급하되, 모두 모곡(耗穀)으로 지급한다.
군 이상으로서 특별히 아주 쇠잔한 지역사회의 경우, 감사가 형편
을 고려하여 줄여서 지급한다.

⑥ 생원·진사 이외에, 서울 안에서 배우기를 뜻하는 학생들은 모두 하재(下齋) 또는 사재(四齋)에 들어가게 한다. 지방에서는 사족(士族)이건 몰락한 집안이건을 막론하고 모든 학생들은 향교에 들어가도록 한다. 처음 들어갈 때에는 학문에 뜻을 가진 학생 10명을 천거한다. 시강을 하여 입학을 허가하고, 『학교모범』으로 행위를 단속하되, 학교의 규칙이나 규정에 얽매이는 것을 싫어하여 학교에 명적(名籍)을 두지 않는 자는 과거를 보지 못하도록 한다.

⑦ 서울과 지방의 학교에 들어간 학생 가운데, 잘못이 있거나 필요하지 않은 학생을 가려내어 한꺼번에 쫓아버리기 어려우면, 『학교모범』에 따라 규율하여, 학칙을 따르지 않는 학생은 쫓아낸다.

사학(四學)은 200명을 정원으로 하고, 시강을 하여 그 수를 보충한다. 다섯 번으로 나누어 번마다 20여 명씩 학교에 있게 하고, 10여일 기한으로 돌린다. 정원 내의 학생에게는 하루에 두 끼 식사를 제공하고, 정원에 들지 않은 학생은 또 다섯 번으로 나누어 번마다 20여 명씩 학교에 있게 하고, 10여일 기한으로 돌린다. 정원 내의 학생에게는 하루에 두 끼 식사를 제공하고, 정원에 들지 않은 자는 또 다섯 번으로 나누어 와서 배우게 하되, 식량은 스스로 준비하게 하고 공공식량을 먹이지 않는다.

지방의 모든 고을에서도 또한 시강하여 그 정원을 채우되, 목사 고을 이상은 90여명으로, 도호부 이상은 70여명으로, 군은 50여명으로, 현은 30여명으로 한다. 글에 능한 학생이 부족할 때에는 원래의 정원이 차지 않더라도 글에 능한 학생만을 정원으로 한다. 정원 내는 공공식량으로 먹이고, 역시 다섯 번으로 나눈다. 정원에 들지 않은 학생을 다섯 번으로 나누는 것은 같고, 공공식량을 먹이지 않는다. 지방의 공공식량은 감사와 원이 반드시 경영하여 이자의 밑천을 마련하여, 언제나 부족하여 끊이지 않게 한다. 정원 내의 학생에 결원이 있을 때는 정원 외의 사람을 시강하여 보충한다.

번이 되어도 취학하지 않는 학생은, 그 정도에 따라 네 단계의 벌칙을 준다.

첫 번째 단계에서는 직접 대면하여 꾸짖어 준다.

두 번째 단계에서는 학생으로서의 자격을 정지시키는 손도(損徒)에 처한다.

세 번째 단계에서는 스승에게 알려서 취학하지 못하게 하는 출제(黜齋)에 처한다.

학생이 자신의 잘못을 고쳐 착한 마음을 먹게 되면, 다시 입학을 허가한다. 손도와 출재 당한 학생이 다시 학교에 나올 때는 반드시 학생들이 모두 모인 학생회 자리에서 그들을 비판하며 꾸짖는다.

네 번째 단계에서는 학적을 삭제한다. 학적이 삭제된 자는 군역(軍役)으로 돌린다. 이런 학생의 경우, 자신의 잘못을 고쳐 착한 마음을 먹게 되더라도 반드시 처음처럼 시험에 합격한 뒤에 다시 입학한다.

질병이나 사고가 있어 취학하지 못하는 학생은, 스승에게 그 이유를 자세하게 제출하여 처벌을 면하게 하지만, 사고를 핑계로 대는 학생의 하소연은 들어 주지 않는다.

⑧ 학생은 예의에 맞게 대우하고, 지역의 관청에서 관청의 일로 학생을 부리지 말고, 학문에 전념할 수 있도록 해야 한다. 교관의 종마(從馬)와 같이 여러 지원은 자의적 판단에 따라 실시해서는 안 되며, 모두 관청에서 규정에 의거해야 한다. 감사의 초도 순시와 봉명사신을 맞을 때 이외에 사신이 올 경우, 공자의 사당에 참배하는 알성(謁聖) 때는 교문 밖에서 맞이하고, 알성이 아니라면 맞이하지 않는다. 감사라 할지라도 두 번째 순시라면 궁문(宮門)에서

맞이한다.

⑨ 1년 걸러 팔도의 모든 지역에 사신을 임명하여 보내, 학생들의 학업을 시험하고 몸가짐의 상황을 고사한다. 그것으로 교관의 능력을 등급으로 매겨 아뢰고, 감사는 순회를 할 때마다 고시하여 상벌을 밝히며, 수령은 본『학교사목』을 제대로 이행되는지의 여부를 확인하여, 이행하지 않으면 그 경중에 따라 처벌을 논한다.

⑩ 크고 작은 과거시험을 볼 때마다 태학(太學)에서는 과거 기일 전에 성균관 당상관이 관원과 당장(堂長)·장의·유사를 명륜당(明倫堂)에 모아, 상·하재(上·下齋)의 명부와 선·악적을 모두 가져다가 평일의 견문을 참작하여 행동에 오점이 없는 학생을 선택하여, 과거시험을 보게 한다.

사학(四學)에서는 학관(學官)들이 각각 당해 학에 모여서 당장·유사와 의논하여 뽑기를 위의 예와 같이 한다.

지방에서는 원이 교관과 향교의 당장·장의·유사와 함께 위의 예와 같이 의논하여 뽑아 공론을 취해 감사에게 보고하여 성균관에 통첩하게 한다. 학문에 뜻이 있는 학생 중에 군적에 편입된 학생으로서 과거 보기를 원하는 자가 있으면, 서울에서는 성균관의 관원이, 지방에서는 수령이 그 진위를 잘 살펴서, 그 실정을 확인한 뒤에, 과거 보기를 허가한다.

제7장
국민교육론과 그 특징

율곡은 일찍부터 교육에 커다란 관심을 가지고 있었는데, 해주에 살면서 본격적으로 교육활동을 하게 된다. 교육을 위한 율곡의 활동은 저술과 사회교육, 그리고 학교활동으로 나누어볼 수 있다.

교육과 관련된 이 시기의 대표적 저술로 『격몽요결』과 『학교모범』이 있는데, 전자는 42세, 후자는 47세에 저술한 것이다. 배움을 구하러 오는 사람들이 많아지자, 율곡은 『격몽요결』을 지은 직후, 은병정사라는 학교를 세워 본격적으로 학문을 강론하며 인재들을 육성하는 데 주력하였다. 그리고 사회교육으로는 「해주향약」, 「사창계약속」, 「해주일향약속」을 만들어 주민들을 교화시키려고 하였다.

이 밖에 일종의 정치교육을 위한 노력도 하였다. 45세 때에 마침 황해도 감사로 부임해온 친구 이해수와 함께 송나라의 서산 진덕수가 저술한 『정경』에서 수령이 행해야 할 내용을 뽑아내어, 이를 강론하고 시험한 일이 있었다. 또 이듬해 6월에 대사헌으로 다시 출사해서는 『정경』에 따라 「계서」를 만들되, 고금의 일을 두루 참작하여 쉽게 행할 수 있도록 하여 전국의 8도에 나누어 깨우침을 주었다. 그리하여 수령 가운데 뜻이 있는 사람은 벽에 붙여놓고 보면서 고을을 다스리는 데 참고하였다. 정치교육에 관한 내용들은 율곡의 상소문 등에 그 요지가 드러나 있기에 여기에서는 언급하지 않는다.

1. 『격몽요결』과 『학교모범』 교육론의 의의

『격몽요결』과 『학교모범』은 저술된 시기나 동기가 각각 다르다. 『격몽요결』은 42세 때 해주에 살면서 학문에 처음 들어서는 사람들이 방향을 알지 못하는 것을 안타깝게 여겨 쓴 것으로, 제목의 뜻도 '몽매함을 쳐서 물리친다'는 의미를 담고 있다. 이때는 배움을 구하러 오는 사람들도 많아 그들의 길잡이가 될 책을 마련할 필요가 있었다. 한편, 『학교모범』은 다시 조정에 나아가 이조 판서를 지내던 47세 때 왕명을 받고 지은 것이다. 엄밀하게 말하면 『학교모범』은 해주가 아닌 서울에서 저술한 것이다.

이 두 책은 내용상 사실 큰 차이가 없다. 『격몽요결』은 본론의 내용을 총 10장으로 나누어 서술하고 있으며, 『학교모범』은 본론의 내용 16개조 외에 스승을 선택하는 것과 선비를 양성하는 규정을 두고 있다. 그러나 본론의 내용에서는 중복되는 것이 상당히 많다. 앞에서 살펴본 봐와 같이, 『격몽요결』은 「입지」, 「혁구습」, 「지신」, 「독서」, 「사친」, 「상제」, 「제례」, 「거가」, 「접인」, 「처세」으로 구성되어 있고, 『학교모범』은 「입지」, 「검신」, 「독서」, 「신언」, 「존심」, 「사친」, 「사사」, 「택우」, 「거가」, 「접인」, 「응거」, 「수의」, 「상충」, 「독경」, 「거학」, 「독법」로 구성되어 있다.

이 강목들 가운데 명칭까지 동일한 것은 「입지」, 「독서」, 「사친」, 「거가」, 「접인」의 5조목이다. 『격몽요결』의 「지신」과 『학교모범』의 「검신」은 몸을 위주로 하고 있다는 점에서 유사한 내용이다. 깊이 성찰해보면, 『격몽요결』과 『학교모범』은 다른 내용이라기보다는 『격몽요결』의 내용을 국가적 차원에서 저술한 『학교모범』에서 보다 구체적으로 세분화하여 언급하고 있다. 예컨대, 『학교모범』의 「검신」에는 『격몽요결』에서 주장하는 「혁구습」과 「지신」의 내용이 들어 있고, 「신언」에도 「지신」의 내용이 있으며, 「택우」에는 「접인」의 내용이, 그리고 「응거」에는 「처세」의 내용이 들어 있다. 또 『격몽요결』에 나오는 「제례」나 「상제」도 강목 외의 설명이나 「사친」에 관한 언급에서 유사한 의미가 들어 있다.

앞에서도 누누이 강조하였지만, 율곡의 유학적 화두는 한 마디로 말하면 '입지(立志)'이다.[1] 금강산에서 하산한 후에 지은 「자경문」, 『성학집요』, 『격몽요결』과 『학교모범』에서도 '뜻을 세우라!'는 입지를 맨 앞에 내세우고 있다. 다시 『격몽요결』을 보면, "처음 배우는 사람은 마땅히 먼저 뜻을 세워 반드시 성인이 되기를 기약할 것이요, 털끝만큼이라도 자기 자신을 작게 여겨 물러나려는 생각을 해서는 안 된다!"라고 했고, 『학교모범』에서도 "배우는 자는 반드시 먼저 뜻을 세워 도로써 임무를 삼아야 한다!"라고 하여 입지에 목숨을 걸고 있는 듯하다.

『격몽요결』과 『학교모범』에 드러난 주요한 교육의 지향과 원리, 방침과 내용, 방법 등을 다시 비교하면서 정돈해 보면 아래와 같다.

먼저 교육의 지향점 차원에서 이해하면, 도덕적 차원을 깊이 고려하고 있다. 『격몽요결』에서 "온전한 인간인 성인이 되는 데 자기교육의 뜻을 두고 자아실현을 해 나가는 사람은, 지나치게 의식주에 신경을 써서는 안 된다. 의복은 추위를 막는 정도, 음식은 굶주림을 면할 정도, 그리고 거처는 병이 나지 않을 정도면 된다. 그러나 오직 공부하는 문제, 마음을 바로 쓰는 문제, 행동거지를 바르게 하는 일 등은, 매일 힘쓰고 힘써서 스스로 만족해서는 안 된다."라는 주장이나, "내면적 자기 깨달음인 경(敬)을 실천하며 근본을 세우고, 세상 사물의 이치를 탐구하면서 선을 밝히며, 실천에 힘써서 실제를 이행해 나가야 한다. 이 세 가지는 공부하는 사람이 죽을 때까지 해야 할 일이다." 등의 소신은 율곡이 단순한 지식이나 객관적 지식을 확보하려는 인지적 차원의 교육보다는 도덕

---

1) 이종호, 『율곡-인간과 사상』, 서울: 지식산업사, 1994, 240-246쪽, 참조.

과 윤리, 일상의 삶을 충분히 고려하는 교육, 실천을 중시하는 교육을 강조한 것으로 보인다. 『학교모범』에서 "단지 박식한 것으로 분변(分辨)을 일삼고 설명을 통해 말로만 자기를 나타내려는 사람은 공부하는 사람이 가장 경계해야할 적이다."라고 강조한 것으로 보아, 율곡은 실천을 하지 않은 채, 지식만을 자랑하는 자를 철저히 배격하였다.

다음으로 교육에서 중요한 글을 읽는 문제, 즉 독서(讀書)의 자세와 태도를 주목할 필요가 있다. 『격몽요결』과 『학교모범』에서 율곡은 "책을 읽는 데는 반드시 한 책을 숙독하여 뜻을 모두 알아 통달하여 의심이 없게 된 다음에, 다른 책으로 바꾸어 읽을 것"을 강조하고, "많은 글을 읽는데 힘써서 이것저것 바쁘게 읽어서는 안 된다"라고 지적하며, 알맹이 없는 다독을 경계한다. 독서의 순서에서도 주자의 견해를 바탕으로 하되, 『소학』을 먼저 읽도록 권한다. 왜냐하면 『소학』을 배워 인간으로서 살아가는 데 필요한 근본을 배양하는 작업이 중요함을 직시했기 때문이다. 그리고 스스로 『소학집주』를 편찬하기도 하였다. 그 다음에는 『대학』과 『근사록』을 읽고, 『논어』, 『맹자』, 『중용』, 그리고 오경(五經)을, 또 그 다음에 『사기』와 성리서를 때때로 읽어 뜻을 넓히고 식견을 정밀하게 할 것을 당부하고 있다.

특히, 유교의 최고학자인 공자나 맹자, 주자 등 성현이 짓지 않은 글이나, 불교나 노장 사상 등 유학에서 볼 때 무익한 글은 보지 말라고 했다. 독서하고 남은 여가에는 거문고 타기, 활쏘기 등의 취미를 때에 따라 하되, 결코 장기·바둑 등 잡된 놀이에 눈을 돌려서는 안 된다고 하였다. 거문고 타기는 정서 함양에 필요한 예악(禮樂) 교육에 해당하고 활쏘기는 군사 체육이나 정신 수련에 필요한 사어(射御) 교육에 해당한다. 이외에 신선 놀음하며 허송세월을 보내기 쉬운, 장기나 바둑, 도박 같은 것은 철저히 경계하라고 강조한다. 이런 장치는 독서와 취미의 균형을 꾀하는, 유교의 교육적 지향을 구체적으로 일러 준다.

집안에서 생활하는 거가(居家)는 가정교육의 차원에서 볼 필요가 있다. 형제자매는 화목하여 서로의 구별 없이 동고동락해야 하고, 부부 사이에는 서로 존중하고 공경해야 하는 것이 기본이다. 그런데 당시 집안에서 풍조가 그렇지 않음을 신랄하게 비판한다.『격몽요결』에서는 그런 상황을 "지금의 배우는 자들은 겉으로는 긍지가 있는 것 같으나, 실제로는 독실함이 적다. 부부 사이에 이부자리 속에서 정욕을 방종하게 하는 경우가 많아 위의를 잃는다. 부부 사이에 서로 가까이 하지 않고, 서로 존중하거나 공경하는 사람도 매우 적다. 이와 같이 하고서 몸을 닦고 집안을 바르게 하려고 하면, 가정교육이 어려울 것은 분명하다."라고 진단하며 경계하였다.

세상에 대처하는「처세(處世)」에서는 과거공부와 공직생활에 관한 자세와 태도에 대해 직시할 것을 강조한다. 즉, 과거공부를 한다고 하면서 공명을 제대로 이루지도 못하고, 유교 본연의 학문도 제대로 하지 않는 세태를 비판한다. 그리고 공직생활에 나아가는 자세를 구체적으로 지적한다. 특히,『격몽요결』에서는 "공직자로서 직위가 높은 사람은 국민들이 잘살 수 있고 도덕 윤리가 제대로 실현되는 도를 실행하기에 주력해야 한다. 그런데 이런 도를 제대로 행할 수 없으면 공직생활에서 물러나야 한다. 집이 가난하여 공직생활을 통해 가족을 부양해야 할 처지에 놓여 있다면, 편안한 사무직이나 내근직을 사양하고, 외근직에 나아가 자신의 능력을 발휘해야 한다. 즉 높은 직위를 사양하고 낮은 지위에 있으면서 굶주림과 추위를 면할 수 있을 정도면 된다. 가족부양을 위해 공직생활을 한다고 하더라도, 공직생활을 하는 동안에는 반드시 청렴과 부지런함으로 공무를 받들어 직무에 힘을 다해야 한다. 안정된 공직생활이라고 하여, 공무에 힘쓰지 않고 놀면서 먹기만 해서는 절대 안 된다."라고 하여, 학문하는 자세와 과거시험을 통해 공직에 나아갔더라도 공직자로서 어떻게 생활해야 하는지, 그 윤리의식을 부각시키고 있다.

이외에도 교육의 방법에서는 스승의 선택이 중요함을 강조하였다. 『학교모범』에서 그것을 구체적으로 거론하는데, "교육의 방법은 스승을 선택하는 것이 가장 중요하다. 문제는 요즘 교사를 임명할 때, 스승으로서 자질이 있는지 그 사람됨을 보아 임명하지 않고, 청탁을 좇아서 하다 보니, 스승 자리가 가난한 서생의 굶주림을 벗어나게 하는 것으로 전락하였다. 때문에 스승이라는 이름이 천시되어 서로가 헐뜯는 데 이르렀다." 라고 하여, 당시 스승의 임명 방식을 비판하며, 올바른 스승의 모습을 확립하도록 권고하였다.

율곡은 교직에 합당한 인재, 훌륭한 교사를 임명하기 위한 여러 방책을 제시하고 있다. 무엇보다 중요한 것은 교사의 자리를 사람들이 영예롭게 생각할 수 있도록 여러 가지 제도적 방책을 강구한 것이다. 교사 선발을 엄격하게 하고, 교사의 자리에 나아간 뒤에는 그에 합당한 예로 대우하여 존중하고, 교사로서 실적이 있는 사람은 국가에서 공식적으로 관리하여, 더 높은 공직생활에 나갈 수 있는 길을 터주어야 한다고 강조하였다. 또 공직생활을 한 사람도 사표(師表)가 될 만한 사람은 교사에 임명하여, 그 또한 교사의 역할을 어떻게 하느냐에 따라, 다시 공직생활을 이어가도록 하는 등, 정부 부처와 교육계 사이에 인사이동도 가능할 수 있게 하였다.

율곡이 교사의 사회적 지위를 높이고 덕망 있는 사람을 뽑으려고 한 이유는 당시 교사들의 자질이 너무나 볼품이 없었던 데 기인한다. 이런 사실은 역사기록에서도 드러난다. 『선조수정실록』에 보면, 『학교모범』이 만들어지기 2년 전, 당시 교사들은 너무나 인물답지 못하고 폐해만 끼치는 경우가 많았다. 성천 지역에서는 교사가 공자를 모신 문묘의 위판을 훔쳐 토굴 속에 숨겨버렸다. 정부에서는 이 사건에 너무나 놀라, 경관에게 명령하여 현지에 가서 조사를 하고 위판을 다시 봉안하였다.[2]

---

2) 『宣祖修正實錄』卷1, 13年 3月 1日條.

하지만 교사의 행동은 너무나 피폐하고 그에 따라 교육도 형편없는 지경
에 이르렀음을 잘 알려준 사건이었다.

2. 『격몽요결』과 『학교모범』의 구조 비교

『격몽요결』과 『학교모범』은 그 구조와 성격의 차원에서 실제적으로
동일하다. 수신(修身)과 관련된 항목을 먼저 다룬 뒤, 제가(齊家)의 문제,
향당(鄕黨)에서의 행동과 대인관계, 입신행도(立身行道)를 위한 과거 준
비 등의 내용을 담고 있다.3) 하지만 『격몽요결』이 학문의 행동 지침을
세밀하고 상세하게 제시하고 있다면, 『학교모범』은 그 대강을 밝히고
있다. 그것은 『격몽요결』이 『학교모범』에 비해 두 배 정도나 많은 분량
으로 저술되었다는 점에서도 확인할 수 있다. 『격몽요결』은 교육의 목
적과 세부 내용, 교육의 방향이 일용지도(日用之道)에 있음을 미시적 관
점에서 언급하였고, 『학교모범』은 교육의 근원과 필요성, 시대상황 등을
거시적 관점에서 제시하였다.

앞에서 설명한 것처럼, 서론 부분의 언급은 두 저술이 상당히 다른
내용을 지시하고 있다. 그것은 율곡 자신이 처한 상황과 저술의 구체적
동기가 다르기 때문이라고 판단된다. 『격몽요결』을 중심으로 이해할 때,
입지(立志)의 경우에는 『학교모범』과 동일한 형식으로 드러났다. 혁구습
(革舊習)과 지신(持身)은 검신(檢身)에서 통일되어 제시되었고, 독서(讀
書) 부분도 두 저서 모두 동일하게 드러났다. 다만 독서의 내용에서 『격
몽요결』에서는 『소학』 다음 단계에 『대학』과 『대학혹문』을 두었는데

---

3) 정호훈, 앞의 논문, 13쪽; 진윤수, 「栗谷의 『擊蒙要訣』과 『學校模範』에 나타난 體
育思想」, 한국체육학회, 『체육사학회지』 15-2, 2010, 54쪽.

비해, 『학교모범』에서는 『대학』과 『근사록』을 두어 약간의 차이가 있다. 그러나 내용상으로는 동일하다고 보아도 무방하다.

『격몽요결』에서 아주 구체적이고 자세하게 다루고 있는 『사친(事親)』 『상제(喪制)』 『제례(祭禮)』는 『학교모범』에서는 『사친』 하나에 통합되어 간략하게 제시되었다. 이는 『격몽요결』이 보여주는 개인적 차원의 교육적 성격과 『학교모범』이라는 공식적 차원의 교육적 성격이 다르다는 점을 보여주는 주요한 사례이다. 거가(居家)의 경우에는 두 저서에서 동일하게 나타나며, 『격몽요결』에서 접인(接人)은 『학교모범』에서 사사(事師), 택우(擇友), 접인(接人)으로 세분되었다. 그리고 처세(處世)는 응거(應擧)와 짝을 이루고 있다. 이를 정돈하면 <표 7-1>과 같다.

〈표 7-1〉『격몽요결』과 『학교모범』의 구조 및 성격 비교

항목의 구조와 교육의 단계		특징	
『격몽요결』	『학교모범』		
서문 저술동기	저술동기		
1. 입지(立志)	1. 입지(立志)	수신(修身) 수기(修己)	교육의 시작
2. 혁구습(革舊習)	2. 검신(檢身)		
3. 지신(持身)			
4. 독서(讀書)	3. 독서(讀書)		
	4. 신언(愼言)		
	5. 존심(存心)		
본문 5. 사친(事親)	6. 사친(事親)	치인(治人)	교육의 과정
6. 상제(喪制)			
7. 제례(祭禮)			
8. 거가(居家)	9. 거가(居家)		
9. 접인(接人)	7. 사사(事師)		
	8. 택우(擇友)		
	10. 접인(接人)		
10. 처세(處世)	11. 응거(應擧)		교육의 궁극처

		12. 수의(守義)	학문방법론	교육방법의 원리
		13. 상충(尙忠)		
		14. 독경(篤敬)		
		15. 거학(居學)	학교운영론	교육공간의 지속
		16. 독법(讀法)		
말문	말문 없음	16조의 권면 스승 선택 관료양성 규정 제시		

그런데 『격몽요결』에서 구체적 조목으로 다루지 않은 부분이 『학교모범』에 등장한다. 그것은 학문 방법과 학교 운영에 관한 논의이다. <표 7-1>에서 보는 것처럼, 학문 방법에 관한 내용은 앞부분에 배치된 신언(愼言)과 존심(存心), 그리고 뒷부분에 배치된 수의(守義), 상충(尙忠), 독경(篤敬)이다. 학교 운영에 관한 내용은 거학(居學)과 독법(讀法)이다. 학교 운영의 경우, 『격몽요결』에서는 전혀 드러나지 않는다. 왜냐하면 『격몽요결』은 초학자의 교육 내용이나 과정을 논의하는 것이어서 국가적 차원의 학교 설치와 연관이 적기 때문이다. 학문 방법에 관한 진술도 『격몽요결』의 지신(持身)장을 비롯한 여러 장에 골고루 녹아 있기는 하다. 하지만 여기서 눈여겨 볼 문제는 『학교모범』에서는 그것을 구체적 조항으로 분류하여 제시함으로써 한층 더 강조하고 있다는 점이다.

신언(愼言)과 존심(存心)의 경우, 성리학에서의 거경(居敬) 함양(涵養)을 위한 핵심 수양 방법이다. 따라서 수기(修己) 공부의 차원에서 유교의 기본을 부각하고 강조하기 위한 장치로 해석할 수 있다. 뒷부분에서 강조된 수의(守義)와 상충(尙忠), 그리고 독경(篤敬)의 경우, 수기치인(修己治人)의 차원에서 유교의 핵심 공부법을 노심초사 재차 강조한 것으로 볼 수 있다. 그것은 수기라는 개인교육과 치인이라는 공동체교육을 동시에 아우르며 확산적 교육을 강화하는 양식이다.

두 저술의 성격을 전체적으로 정돈하면, 『격몽요결』은 개인교육 차원

의 수기치인에 대해 자세하게 제시하였고,『학교모범』은 공동체교육 차
원의 수기치인에 대해 대략적으로 정돈하며 그 영역을 확장하고 있다.
이는 개인적 차원에서 사회적 차원으로 확대되는, 교육의 전체성을 고려
한, 조선시대 공교육의 모색으로 이해할 수 있다.

3. 조선의 국민교육 정책-원리와 방법[4)]

① 동서고금을 막론하고, 인간의 삶에서 가장 중요한 것은 시대에 맞
지 않는 낡은 제도를 개혁하여 국민들을 편안하게 살게 하는 일이다. 경
제적 복지 문제가 해결된 다음에 우선적으로 해야 할 일은 무엇인가? 국
민교육이다. 국민을 편안하게 잘 살게 해 준 뒤에야 국민교육을 제대로
할 수 있다. 먹고 사는 문제가 해결되지 않은 상황에서 교육 자체만을
앞세운다면, 효과적인 교육을 펼치기 어렵다. 이때 교육은 국가에서 설
치한 공교육 기관, 즉 학교를 정비하여 학생들을 교육하는 것이 가장 중
요하다.

② 정부에서는 다양한 교육정책을 강구하며, 학교교육을 개선하려고
노력하고 있다. 그럼에도 불구하고 교육의 효과가 뚜렷하게 드러나지 않
는 까닭은 무엇일까?

상식적으로 생각해 보라. 소리를 그치게 하고서 소리 나기를 갈구하
고, 형세를 감추고서 그림자를 찾는 것은 어리석은 짓이다. 왜냐하면 아
무런 근거 없이 허황된 짓을 하는 것과 같기 때문이다. 오늘날 공교육
정책, 즉 학교 정책은 어떻게 할 수 없는 지경에 빠져있다. 거기에다 시

---

4) 이 절은 율곡의 『동호문답』 중에서 「백성을 교화하는 방법」을 현대적으로 재해석
   하여 독해하였다. ①~⑫까지의 번호는 이해의 편의상 필자가 붙인 것이다.

대정신에 맞는 대책을 강구하지도 않는다. 이런 상황에서 무슨 효과를 보겠는가? 열심히 일을 하는 것 같은 데, 실효가 없다.

요즘 사람들이 교육전문가를 별 볼일 없는 사람들로 보거나 크게 중요하지 않은 역할을 한다고 생각하고, 전문성이 없는 사람들에게 교육과 관련된 일을 맡기고 있다. 교육을 담당하고 있는 자들이 권력을 이용하여 교육기관 간섭이나 하고 학생들을 위한 교육이 아니라 그들의 교육권을 침해해 가면서, 자기 배만 불리고 있는 상황이니 무슨 교육이 되겠는가? 교육의 교자도 모르는 존재들에게 교육 정책을 맡겨 놓은 상태에서 훌륭한 인재 양성을 희망한다는 것은 나무에서 고기를 구하는 것과 다를 바 없다.

중요한 것은 우리 교육의 현실을 정확하게 간파하는 작업이다. 교육 관련 기관의 현황을 직시하고, 중앙의 교육부를 비롯하여 각 지방의 각급 교육청에서는 제대로 된 교육 관련 전문가를 등용하여 교육을 실천할 필요가 있다.

조선시대 상황에서 율곡은 다음과 같은 견해를 피력한다. 일단 팔도의 감사를 시켜 각 고을에 통첩하고, 3년마다 한 번씩 그 고장 사람 중에서 경서(經書)와 사서(史書)에 능통하여 유학 교육의 방향을 조금이라도 아는 선비 중에서 스승이 될 만한 사람을 선발하여, 그 이름을 적어 감사에게 보고하게 한다. 감사는 여러 고을에서 선발한 사람을 종합하여 중앙의 이조로 이첩한다. 그러면 이조에서는 다시 그 명부를 살펴보고, 공론을 널리 들어 본 다음, 다시 정하게 선발한다. 교육 전문가인 훈도는 반드시 그 지역사회의 인사를 임명하고, 그 지역사회의 인사가 없으면 인접한 지역사회의 인사를 임명하며, 인접한 지역사회 인사도 없으면 해당 도의 사람을 임명하되, 일정한 기한을 두지 말고 교육이 제대로 실천되느냐의 여부를 핵심에 두어야 한다. 정부의 명을 받은 관리가 지역사회에 파견되어 왔을 때에는 예를 갖추어 그를 대우한다. 단 조건이 있다.

지방의 핵심 교육기관인 향교에 들어가지 않으면 마중하지 않게 하고, 유생이 시강(試講)할 때 이외에는 어떠한 공회에 와서 참여하지 말게 하며, 훈도에게는 몸가짐을 무겁게 하고 학자를 면려하며 그런 다음에 감사가 직접 가서 성적을 고사하되, 유생만을 시험하고 훈도는 시험하지 말아야 한다.

유생의 성적을 매기는 경우, 유학을 숭상하는 이유를 알고, 용모와 품행이 단정하며, 독서를 통해 세상의 이치를 탐구하는 것이 공부하는 사람의 핵심 가치라는 것을 깨우친 경우는 최상에 속하고, 독서를 게을리 하지 않게 하고 품행에 흠이 없게 하며, 공부하는 사람들이 지니고 있는 일반적인 습속을 벗어나지는 못하였더라도 연구하려는 뜻을 빼앗기지는 않은 유생이라면 그 다음 성적을 부여한다. 성적이 가장 좋은 사람은 정부에 알려 상을 주되, 6품 이상의 높은 벼슬을 주어 교육받은 사람에게 동기를 부여하고, 그 다음의 성적을 받은 사람은 감사가 깊이 권장하여 보다 충실하게 교육에 임할 수 있도록 배려한다. 공부를 게을리 하여 성적이 형편없는 자는 최하위로 분류하고, 계속하여 공부를 제대로 하지 않고 다른 데 욕심을 두거나 공부하는 사람들을 비방하는 자들은 법에 따라 죄를 다스려야 한다. 이와 같이 하면, 교육의 최고 전문가인 훈도의 직위가 매우 중요하게 여겨져서, 함부로 취직하지 않을 것이고 선비로서 또한 교육의 역할과 기능의 중요성을 깨달아 기꺼이 취직할 사람이 있을 것이다.

③ 국가의 최고교육기관인 대학의 역할과 기능이 문제이다. 고등교육기관은 사회의 지도층 인사를 양성하여 배출하는 곳이기 때문에 사회적 모범이 될 선행을 닦는 교육의 마당이다. 그런데 대학생들의 교양과 전문지식, 행동과 태도, 가치관이 날이 갈수록 투박하여 일반 사람들과 같아지고, 고등 학문이 무엇인지 알지 못하고 영리만 구하고 있는 실정이다. 어떻게 해야 고등교육기관을 활성화 할 수 있을까?

대학이 이런 현상을 보이는 것은 결코 대학생들의 잘못이 아니다. 정부나 고등교육기관, 대학 자체가, 시대정신을 직시하며 교육을 어떻게 이끌어가야 할지, 그 방향과 방법을 제대로 적용하지 못했기 때문이다.

현재 다양한 분야에서 인재를 선발하고 있는데, 그 방법이 개인의 지식 성취나 교과목 성적만을 중시하고, 윤리 도덕이나 공동체 의식 등을 중요하게 여기지 않는 경우가 많다. 때문에 아무리 훌륭한 학문적 성취가 있고, 세속을 초월하는 개인적 행실을 갖추었을지라도, 공인된 과거 시험을 통하지 않고는, 그 길을 시험할 방법이 없게 되었다. 다시 말하면, 교과목, 어학 성적을 비롯하여 사회적으로 공인된 각종 자격증 시험, 공무원 시험, 기업체 입사 시험 이외에 정규직으로 들어갈 방법이 없다.

조선시대 대학의 경우, 기숙사 생활을 기초로 하였고, 출석을 확인하기 위해 식당에 명부를 두고 각자가 점을 찍었다. 그것을 원점이라고 한다. 이런 방식으로 공부할 선비가 모이도록 하였기 때문에 선비의 일용행사가 모두 이익을 구하는 방법에 해당한다. 정부나 고등교육기관에서 이끄는 것이 이와 같으니, 대학생인 선비의 풍습이 어떻게 바로 잡힐 수 있겠는가?

이런 방법은 반드시 개혁해야 한다. 그래야 최고교육기관이 똑바로 서게 되고 고등교육이 바로 잡히게 될 것이다. 율곡은 조선시대 고등교육 정책을 이렇게 제시한다. 조선 전국 팔도와 서울의 오부학당(五部學堂)에 해마다 한번, 과거시험 소과(小科)에 합격한 생원(生員)이나 진사(進士), 유학(幼學) 가운데 어느 정도 학문에 뜻을 두고 행실이 건전한 사람을 선발한다. 다만, 그 선발 기준을 너무 높게 설정하기보다는 유학이 중요한 학문이라는 것을 아는 사람이라면 모두 참여하게 한다. 참여자의 이름을 모두 명부에 기록하여 중앙 정부의 이조와 예조에 이첩하고, 이조와 예조는 한 곳에 모여 그 명부를 검토한 후, 다시 상의하여 상사생(上舍生) 200명을 뽑아 태학(太學)에 거처하게 한다. 5회로 나누어 매번 40명씩 선발하되 시골에 있는 사람이라도 기일에 꼭 도착하도록 한다. 또한 유학(幼學) 200명을 뽑아 사학(四學)에 나누어 거처하게 한다. 매 학당마다 50명씩 배정하되, 이것 역시 5회로 나누어 매번 10명을 선발하여 선사(選士)라 명명한다.

유신(儒臣) 중에서 학문이 이루어지고 행실이 높은 사람을 따로 뽑아 태학과 사학의 관원으로 임용하여 여러 학생을 교육한다. 교육은 정학(正學)인 유학을 중심으로 하되, 반드시 인륜을 근본으로 삼고 사물의 이치를 밝히며, 선을 택하여 몸을 닦아 덕을 이루는데 그 목적을 둔다. 그 가운데 정치의 이론과 실천에 통달하고 국민의 복지 향상에 기여할 수 있을 정도의 능력을 갖춘 사람이 있으면, 정부에 추천하여 승진하게 하여 국가의 중요한 임무를 맡게 한다. 그 정도까지는 아니더라도 행실에 흠이 없으면서 40세가 넘은 사람은 다양한 차원에서 교육전문가로서의 관리로 임용하되, 만일 교육자로서 품위를 제대로 지키지 않고 처신이 단정하지 않으면 직위를 박탈한다. 중앙 정부인 이조나 예조에서는 교육전문가의 자리가 공석이 되면, 다시 행실에 흠이 없는 사람을 가려서 결원이 생기는 대로 보충한다. 정부나 교육기관에서 교육전문가들에게 지급하는 물건은 소중하게 하여 정부를 비롯한 각급 교육기관에서는 교육전문가를 지위와 역할에 맞게 대우한다.

지방의 유학(幼學)으로 선발된 사람은 그 인원에 따라 향교나 서원에 거처하게 하고, 적당히 반을 나누어 교육기관에서 보조할 물건을 지급하여 교육전문가인 훈도에게 교육을 받게 한다. 지방의 학생 중에서 학문과 행실이 탁월한 사람이 있으면 주현에서 감사에게 보고 한다. 감사는 그 이름을 기록하여 이조나 예조에 이첩하고 태학의 하재에 거처하게 하여 대우를 생원과 다름없이 하고, 그 실제의 인품과 학덕을 보아 정부에 알려 관리가 될 수 있도록 해야 한다. 이렇게 하면 고등교육을 받는 선비들, 현대적으로 볼 때 대학생들은 모두 그 사회의 윤리 도덕을 존중할 줄 알고, 쓸데없이 지식교육이나 교과 성적에만 매달리지 않고, 지도적 인격을 쌓아 사회 지도층으로 나아가게 될 것이다.

④ 대학생으로서 행실이 건전하지 못한 존재도 대학생답게 대접을 해야 하는가? 대학생으로 객관적으로 인정받을 수 있도록 등록은 해 주되, 대학생의 지위와 역할에 맞는 대학생다운 대학생처럼 대하지는 말아야 한다. 예를 들면, 아무 이유 없이 장학금을 주지 말고, 공식적인 행사에는 강제로 참여하여 대학생으로서의 임무를 다할 수 있게 한다. 조선시대의 경우라면, 매년 봄과 가을에 유교의 성현들에게 제사를 지내는 의식인 석전(釋奠) 때나 최고지도자인 임금이 대학인 성균관을 순회하며 시학(視學)할 때, 소장(疏章)을 올릴 때는 모두 참여하게 한다.

⑤ 각 지방의 대학생들, 즉 향교의 유생 가운데 기초 학문이 부족한 자가 많다고 한다. 예를 들면, 유교 경전을 읽으려면 어느 정도 한자를 습득해야 하는 데, 그것을 모르는 자가 많다. 이를 어떻게 처리해야 하는가?

군이나 읍의 유생은 모두 정원이 있다. 정원 이내의 유생은 함부로 내 보낼 수 없으니, 한자를 모르고 공부할 의지가 없는 자에 대해서는 오직 나이가 적은 사람으로 보충하고, 나이도 많고 재주도 없는 자는 내 보내야 할 것이다. 정원 이외의 유생으로서 교육하기에 적당하지 않은 자는 모두 군대에 보내 부족한 군사를 보충하는 것이 옳다.

⑥ 지방에서 공부를 했다고 하는 사람들은 어디에 취직시키는 것이 적절한가? 교양이 있고 어느 정도 기초지식을 갖춘 사람들은 모두 지방 대학인 향교에 보내야 한다. 그에 미달하여 교양할 수 없는 없는 자들은 모두 군대로 보내 부족한 군사로 충원하는 것이 옳다.

⑦ 세상에 명성을 구하거나 사회적 양식에 얽매이지 않는 저명한 학자가 있는데, 특별히 소속된 기관 없이 야인으로 은둔한 사람이 있다. 어려운 상황에 살고 있으면서도 자기 할 일을 하며 곧게 학문의 길을

즐긴다. 그러면서도 그 학덕과 인품이 세상에 알려진 사람은 사회에서
어떻게 대우해야 하는가?

이런 사람은 참다운 지식인, 학자, 지성인이다. 조선시대 유교사회에
서는 처사(處士)라고 한다. 그런 사람은 불러다가 그의 인생 행적이 사실
인지 아닌지의 여부를 확인할 필요가 있다. 그 명성이 거짓이 아니면,
당연히 그의 명성에 맞는 자리를 주어서 대우하여, 최고지도자를 보좌하
는 책임을 맡겨야 할 것이다.

⑧ 최고교육기관인 대학에 다니는 학생들은 원점을 통해 출석을 인정
받고 과거시험에 응시하는 것이 관례이다. 그런데 그와 동급인 생원과
진사가 원점을 취하지 않고 과거에 응시하기도 하고, 그보다 낮은 급에
있는 유학(幼學)이 과거에 응시하기도 하는데 이런 것은 제도상의 모순
이 아닌가?

모순이다. 때문에 제도상의 개혁이나 합당한 규정, 절차가 요청된다.

⑨ 행실이 건전하고 지식 교양이 잘 갖추어진 대학생인 선사(善士)와
일반적이고 평범한 보통 유생(儒生)이 과거에 응시하는 규정은 달라야
한다. 그래야 이치에 합당하고 고등교육에 종사하는 사람들에게 설득력
이 있다.

조선시대 과거시험을 기준으로 볼 때, 3년마다 정기적으로 시험을 보
는 식년시(式年試)와 비정기적이지만 중요하게 시행되는 대거별시(大擧
別試)를 제외한 모든 정시(庭試)에는 선사만이 참여하고 유생은 참여하
지 못하게 해야 한다. 식년시에는 생원·진사로서 선사가 된 자는 최고교
육기관인 중앙의 성균관에서 보던 관시(館試)에 나아가고, 그 나머지의
생원·진사는 지방의 각도에서 보던 향시(鄕試)와 서울에서 중앙 차원이
아니라 향시처럼 지방 차원에서 실시하던 한성시(漢城試)에 나아가게 한
다. 이렇게 하면 고등교육에서도 수준 차이가 있으므로, 여러 유생이 선
사의 존재가 중요하다는 것을 깨닫고, 그들의 교육과정에 동기부여도 될

것이다.

⑩ 수준 차이에 대한 견해는 상당히 이치에 합당하다. 이런 점에서 교육에서의 평등(平等)과 균등(均等)의 의미를 충분히 고려할 필요가 있다고 판단한다. 동서고금을 막론하고 인재를 선발하는 방법에 이런 차원의 제도가 마련되어 있을 것이다. 문제는 세상이 지나치게 획일적 평등만을 강요하고, 국민들의 요청과 요구가 개인의 권리주장으로만 치달을 때, 인재 선발에서의 공정한 도리가 지켜지지 않은 경우도 발생한다는 것이다.

사회가 지나치게 개인주의로 흐르면, 공동체의 풍속이 흐려질 수 있다. 법과 질서, 규정과 규칙을 세우는 일은 본래 인재를 기다려서 실천하는 것이 원칙이다. 그러나 인재가 없다고 그것을 세우지 않을 수도 없다. 제도가 마련되고 점차적으로 적용되면서 사회풍속도 바뀌게 된다. 고등교육을 받은 교양 있는 사람들이 염치를 알게 되면, 사정에 따라 발생하던 폐단도 저절로 고쳐질 것이다. 사정에 따라 발생하는 폐단을 지나치게 염려하여 제도 개혁을 꾀하지 않고 있는 그대로 지속한다면 개인적 욕망의 그물을 벗어날 사람이 없을 것이다. 이럴 경우, 아무리 훌륭한 교육을 펼치고 제도 개혁을 한다고 한들, 밝은 사회를 꿀꿀 수 있겠는가?

⑪ 동서고금을 막론하고, 정치를 잘하는 사람에 대해, 처음에는 훼방이 없을 수 없는 법이다. 중국 고대의 정나라에 자산이라는 사람이 정승이 되었는데, 1년 만에 그의 정치스타일과 정책 시행에 대해 비방이 일어났다. 그러자 일반 국민들이 그가 죽기를 바랐다. 하지만 3년 만에 정치를 잘하게 되자 일반 국민들은 오히려 그가 죽을까 걱정하였다. 공자가 노나라에서 대신이 되었을 때, 정치를 시작하던 초기에는 공자를 욕하는 노래가 유행하였다. 그러나 부정부패를 개혁하며 사회를 안정시키고, 정치의 법도를 굳게 지켜 변함없이 힘써 행하자, 국민들의 정서를 저해하지도 않고 그들의 노하게 하지도 않으며, 민심이 안정되었다. 제

도를 개혁하고 법규를 시행할 때는, 부정부패와 잘못을 고치는 것만 받아들이면서도 기존의 악습을 용서하면, 정도를 걷는 사람은 길을 제대로 갈 수 있고, 부정부패를 일삼던 사람들도 그들의 잘못을 고쳐 모두 정도를 걷고 싶어 할 것이다. 그러므로 정치와 교육에서 처음에는 원망하고 헐뜯는 일이 발생하더라도 끝내는 건전한 사회를 유도할 수 있다.

⑫ 최고의 정치, 최고의 교육은 어디에서 찾을 수 있을까?

최고의 정치와 교육. 그것은 참으로 어려운 일일 수 있다. 중요한 것은 시대정신에 맞지 않는 오류를 시정하는 작업이다. 시대의 폐단을 구제하는 대책을 통해 그것을 하나씩 고쳐나가면 최고의 정치와 교육에 한 걸음 다가갈 수 있다고 본다. 국민들을 편안하게 잘 살게 하고 국민교육에 접근하기가 쉽다. 그렇다고 유아교육에서 노인교육, 죽음교육에 이르기까지, 모든 국민교육을 하루에 다 시행할 수는 없다. 사회의 분위기, 다양한 차원의 조건이 갖추어지면서 사회의 풍속이 아름답게 변해야 한다, 특히, 경제 문제가 선차적으로 해결되고, 교육을 통한 인재양성과 인재들의 적절한 배치를 통해 모든 사람이 자신의 지위와 본분을 찾아갈 때, 최고의 정치, 최고의 도덕 실현에 가까울 수 있을 것이다.

현재, 다양한 계급계층간의 빈부격차나 점점 심화되고, 국민들은 국민의 의무와 책임을 생각하기보다 자신의 권리만을 주장하며, 각종 제도가 국민생활의 편리를 대변하거나 시대추세를 따라가지 못하고, 종교 간의 갈등이 발생하는 등, 최고의 정치와 최고의 교육을 통해 사회가 통합되고 안정화의 길로 갈 여건이 쉽게 마련되지 못하고 있다. 최고의 정치와 최고의 교육에 대한 충분한 고민이 필요한 시점이다.

4. 국민교육의 실천 사례 - 은병정사

은병정사는 1578년 율곡의 나이 43세 때, 황해도 해주의 석담 5곡에 세운 사립학교이다. 율곡은 실제 학교를 설치하여 운영하면서 자신의 교육이론과 그의 소신에 따라 교육을 실천하려고 하였다. 사학이기는 하지만, 율곡은 『격몽요결』과 『학교모범』에서 제시한 방침과 규정을, 공공의식을 가지고 실천하였다. 엄밀하게 말하면, 은병정사의 문도교육에 관한 이상과 실제가 전면적으로 반영된 교재는 은병정사 설립 바로 전 해인 1577년에 편찬한 『격몽요결』이다.[5]

은병정사라는 명칭은 사실 주자와 관련이 있다.[6] 율곡은 이 정자를 세운 뒤, 「고산구곡가」를 짓는데, 그 속에도 보면 "원하는 것은 주자를 배우는 것일세"라고 하여 주자에 대한 존숭을 표하였다. 황해도 해주 석담에 자리하였던 수양산은 중국 산서성에 있는 산 이름을 따온 것이고, 은병정사도 주자가 그의 무이정사를 세운 무이산의 산봉우리 이름에서 딴 것이다. 무이산 계곡은 구곡을 이루고 있는데, 그 중 제5곡이 가장 깊으며, 일명 대은병이라고 하였다. 그 밑에 주자가 무이정사를 세워 문도들을 가르쳤는데, 율곡이 세운 은병정사는 바로 무이산의 제5곡인 대은병에서 이름을 따온 것이다. 율곡은 무이산의 제5곡에 위치한 무이정사를 본떠서 석담의 제5곡에 은병정사를 세웠다. 또 주자가 무이정사에서 읊은 「무이도가」 10수에 맞추어 「고산구곡가」 10수를 지었다.

은병정사를 세우자, 배우러 오는 사람이 많아 앉을 자리가 없을 정도였다고 한다. 은병정사는 「은병정사학규」에 따라 학생선발과 교육과정 운영이 이루어졌다.[7] 학규를 보면, 입학하는 데 신분의 차별이 없다. 사

---

5) 박균섭, 「은병정사 연구: 학문과 학풍」, 율곡학회, 『율곡사상연구』19, 2009, 163-196쪽, 참조.

6) 이종호, 『율곡-인간과 사상』, 서울: 지식산업사, 1994, 250-254쪽, 참조.

족이나 서류를 막론하고 누구나 배움에 뜻이 있는 사람은 들어올 수 있게 하되, 먼저 입학한 학생 모두가 찬성할 정도로 행실이 합당한가를 보아 최종적으로 결정하였다.

또한 은병정사에서는 자치 기구를 결성하여 학생들이 자율적으로 학교를 운영해가는 것을 원칙적으로 하였다. 아침 기상은 5경(오전 3시-5시)에 하였으며, 일어난 뒤에는 침구를 정돈하고, 나이 적은 사람이 뜰을 쓸도록 하였다. 독서는 매일 해야 하는 일인데, "독서를 할 때는 반드시 팔짱을 끼고 단정히 꿇어앉아 전심으로 몰입하여 뜻을 성찰하고 탐구하는데 힘쓸 것이며, 서로 돌아보면서 말을 하면 안 된다"라고 하였다. 모든 학용품은 제자리에 정돈해두고 음식은 나이에 따라 앉아서 먹되 "가려먹지 말며 항상 배불리 먹으려는 마음을 가지지 말라"라고 하였다.

『격몽요결』과 『학교모범』에서 언급한 것처럼, 거처에 편안한 자리를 찾지 말고, 장유유서(長幼有序)의 질서를 지키며, 걸음걸이는 점잖게 하고 말은 무게 있고 믿음직스럽게 하며, 그리고 성현의 글이나 성리(性理)에 관련된 책이 아니면 읽지 말도록 하였으며, 과거공부를 하려는 사람은 다른 곳에서 별도로 공부할 수 있도록 하였다.

의관을 반듯하게 하도록 하였으며, 식사 후에 산책을 하더라도 반드시 학문하는 자세와 태도를 지니도록 하고, 장난이나 잡담은 하지 말도

---

7) 『栗谷全書』卷15「隱屛精舍學規」: 入齋之規, 勿論士族庶類, 但有志於學問者, 皆可許入, 齋中先入者, 僉議以爲可入, 然後乃許入. 若前日悖戾之人願入, 則使之先自改過修飭. …… 推齋中年長有識者一人爲堂長. …… 凡讀書時, 必端拱危坐, 專心致志, 務窮義趣, 毋得相顧談話. …… 凡几案書冊筆硯之具, 皆整置其所, 毋或亂置不整. …… 食後, 或游泳于潭上, 亦皆觀物窮理, 相咨講義理, 毋得遊戱雜談. …… 朋友務相和敬, 相規以失, 相責以善, 毋得挾貴挾賢挾富挾父兄挾多聞見, 以驕于儕輩, 且不得譏侮儕輩. 以相戱謔. …… 作字必楷正, 毋得亂書. 且不得書于壁上及窓戶. 常以九容持身, 毋得跛倚失儀, 喧笑失言, 終始不懈. 昏後, 明燈讀書, 夜久乃寢. 自晨起至夜寢, 一日之間, 必有所事, 心不暫怠. 或讀書, 或靜坐存心, 或講論義理, 或請業請益, 無非學問之事, 有違於此, 卽非學者. …… 直月, 掌記善惡之籍. 審察諸生居齋處家所爲之事. …….

록 하였다. 학생들 상호 간에는 화목하고 서로 공경해야 하며, 자신의 박식이나 집안의 권력이나 귀함을 가지고 교만하여 타인을 놀리고 능멸하는 일은 허용하지 않았다. 글씨는 또박또박 쓰며 휘갈겨 쓰거나 아무 곳에나 낙서를 해서도 안 되었다.

날이 어두운 뒤에는 등불을 밝혀 독서를 하고, 밤이 깊은 뒤에야 자야 했고, 새벽에 일어나서 밤에 잠자리에 들 때까지, 하루 동안 반드시 하는 일에 있어서, 마음에 잠시도 게으름이 없어야 했다. 특히, 독서를 하거나 조용히 앉아 마음을 보존하며, 의리를 강론하거나 수업한 것을 물어보아 더 가르쳐줄 것을 청하는 등, 학문과 관련된 일에 매진하도록 하였다. 학문과 어긋난 짓을 하는 학생은 배우는 자가 아니라는 의식이 팽배하였다.

학생자치회에서 자치적으로 교육과정을 운영했기 때문에, 반드시 학생 가운데 임원이 있어야 했고, 그 임원은 장부를 가지고 학생들의 언행을 기록하여 평가하도록 하였다. 이에 따라 상을 주거나 축출하는 조치를 취하도록 하였다.

이러한 학규는 율곡이 「자경문」과 『격몽요결』 『학교모범』 등을 통해 밝힌 소신을 그대로 응용하여 실천하려는 노력이었다. 엄밀하게 살펴보면, 은병정사의 학칙은 「자경문」을 비롯한 다양한 교육 관련 이론서에서 일관되게 주장되고 있고, 대부분 일치한다.

이 밖에도 「은병정사약속」이 있는데, 중복되는 내용이 대부분이다.[8] 특히, 강조하는 것은 『격몽요결』에서 명시했던 학문의 길이 일상생활에 있다는 점을 다시 반복하는 모습이다. 그것은 유교가 삶의 철학이고 율곡도 그것에 충실하려는 의지를 보인 것으로 평가할 수 있다. 이러한 그

---

8) 『栗谷全書』 卷15 「隱屏精舍約束」: 入齋諸生, 宜一心爲學, 不論在齋在家, 皆當勉勉. …… 座中相與講論, 道非高遠. 人自不行, 語其事則在於日用. …… 夙興夜寐, 衣冠必整, 坐立必端, 瞻視必尊, 心意必正, 自晨起至夜寢. 一日之間, 必有所事. …… 每月朔, 齊會精舍, 相講所得. …… 凡諸生有過失, 堂長掌議有司, 僉議于齋中, 隨其輕重.…….

의 견해는 다시 벼슬을 하던 시기에 서울에서 은병정사의 문도들에게 보
낸 글에서도 되풀이 된다. 서울에서 보낸, 정사의 학도에게 보이는 글인
「시정사학도」에서 구체적으로 드러나는데,9) 인간 삶의 길에 관한 것뿐
만 아니라 학문에 관한 내용도 있어, 교육자이자 교육사상가로서의 율곡
의 면모를 엿볼 수 있다.

---

9) 『栗谷全書』卷15「示精舍學徒」: 道不可離, 學者日有功夫, 心常在道, 則積久必有
  顯效. …… 故讀書講論者, 欲明義理, 而此心不定, 則義理難見. 故以主靜爲本, 無
  事時靜坐澄心者. 尊德性之事也. 有事時講明是非者, 道問學之事也. 此二者, 是終身
  事功, 闕一則不可.…….

제8장

가정교육론의 위상과 특징

유교 전통의 관점에서 보면, 인간은 가(家), 즉 집안, 가문을 통하여 혈연공동체를 세대로 확장시키고 개체적 유한성을 극복하는 데 의미를 둔다. 아울러 집안의 생활을 통해 사회적 규범과 질서 형성의 모태를 이룬다. 일반적으로 가정교육을 통해 부모, 형제자매와의 일상생활을 공유하며 말과 글을 배우고, 원만한 대인관계나 사회관계를 맺는 데 필요한 예의범절, 관습, 습관 등을 몸에 익힌다. 또한 인간으로서 무엇이 옳고 그른가를 판가름하는 가치판단의 기준도 알게 된다. 나아가 자식과 부모의 관계를 통해 사회의 가치와 규범을 익히고 내면화 하며 사회화 과정을 거치도록 교육 받는다. 율곡은 『격몽요결』과 『성학집요』 등 교육론 전반에 걸쳐 집안 내 교육의 중요성을 수시로 강조하였다.

1. 율곡의 교육론에서 가정교육의 위상

유교에서 가(家)교육은 제가(齊家)의 양식으로 구체적으로 드러난다. 이는 부모-자식으로만 구성된 현대적 의미의 핵가족 체제에서의 가정교육과 대비하기 어려운 측면이 있다. '제가(齊家)'에서 말하는 가(家; 家門 혹은 집안)은 형제자매, 자식, 생질, 숙부모, 일꾼 등을 포함한 대가족, 혹은 여러 분가(分家)를 포함한 대친족(大親族)을 가리킨다. 현대의 핵가족 가정과는 비교가 되지 않을 정도로 일이 많고 복잡하다. 한 집안의 올바른 다스림은 세 집안이 합쳐진 정도의 보다 큰 규모인 국가를 다스릴 수 있는 바탕이 될 수 있다. 집안의 어른인 가문의 지도자는 구성원들의 다양한 관계를 조절하고, 재산 관리나 다른 가문과의 관계 등 여러 종류의 업무를 수행해야만 했다. 그러므로 집안을 잘 다스린다는 의미는 한 나라의 지도자로서 나라를 잘 다스릴 수 있는 자격을 갖추었다는 의미나 다름없다. 여기에서는 넓은 의미의 가정교육 차원에서 가정과 가족을 엄밀하게 구분하지 않는다. 다만, 문맥 상 필요에 따라 가정과 가족은 좁은 의미에서, 가문과 집안은 넓은 의미에서의 가(家)교육으로 사용한다.

율곡은 일상생활이나 교육론에서 가정교육을 매우 중시하였다. 율곡은 1577년 마흔 두 살이 되던 해에 석담(石潭)으로 돌아와 종족을 모두 모아 놓고 함께 살기로 결정한다. 100여명의 식솔이 함께 살기 위해서는 일정한 가족 내 규율이 필요하였다. 이에 『동거계사(同居戒辭)』를 지었는데, 초하루와 보름에는 항상 자제들을 거느리고 사당에 참배를 한 후, 정침에 회합하여 율곡 선생은 동쪽에 앉고 서모(庶母) 및 형수인 곽씨와 부인은 서쪽에 앉아 아들과 함께 『계사』를 읽히고, 그 뒤에 노복들을 뜰 아래에 서게 하여 배례를 행하게 하였다.1)

이는 교육의 기본이 가정교육에 있음을 판단하고 자녀들에게 도덕 주체성을 심어주고 부모에게 효도하고 형제간에 우애하며 가족 간에 화목을 도모하며, 조상숭배는 물론, 예의 질서, 양명가훈 등 가정교육의 덕목

---

1) 『栗谷全書』卷16「同居戒辭」: 兄弟, 初從父母一體而分, 是無異於一體也. 宜相親愛, 少無彼此物我之心也. 古人有九族同居者, 況吾等早喪父母. …… 每月初朔, 相會讀過, 使皆聞知焉. 孝者, 百行之源, …… 吾丘嫂, 是一家之長, 祭祀之主. 凡爲其下者, 特致恭敬, 待之如待母, 可也. …… 或有造爲離間之言者, 奴僕則笞以戒之. 妾則嚴戒之而後, 不悛則出遣之. …… 凡同居者, 不可有私儲, 不得已而有所私用. …… 妻妾之間, 妾則極其恭順, 妻則慈愛無間, 各以誠心, 無違家長之心, 則寧有不善之事哉. …… 凡一家之人, 務相雍睦, 其心和平, 則家內吉善之事必集. 若相偏側乖戾. 則凶沴之氣生矣. 豈不懼哉. 吾輩苟能相聚. 父則愛子. 子則孝親. 夫則刑妻, 妻則敬夫, 兄愛其弟, 弟順其兄, 妻慈其妾, 妾恭其妻, 少者以誠事長者, 長者以誠愛少者…… 一家之內, 常有和善之氣, 則豈不樂乎. 須各知此意而自勉, 可也.

과 방향으로 가득 차 있는 조선 중기 가정교육의 모범이 된다.[2]

앞에서 살펴보았듯이, 『성학집요』에서는 제2편 「수기(修己)」에 이어 제3편에 「정가(正家)」를 배치하고, 효경(孝敬), 형내(刑內), 교자(敎子), 친친(親親), 근엄(謹嚴), 절검(節儉) 등, 실제로 가문에서 행해야 하는 핵심 사항을 명확하게 정돈하고 있다. 그리고 그것은 4편 「위정(爲政)」으로 이어지고 치국평천하(治國平天下)의 내용을 담보한다. 또한 『격몽요결』에서도 제8장에 「거가(居家)」를 두어 제7장의 「제례(祭禮)」와 9장의 「접인(接人)」으로 연결하였다. 『학교모범』에서도 아홉 번째 "거가(居家)"를 두어 여덟 번째의 "택우(擇友)"와 열 번째의 "접인(接人)"을 유기적으로 연계하고 있다.

주지하다시피 유교는 수기치인(修己治人)의 학문이다. 율곡의 가(家)교육은 유교 교육과정의 핵심을 수기(修己)-치인(治人)으로 나누어 논의할 때 치인(治人)에 해당한다. 특히, 치인(治人)을 내·외부로 나누어 이해하면 '내부적 치인(治人)'의 단계에 위치한다. 유교의 학문 표준을 제시하는 『대학』의 교육과정을 기준으로 볼 때, 8조목인 격물(格物)→치지(致知)→성의(誠意)→정심(正心)→수신(修身)→제가(齊家)→치국(治國)→평천하(平天下)에서, 수신(修身) 이하의 과정은 수기(修己)에 속하고, 수신 이상의 과정은 치인(治人)에 속한다. 이때, 치인 중에서도 치국-평천하가, 부모 자식과 형제자매로 규정되는 혈족의 범위를 벗어난, '외부적 치인'이라면, 제가는 혈족이라는 가문(家門)의 범주에서 실천되는 '내부적 치인'의 차원에 속한다.

율곡은 이를 『성학집요』「정가(正家)」에서 구체적으로 반영하고 있다. 즉, 치인을 정가와 위정으로 나누어 내-외로 구분하면서, 가(家)교육의 위상을 부각하였다. 『격몽요결』과 『학교모범』에서도 마찬가지이다. 『격몽요결』의 경우, 제1장 「입지(立志)」에서 제7장 「제례」까지는 수기에

2) 김익수, 『율곡선생의 교육철학』, 서울: 수덕문화사, 1997, 115-117쪽, 참조.

속하고, 제8장 「거가」에서 제10장 「처세(處世)」에 이르기까지는 치인에
속한다. 이 가운데, 「거가」는 내부적 치인의 영역이다. 『학교모범』에서
는 모두가 수기의 범주에 속한다고 볼 수 있으나, 배움의 의미에 따라
편의상 나눈다면, 첫 번째 "입지"에서 여덟 번째 "택우(擇友)"에 이르기
까지는 수기의 범주이고, 아홉 번째 "거가"에서 열여섯 번째 "독법(讀
法)"에 이르기까지는 치인의 영역이다. 이 가운데 아홉 번째 "거가"는
내부적 치인인 동시에 수기와 치인의 구체적 연결 고리이다.

이런 차원에서 정가(正家)와 거가(居家)를 중심으로 전개되는 가정교
육의 영역은 수기를 통한 개인적 차원의 교육에서 치인이라는 공동체적
차원의 교육 사이에 추뉴(樞紐)로 작용한다.

〈표 8-1〉 율곡의 사유에 드러난 '가(家)교육'의 위상

範疇＼著書		聖學輯要	擊蒙要訣	學校模範
修己	修己	總論/立志/收斂(敬始)/窮理/誠實/矯氣質/養氣/正心(敬終)/檢身/恢德量/輔德/敦篤/功效	立志/革舊習/持身/讀書/事親/喪制/祭禮	立志/檢身/讀書/愼言/存心/事親/事師/擇友
治人	內部的 正家	總論/孝敬/刑內/敎子/親親/謹嚴/節儉/功效	居家	居家
	外部的 爲政	總論/用賢/取善/識時務/法先王/謹天戒/立紀綱/安民/明敎/功效	接人/處世	接人/應擧/守義/尙忠/篤敬/居學/讀法

위에서 보았듯이, 율곡은 가(家)교육을 수기와 치인을 연결하는 중심
축으로 보고 있다. 가(家)교육을 수기를 바탕으로 한 내부적 치인에 자리
매김하여 그 중요성을 부각시켰다. 특히, 유교 가(家)교육의 기초인 『대

학』의 '제가(齊家)'를 '정가(正家)'로 바꾸어 가면서 그 핵심을 정돈한다. 그렇다면 율곡은 가(家)교육을 통해 무엇을 요청했을까? 그것은 가정, 즉 가족 내부의 윤리 체계와 보다 확장된 개념으로서 가문(家門)의 질서 확립으로 구분하여 설명된다. 수기(修己) 이후에 보다 소규모 집단이 가문의 기초 윤리 확립을 통해, 더 큰 집단인 국가의 도덕 질서를 추구하는 징검다리가 되는 것이다.

〈표 8-2〉 『성학집요』에 드러난 '가(家)교육'과 현대 교육적 특징

구분	修己	正家	爲政
현대 교육적 의미	**개인교육** - 개체 교육 - 도덕, 신체, 지식 등을 포함한 개성 교육	**가정교육** - 공동체교육의 - 기초가족 구성원 사이의 윤리 확립	**사회교육** - 공동체교육의 응용 및 구현 - 가문 구성원 사이의 질서 구축

이때 '정가'의 핵심 내용은 효경(孝敬)-형내(刑內)-교자(敎子)에서 친친(親親)-근엄(謹嚴)-절검(節儉)이다.[3] 효경(孝敬)은 부모와 자식 사이의 쌍무 윤리이고, 형내(刑內)는 아내의 올바른 행위, 교자(敎子)는 자식교육의 중요성을 말한다. 이는 가정교육의 핵심 내용으로 가족 간에 실천해야 할 교육의 기초이자, 필수적으로 갖추어야 할 가정 내의 내면화 교육이다. 이런 가정교육을 바탕으로 확장된 의미의 교육, 즉 가문에서 실천해야 할 교육의 핵심이 친친(親親), 근엄(謹嚴), 절검(節儉)이다. 친친은 친척을 친척으로 대우하는 기본자세이고, 근엄은 그런 친친의 구체적 실천 방식이며, 절검은 가문 구성원이 지향해야 하는 생활 태도를 말한다.

율곡은 수기(修己) 이후 국가를 다스리는 지도자로 나아가기 위한 발

---

3) 이하 아래 부분은 앞의 4장 1절을 바탕으로 家교육의 차원에서 새롭게 수정 보완한 것이다. 여기에서는 부분적으로 중복되지만, 家교육의 차원을 중시한 율곡의 의견을 존중하여 별도의 장으로 편제해 둔다.

걸음에서,『주역』의「가인(家人)」괘를 인용하여, 정가(正家)의 근본을 찾
는다.4) 가인(家人)은 한 가정, 가족, 가문의 사람이란 의미이다. 가정에
는 부모 자식이 함께 생활하고 가문에는 집안의 어른과 여러 친척들이
어울려 거주한다. 여기에서 가정과 가문 구성원들이 다양한 만큼, 그 사
람들에 대한 자리매김 문제가 발생한다. 여자의 바른 자리는 안(內), 남자
의 바른 자리는 바깥(外)으로 상징되듯이, 정명(正名)의 문제가 대두한다.

정명(正名)은 자로가 공자에게 정치를 한다면 무엇을 먼저 하겠느냐
고 물었을 때, 공자가 "반드시 이름을 바로 잡겠다"라고 답한 데서 유래
한다.5) 여기서 정명은 명분(名分)을 바로 잡겠다는 의미이다. 쉽게 말하
면, 가문에서 자신의 이름에 맞는 행위는 삶을 구조화하는 핵심이므로,
가문의 질서화 과정에서 정명은 핵심 문제로 대두한다. 다시 강조하면,
정명은 이름을 바르게 하는 작업으로 이름에 맞는 사업의 실천이다. 그
것은 자신의 이름에 맞게 주어진 일을 다하는 것으로 부모는 부모답게
자식은 자식답게 형은 형답게 아우는 아우답게 남편은 남편답게 아내는
아내답게 행실을 바르게 하여 가정의 윤리를 바로 잡는 작업인 동시에
은혜를 고려하고 올바른 행위를 더욱 돈독하게 만드는 일이다.6) 그러므
로 율곡의 "정가(正家)"론은 '바르게 하다, 바로 잡는다, ~답게 하다'는
뜻이 강조되는 정(正)을 통해, 가문을 가문답게 세우기 위한 가정교육론
이다. 가정교육의 무게중심에서 정(正)을 내세움으로써 '반듯하게, 바르
게 하다'라는 실천 행위를 강하게 내세운다.

바르게 하는 일은 '올바르지 않고 비뚤어져 있다', 혹은 '제대로 실천

---

4)『周易』「家人」: 家人, 女正位乎內, 男正位乎外, 男女正, 天地之大義也. 家人, 有嚴
　君焉, 父母之謂也. 父父, 子子, 兄兄, 弟弟, 夫婦, 而家道正, 正家而天下定矣.
5)『論語』「子路」: 必也正名乎.
6)『聖學輯要』「第三正家」"總論": 父父, 子子, 兄兄, 弟弟, 夫夫, 婦婦, 而家道正. …
　正倫理, 篤恩義, 家人之道也.; 장숙필,『栗谷 李珥의 聖學硏究』, 서울: 고대민족문
　화연구소, 1992, 149쪽.

하지 못하다'라는 부정(不正)을 전제로 한다. 정(正)-부정(不正)의 대대적 (待對的) 인식을 통해 부정을 극복하고 정을 회복하는 차원에서 인간의 인간다움을 논의한다. 그런데 인간의 삶에서 부정(不正), 즉 올바르지 않은 행동은 '유기적 관계(關係)의 일탈(逸脫)'에서 비롯된다. 그것은 가문의 차원에서 보면, 복잡하지만 유기적으로 조직되어 질서를 유지하고 있던 가족 관계가 정상적으로 지속되지 못하거나 질서의 문란이 발생하면서 일어나는 가(家)의 해체를 의미한다. 가족은 성실의 내면화로 마음을 바르게 하여 이를 외향적으로 표현하는 자아실현의 최초의 장이다. 그러므로 정상적인 가족으로서 올바른 행위를 유도하는 실천의 공간 역할을 한다. 가(家)교육의 효용성은 바로 이런 차원에 있다.

이러한 가정의 핵심 단위는 부부(夫婦)이다. 부부로부터 비롯되는 가족 관계는 다시 부모 자식 사이, 친척 간의 관계로 확장되면서 인간관계의 문제를 어떻게 조화시킬 것인가를 삶의 관건으로 내놓는다.[7] 율곡이 정가를 교육의 전 과정, 삶의 수면으로 올린 이유가 여기에 있다. 어떻게 하면 집안을 집안답게, 올바르게 건설할 수 있느냐! 율곡은 이렇게 구체적으로 실현해야할 '정가(正家)'의 실마리를 『맹자』에서 찾는다.

맹자가 말하였다. "스스로 몸소 자신의 본분이나 길을 행하지 않으면 처자에게 그들의 도리나 본분을 행하라고 할 수 없다. 사람을 부리는 데 그 역할이나 도리로 행하지 않으면 처자에게 그들의 도리나 역할을 행하라고 할 수 없다." 이처럼 자기 몸을 닦고 난 후에, 집안을 바르게 할 수 있다. 집안을 바르게 하는 데는 구체적인 절목이 있고 천하를 다스리는 데 근본이 있다. 그 것은 자신의 수양이 어떠한 지를 살펴보아야 하는 데 핵심이 있다. 천하를 다스리는 데 법도가 있는데, 그것은 집안의 다스림이 어떠한지 보고서 말한 것이다. 근본은 반드시 단정해야만 한다. 근본이 단정하면 마음이 정성스럽게 된다. 법도는 선해야만 한다. 법도가 선하면 집안이 화목하게 된다.[8]

7) 조남국, 『율곡의 사회사상』, 서울: 양영각, 1985, 247쪽.
8) 『聖學輯要』「第三正家」"總論": 孟子曰, 身不行道, 不行於妻子, 使人不以道, 不能

정가(正家)는 가문(家門)의 합리적 운용을 도모하기 위해, 각자의 역할과 임무, 책임과 도리를 실천하는 직접적 행위를 통해 구현된다. 자신이 가문에서 처한 위치에 따라 본분을 확인하고, 근본의 단정함과 마음의 정성스러움, 법도의 선함이라는 수기에서 치인에로의 과정을 심화한다. 그 핵심은 가족 윤리의 기초인 효(孝)·제(弟)·자(慈)이다.[9] 효(孝)와 자(慈)는 가족 내에서 부모-자식 관계에서 형성되는 수직적 윤리이다. 제(弟)는 형제자매 사이에 발생하는 수평적 덕목이다. 이는 가정 혹은 가족, 가문 내의 수직적·수평적 쌍무 질서에서 실현된다. 각자의 본분을 통해 가문의 구성원은 자신에게 맞는 길을 직접적으로 실천해야 한다. 그것이 유교에서 가(家)교육의 목표이자 율곡이 강조하는 가문(家門)을 바로잡는 정가(正家)의 길이다.

2. 율곡의 가(家)교육이 지향하는 내용과 실천 양식

율곡은『격몽요결』「거가(居家)」장을 통해 가정에서 어떤 일을 해야 하는지 교육의 내용을 구체적으로 적시한다. 처자와 집안 식구에 대한 배려, 가족 구성원 사이의 직책 분장, 재물 쓰임에 대한 절제, 수입 지출 문제, 하인에 대한 고려 등 집안의 다양한 영역을 일일이 거론하며 가정의 화목을 꾀한다. 집안에 거처할 때는 예법에 따라 처자와 집안 식구들을 거느려야 하고, 구성원들에게 적절한 직책을 나누어주고 할 일을 맡

行於妻子. 朱子曰, 身不行道, 以行言之, 不行者, 道不行也, 使人不以道, 以事言之, 不能行者, 令不行也. 蓋修己, 然後可以正家. 故正家次於修己. 此以下, 治人之道也, 正家煞有節目. 今以論其大概者, 著于首, 治天下有本, 身之謂也, 治天下有則, 家之謂也, 本必端, 端本, 誠心而已矣. 則必善, 善則, 和親而已矣.

9)『大學章句』傳九章: 所謂治國, 必先齊其家者, 其家, 可教, 而能教人者無之. 故君子, 不出家而成教於國. 孝者, 所以事君也. 弟者, 所以事長也. 慈者, 所以使衆也.

겨 성공적으로 처리할 것을 요구한다. 재물의 쓰임을 절제하고, 수입을 헤아려 지출한다. 특히, 집안의 재산 형편에 따라 윗사람과 아랫사람의 옷과 음식 및 길흉사의 비용을 지급해 주되 위상에 맞게 합리적으로 처리하여 균일하게 한다. 쓸데없는 비용을 줄이고, 사치스럽고 호화로운 생활을 금지하여 항상 어느 정도 남게 하여 뜻밖의 일에 대비하도록 해야 한다.[10]

『학교모범』 '거가(居家)'에서는 가정의 윤리적 책무를 더욱 간결한 모습으로 보여준다. 즉 가정에서 윤리를 다하여 형은 우애하고 아우는 공순하여 한 몸같이 여겨야 한다. 그리고 남편은 화합하고 아내는 그것을 이어 받아 예의를 잃지 말고 바른 도리로 자녀를 훈육하되 지나친 애정 때문에 총명을 흐리거나 현혹되지 않게 해야 한다. 집안의 하인들을 통솔하는 데는 엄하게 하되 관용을 베풀고 그들이 굶주리거나 추워 떨지 않도록 배려하며, 위아래가 정숙하고 안팎이 구별이 있어 한 가정의 생활이 적절해야 한다.[11] 이러한 가정의 삶을 지속하기 위한 윤리적 요건이 『성학집요』 「정가」에서는 효경(孝敬)에서 절검(節儉)에 이르는 가정 윤리의 확립을 위한 가정교육의 내용으로 드러난다.[12]

---

10) 『擊蒙要訣』「居家」: 凡居家, 當謹守禮法, 以率妻子及家衆, 分之以職, 授之以事, 而責其成功. 制財用之節, 量入而爲出. 稱家之有無, 以給上下之衣食, 及吉凶之費, 皆有品節, 而莫不均一. 裁省冗費, 禁止奢華, 常須稍存贏餘, 以備不虞.

11) 『學校模範』: 居家須盡倫理, 兄友弟恭, 而視若一體. 夫和妻順, 而毋失於禮, 訓子以義方, 而不以愛惑聰. 至於御家衆, 主嚴而行恕, 軫念其飢寒, 上下整肅, 內外有別, 一家所處之事, 宜無所不用其極.

12) 이기동은 "율곡은 『성학집요』에서 修己 다음에 正家와 爲政을 설정하여 '가정윤리'와 '국가 사회적 윤리'에 대해 언급하였다"고 평한다. 이기동, 「율곡사상의 윤리학적 해석」 『율곡의 사상과 그 현대적 의미』, 성남: 한국정신문화연구원, 1995, 162쪽.

1) 가족 내부의 윤리 구현; 효경(孝敬)-형내(刑內)- 교자(敎子)

율곡은 가족 내부의 윤리 체계를 세 가지 차원에서 정리한다. 그것은 부모-자식의 부자 관계, 남편-아내의 부부 사이, 그리고 부모-자식 사이에 펼쳐지는 교육의 문제이다. 가정교육은 가족 구성원의 본분과 특성상, 부모 자식, 부부, 자식에 대한 교육이 핵심을 차지할 수밖에 없다. 율곡은 이 세 가지 차원의 가족 구성원의 성격에 근거하여, 가정교육의 지향점을 정비했다.

첫째, 효경(孝敬)의 윤리 확립이다. 효와 경은 유교 윤리의 근간이다. 효(孝)는 자식이 부모를 받드는 마음인 효도와 부모가 자식을 내리 사랑하는 마음인 자애를 통해 실현된다. 이런 윤리적 기초는 집안을 올바르게 하는 표준이요 모델이다. 율곡은 이를 집안 내에서의 효도와 공경을 바탕으로 아내와 자식교육으로 심화하여 그 실천 양식을 매우 구체적으로 제시한다. 율곡의 지적처럼 유교에서 효도는 모든 행동 가운데 으뜸이다. 따라서 집안을 올바르게 다스리는 길은 효도와 공경하는 일이 첫 번째 자리한다.[13] 이어 율곡은 부모님을 섬기는 도리, 살아계실 때와 돌아가셨을 때, 돌아가신 이후 제사의 도리 등을 세부적으로 언급하고, 효로써 몸을 지키고, 효로서 천하를 미루어 보는 자세에 대해, 여러 성현의 말을 인용하여 강조하고 있다.

둘째, 아내를 바르게 하는 일인 '형내(刑內)'이다.[14] 즉 집안의 한 기둥인 아내는 선을 본받고 악을 경계해야 한다. 여기에서 율곡은 아내교육, 즉 부부 사이의 문제나 본분을 가정에서 이행해야 하는 중요성에 대해 언급한다. 특히, 가정 내 여성교육의 차원을 제시하는데, 이는 단순히

---

13) 『聖學輯要』「第三正家」 "孝敬": 孝爲百行之首. 故正家之道, 以孝敬爲先.
14) 『聖學輯要』「第三正家」 "刑內": 治家必先正內.

여성인 아내를 통제하고 감시하며 학대하는 차원에서 엄하게 다스리라는 의미가 아니다. 남편은 온화하면서 의리로 조절하고, 아내는 유순하면서 올바른 도리로 받들어, 부부 사이에 예의와 공경을 잃지 않아야 한다.[15] 조선시대 아내, 현대적 의미에서의 주부는 가정 교육뿐만 아니라 가사, 가족 봉양, 제사, 가정 경제, 생산노동활동 등 다양한 일을 담당하여야 했다. 특히, 남편에게 슬기로운 조언을 통하여 부인으로서 내조를 무리 없이 행하여 자신의 본분을 수행하였다.[16] 이처럼 형내는 가정에서 아내로서의 도리와 역할을 다할 수 있도록 '모범을 보일 것'을 강조한다.[17] 율곡은 그 근거로 앞에서 간략하게 언급한 『주역』 "가인"괘와 정자의 말을 인용한다. "여자는 안에서 그 위치를 바르게 해야 하고 남자는 밖에서 그 위치를 바르게 해야 한다! 존비(尊卑)와 내외(內外)의 도가 바르게 되어야 천지 음양의 대의에 맞게 된다."[18] 이런 형처(刑妻)의 도리는 궁극적으로 자신의 몸을 닦는 일, 한 집안의 모범이자 사표(師表)가 되는 데서 찾아진다.

셋째, 자식교육이다. 율곡은 아내교육에 이어 자식교육(敎子)을 특별히 강조한다. 율곡은 자녀(아동)를 위한 교육지침서에 해당하는 『소아수지(小兒須知)』를 통해 17조항의 규범을 제시하며 자식교육의 중요성을 주장한다. 금지 조항의 핵심 내용은 다음과 같다.

교훈을 따르지 않고 다른 일을 마음에 두고/ 부모의 명령을 바로 행하지 않고/ 형과 웃어른을 공경하지 않고 말을 거칠게 함부로 하고/ 형제가 서로

---

15) 『擊蒙要訣』 「居家」: 夫和而制以義, 妻順而承以正, 夫婦之間, 不失禮敬然後, 家事可治也.

16) 박홍식, 「家庭敎育 擔當者로서의 專業主婦의 役割과 家庭問題」 『儒敎思想硏究』 제30집, 2007, 313-340쪽, 참조.

17) 황준연, 『율곡철학의 이해』, 서울: 서광사, 1995, 177-178쪽, 참조.

18) 『聖學輯要』 「第三正家」 "刑內": 女正位乎內, 男正位乎外, 男女正, 天地之大義也. 尊卑內外之道正, 合天地陰陽之大義也.

사랑하지 않고 다투고/ 음식을 서로 다투어 양보하지 않고/ 남의 집 아이를
업신여겨 서로 싸우고/ 서로 타이르는 말을 듣지 않고 갑자기 원한과 분노를
폭발시키고/ 손을 단정하게 모아 쥐지 아니하고 소매를 늘어뜨리고 한쪽 발
에 몸을 의지하여 비스듬히 서 있고/ 걸음걸이는 경망하여 뛰거나 넘어서거
나 하고/ 장난을 좋아하며 큰 소리로 떠들며 웃고/ 쓸 데 없이 아무런 관계없
는 일을 만들기 좋아하고/ 일찍 자고 늦게 일어나 게을러서 글 읽기를 싫어하
고/ 글 읽을 때도 서로 돌아보고 잡담을 하고/ 마음을 놓고 흐리멍텅하여 낮
에도 앉아 졸고/ 단점을 옹호하고 잘못을 감추며 말은 실속이 없고/ 할 일 없
는 사람과 같이 잡담과 군소리하기를 좋아하고/ 글씨를 쓸 때 흘러쓰기를 좋
아하고 난필(亂筆)로 써서 종이만 더럽히는 행위19)

이상 17조 가운데 어기는 정도가 무거울 경우에는 한번 범(犯)하면 벌
을 주고, 가벼울 경우에는 세 번 범(犯)하면 벌을 준다. 위의 17조가 소
극적으로 '하지 말아야 할 일'로 진술되어 있기에 처벌의 정당한 근거로
작용할 수 있다. 그러나 이를 긍정적 표현으로 바꿀 수도 있다.

교훈을 따르는 어린이, 부모 말씀을 잘 듣는 어린이, 윗사람을 공경하는
어린이, 형제 우애가 있는 어린이, 음식을 양보하는 어린이, 다른 아이들과 사
이좋게 지내는 어린이, 잘못을 반성할 줄 아는 어린이, 자세가 단정한 어린이,
걸음걸이가 으젓한 어린이, 말소리가 고요한 어린이, 해야 할 일을 다 하는
어린이, 아침 일찍부터 부지런히 책을 읽는 어린이, 도서할 때 집중하는 어린
이, 항상 진지한 어린이, 말이 진실한 어린이, 학업에 몰두하는 어린이, 글씨
를 바르게 쓰는 어린이.20)

19) 『栗谷全書』拾遺卷4 「小兒須知」: 不遵敎訓, 馳心他事. 父母所令, 不卽施行. 不敬
兄長, 發言暴勃. 兄弟不愛, 相與忿爭. 飮食相爭, 不相推讓. 侵侮他兒, 相與忿爭. 不
受相戒, 輒生怨怒. 拱手不端, 放袖跛倚. 行步輕率, 跳躍踰越. 好作戲謔, 言笑喧囂.
好作無益, 不關之事. 蚤寐晚起, 怠惰不讀. 讀書之時, 相顧雜談. 放心昏昧, 晝亦坐
睡. 護短匿過, 言語不實. 好對閒人, 雜說廢業. 好作草書, 亂筆汚紙. 重則一犯論罰.
輕則三犯論罰.
20) 김태오, 「율곡의 「小兒須知」에 반영된 아동교육관」, 『敎育哲學』 제16집, 1998,
53-69쪽, 참조.

가정교육이라고 할 때, 대부분의 경우, 부모가 행하는 자식교육을 상
정하는 경우가 많다. 율곡 또한 그 중요성을 깊이 간파하고, 태교(胎敎)
를 비롯하여 입교(立敎)의 시스템을 유교 전통에 따라 구체적으로 제시
하였다. 율곡이 자식교육을 강조한 이유는 비교적 간단하다. 자식을 낳
은 후, 약간의 지식, 이른 바 '인지적 능력'이 조금씩 생겨날 때부터 착
한 일을 할 수 있도록 인도해야 한다. 왜냐하면 어려서 가르치지 않고
어른이 되면 나쁜 것을 익히고 방심하게 되어 이를 가르치기가 매우 어
렵기 때문이다.[21]

태교에서 출생 이후, 이른 바 자식을 낳아 먹고 말할 수 있을 때부터,
70세에 치사(致仕)에 이르기까지, 율곡은 『예기』를 참고로 유교의 전 교
육 과정을 적시했다. 이중 가정에서의 자식교육은 10세 이전에는 매우
중요하다.

〈표 8-3〉 정가(正家)를 위한 자식교육의 과정

교육의 단계	나이	교육의 과정과 내용	현대적 의미
태교(胎敎)	임신 중 (胎中; 1세)	임신 중 부모 교육; 엄마의 행동거지와 생활 자세	임산모의 건강한 사유와 생활 (임신 중 교육)
입교(立敎)	출생(2세) 유아(3-5세) 6세 7세 8세 9세	유모(자식의 스승 선택의 중요성) (밥 먹고, 말하고, 옷 입을 수 있는 나이) 밥 먹고 말하고 띠 매는 법 이해 셈하기, 방위(方位) 이름 가르치기 남녀유별의 의미(不同席) 양조할 줄 아는 예의 날짜 세는 법	안방 수업 (가정교육)
	10세	스승에게 배우러 나감; 글, 셈, 육서, 어린이 예의범절 등	바깥방 학습 (가정 내 교수-학습;

21) 『擊蒙要訣』「居家」: 生子, 自稍有知識時, 當導之以善. 若幼而不敎, 至於旣長, 則習
非放心, 敎之甚難.

13세 20세	악(樂), 시(詩), 활쏘기 말부리기 등 관례(冠禮), 성인 초기의 예(禮) 교육	학교교육)
30세 40세 50세 70세	혼인, 남자의 본분, 학문의 길 초기의 벼슬(관직) 지도자급; 대부(大夫)-정치(政事) 은퇴; 치사(致仕)	직장 생활 (성인교육)

정가의 입장에서 보면, 부모는 모범이 되어 자식에게 건전한 영향을 주어야 가정(家庭), 가문(家門)이 바르게 된다. 그 논리를 율곡은 다음과 같이 대변한다.

> 사람은 공경하는 것이 있어야 한다. 그래야 방자하지 아니한다. 두려워하는 것이 있어야 한다. 그래야 멋대로 방탕하지 아니한다. 이렇게 될 때, 마음이 움직여 성정(性情)을 누르고 학문에 나아가 덕을 닦을 수가 있다.[22]

'공경하는 것'과 '두려워하는 것', 가(家)내에서 그 대상은 무엇을 지칭할까? 그것은 가(家)를 지탱하는 부모이다. 자식은 부모를 공경하는 동시에 두려워하면서 삶의 모델로 삼는다. 부모를 가문 전체로 확장하면 한 집안의 어른, 지도자에 해당한다. 이런 차원에서 가정교육은 궁극적으로 부모와 자식 간의 관계 문제로 정돈된다.

2) 가문(家門)의 질서 확립; 친친(親親)-근엄(謹嚴)-절검(節儉)

가정 내의 교육은 근본적으로 부모의 자식 사랑에 기인한다. 그것은 자식교육으로 이어지고, 나아가 가문의 사람인 친척들에게로 확장된다.

---

22) 『聖學輯要』「第三正家」 "敎子": 人有所敬而不肆, 有所畏而不放, 然後能動心忍性, 進學修德焉.

그러기에 서서히 직접적 혈연관계로 구성된 가정 내의 문제에서 약간은 먼 친척인 가정 밖의 가문으로 이어진다. 이런 가문의 질서 확립은 친친과 근엄, 그리고 절검의 양식에서 확인된다.

첫째, 친친(親親)의 논리는 다음과 같이 심각하게 논의된다.

친한 이를 더 친하게 하는 것은 집안(가문)에서 우선해야 할 일인데, 그것을 실천하는 데 한 가지 길만이 있는 것은 아니다. 한 집안 내에서도 어질고 어리석은 것이 같지 아니한 경우가 있다. 하지만 돈독하고 화목한 은혜는 마땅히 균일해야 한다. 취하고 버리는 것도 마땅히 구별되어야 한다. 후하게 양육하고 부지런히 가르쳐서 그 재덕이 현저한 자는 선택하여 친히 등용하고, 그 재덕이 없어 등용해 쓸 수 없는 자에게는 녹(祿)만이라도 먹게 한다면, 집안을 보전할 수 있고, 정사에도 결함되는 일이 없게 된다. 후세에는 그 알맞은 중도(中道)를 얻지 못하여 편벽되게 믿고 위임해 버리는 상황이 많이 벌어졌다. …… 폐단을 교정하여 억제하는데 지나치게 한다면 현명하고 유능한 자가 충성하기를 원한다 할지라도 등용할 수가 없다. …… 주는 데 절제가 있어야 하고, 접견하는 데 때가 있어야 한다. 따뜻하고 관대한 것으로 열어 주고, 학습한 것을 시험하여 보며, 각각 자기가 쌓아온 것을 전개하도록 하되, 유능한 자는 권장하고 능하지 못한 자를 경계한다면, 인정과 예의가 병행하고 흥기하여 훌륭하게 될 것이다. 이런 알맞은 중도를 얻지 못하고 사사로운 일에 치우쳐 지나치게 후하게 된다면, 요구하는 일에 반드시 허락하게 되고, 죄가 있더라도 다스리지 아니하여 그 때의 정사에 해를 주게 되며, 또 대수롭지 않게 여겨 친절하지 아니하면 서로 상접할 수 없어 마치 아무 관계없이 길가는 사람 보듯 소홀하게 대하게 된다. …… 사사로운 은혜로 공의(公義)를 해치지 말고, 공의로 사사로운 은혜를 끊지 아니하되, 은(恩)과 의(義)의 차원에서 친한 이를 더 친하게 하는 방법을 터득해야 한다.23)

유교적 가정교육의 모습을 보여주는 『대학』의 "제가(齊家)"에서는 자식교육에 대한 경계로 "사람들이 제 아들의 잘못을 알지 못하고 제 밭의 농사가 잘된 줄은 알지 못한다."[24]라는 말로 대변한다. 그것은 자식교육에서 사랑에 지나치게 치우치고, 농사에 비유했듯이 왜곡된 물욕과 같은 탐욕스런 마음에 치우쳤을 때, 가문을 온전하게 다스리기 힘들다는 데 대한 충고이다.

둘째, 근엄함이다. 가정교육에서 율곡의 사유와 실천 방법은 친친(親親)을 바탕으로 한 발짝 더 나아간다. 그것이 바로 공평무사(公平無私)의 객관성을 주장하는 근엄함(謹嚴), 그리고 절약과 검소이다. 이 중에서도 치우치거나 편벽되기 쉬운 주변의 인물들에 대한 근엄함을 통해 가문을 다스리려는 의지는, 현대적 차원에서 시사하는 바가 크다. 주변 친척 중 친한 사람들, 예컨대, 부부 사이, 친근한 사람, 하인들 대하는 데 무엇보다도 편벽됨이 없어야 한다. 주변에 있는 친한 사람에게 치우칠 경우, 모든 일은 일그러진다. 때문에 예의의 '엄정함'이나 마음의 '공평함'과 같은 윤리 문제가 중시된다.

> 내외를 분별하여 예법으로써 간격을 두게 하면, 남녀가 각각 그 올바른 것을 얻을 수가 있다. 편벽된 사심을 물리치고 공평한 것으로 임한다면 좋아하고 싫어하는 것이 이치에 맞게 된다. 정실과 첩의 구분을 엄격하게 한다면 위는 화락하고 아래는 공경하게 된다. 나라의 근본을 정하는 데 삼가고 조심한

---

23) 『聖學輯要』「第三正家」 "親親": 親親, 有家之急務, 而親親亦非一道. 宗族之中, 賢愚不同, 敦睦之恩宜均, 用舍之義宜別, 養之厚, 而敎之勤, 擇其才德表著者而親任之, 其無才德不可用者, 使之食祿而已, 則宗族可全, 而政事無闕矣. 後世, 不得其中, 若偏信而委任. …… 若矯弊而抑之過, 則雖賢能願忠, 而莫之用. …… 贈遺有節, 接見有時, 開以溫款, 試其所習, 使之各展其蘊, 能者勸, 而不能者戒, 則情禮竝行, 而興起爲善矣. 後世不得其中, 若偏私過厚, 則有求必從, 有罪不治, 而貽禍於時政. 若泛而不切, 則一不相接, 疏外如路人. …… 必也不以私恩害公義, 不以公義絶私恩, 恩義兩盡, 然後親親之道得矣.

24) 『大學章句』 傳8章: 人莫知其子之惡, 莫知其苗之碩.

다면 통일이 되어 백성들이 편안하게 된다. 친척이나 권속들을 겸양하는 덕으로 가르친다면 의리가 정당해지고 은혜가 융숭하게 된다. 환관들을 늘 변치 않는 법규로써 단속하고 거느린다면 밝은 측면은 자라나고 어두운 측면은 사라지게 된다. 그 강령은 예의(禮儀)와 공도(公道)로 임할 뿐이다. 예의가 엄정하지 않거나 마음이 공평하지 않다면, 좋은 말이나 훌륭한 정사가 모구 구차스럽게 글월에 쓰이는 수식어가 될 따름이다. 예의를 엄정하게 한다는 것은 임금이 거처하는 궁중이 정숙하고 존비(尊卑)와 장유(長幼)의 질서가 엄연하여 감히 그 분수를 넘지 못하며, 친척 권속들이 삼가고 조심하여 감히 사사로이 통하거나 청알(請謁)하지 않는 일이다. 마음이 공평하다는 것은 골고루 안팎을 주의해 보고 조금이라도 편벽한데 얽매이는 일 없이, 내정(內庭)에서 선한 일을 한 이나 악한 일을 한 자나 친척들 중에서 충성된 일을 한 자나 죄를 범한 자를 모두 유사에 돌려서 그 상벌을 논하게 하되, 골고루 바르게 결재하는 일이다.25)

율곡은 공정하지 못한 편벽됨을 조절할 수 있는 가장 확실한 방법을 예의의 엄정함에서 찾았다. 어떤 일에서건 친소(親疎)의 구별 없이 지위와 역할에 맞게 공평하게 결재하는 일. 그것이야말로 가문을 바르게 하는 핵심 요소이다. 율곡의 이런 태도는 다른 것이 아니라, 앞에서 말한 정명을 바탕으로 하는 명분을 넘어 본분(本分)에 충실한 상황으로 나아간다.

셋째, 절검(節儉)의 생활 태도를 강조한다. 정가는 궁극적으로 가문 사람들이 절검을 체득할 때 온전해질 수 있다. 그것은 다름 아닌 집안을 바르게 하는 삶의 실천 행위가 절제와 검소에 있다는 의미이다. 유교에

---

25) 『聖學輯要』「第三正家」 “謹嚴”: 蓋辨別內外, 閑以禮法, 則男女得其正. 克去偏私, 茁以公明, 則好惡當乎理. 嚴嫡妾之分, 則上和而下敬. 謹國本之定, 則統一而民安. 教戚屬以謙德, 則義正而恩隆. 律宦寺以常憲, 則陽長而陰消, 宦寺, 陰類也. 其綱在於閑以禮, 茁以公耳, 禮嚴, 而心不公, 則嘉言善政. 皆苟爲文具而已. 所謂禮之嚴者, 宮壼整肅, 尊卑長幼, 秩然有序, 莫敢踰分, 戚屬謹飭, 不敢私通請謁之謂也. 所謂心之公者, 一視內外, 少無偏繫, 內庭之作善爲惡者, 戚黨之輸忠犯科者, 皆付有司, 論其刑賞, 一裁以正之謂也.

서 지도자들이 기본적으로 고민하는 안민(安民)의 차원에서 볼 때, 절검과 검소는 삶의 근본에 해당한다. 율곡은 「만언봉사(萬言封事)」에서도 '절제와 검소'의 중요성을 강조하며 백성의 경제력이 충만하기를 요청했다. 또한 율곡이 『논어』에서 "우임금은 조금도 흠잡을 데가 없다. 먹는 음식은 간소하였지만 귀신에게는 효성을 다하였고, 의복은 허름했으나 불의와 면관은 아름답게 하였으며, 궁실은 허술했으나 봇도랑에는 힘을 다했다."26)는 공자의 말이나, 『주서』의 "문왕은 허름한 옷을 입고 정사를 하면서도 백성들을 편안하게 먹고 살 수 있게 하였다."27)는 언급을 예로 든 것은, 정가에서 절검이 기본이라는 말이다.

> 검소하다는 것은 덕의 공순한 것이며, 사치라는 것은 악의 큰 것이다. 왜냐하면 검소해진다면 마음이 방탕하지 않으므로 상황에 따라 적합하게 할 수 있고, 사치스러워진다면 마음이 항상 바깥으로 치달아 날마다 방자하게 되어 만족하는 것이 없게 되기 때문이다. 집안의 자손을 예로 들어보자. 선대의 조상이 부지런히 일해서 집안의 자산을 마련해 놓았는데, 자손이 검소하게 생활하고 절약하여 지켜 가면 여러 대에 전하여도 가업이 쇠하지 않는다. 반면 자손 중에 한번이라도 사치스럽고 방종한 사람이 나오면 방탕하게 향락을 일삼아 여러 해를 두고 쌓아온 재물을 하루아침에 탕진해 버리게 된다. …… 우리나라는 선왕들이 여러 대에 걸쳐서 절검을 하여 집안을 거느렸고 수입을 헤아려서 지출을 하였기 때문에 재물에는 작작하게 여유가 있었다. 그러므로 부고에 쌓인 것이 묵고 묵었다. 그러나 연산 이후부터는 궁중에서 쓰이는 용도가 날로 늘어나고 사치스러워져서 선왕이 끼친 옛 기풍은 따르지 아니하고 그 뒤로부터는 우물쭈물 묵은 관습에 젖어서 기강을 바로 잡는 일을 보지 못하게 되었다. …… 그러므로 평민이 사는 여항에서도 사치하는 풍조가 나타났다. 평민들이 아름답고 화려한 의복이나 진귀하고 맛있는 성찬으로 그 재능과 기교를 다투고, 미천한 천민들도 비단 위에서 잠자고 거처하게 되었다. 이러다보니, 위아래의 규율이 없고 낭비가 적지 아니하여 인심은 날로 방탕해지

---

26) 『聖學輯要』「第三正家」"節儉": 子曰, 禹, 吾無間然矣. 菲飮食而致孝乎鬼神, 惡衣服而致美乎黻冕, 卑宮室而盡力乎溝洫, 禹, 吾無間然矣.
27) 『聖學輯要』「第三正家」"節儉": 周公曰, 文王, 卑服, 卽康功田功.

고 백성들의 기력은 날로 곤궁해졌다. …… 반드시 위에서부터 요임금이 지붕을 띠 풀로 잇고 계단을 흙으로 쌓았던 것을 마음으로 삼고, 내전에서는 마후가 몸소 무명옷을 입었던 것을 모범으로 삼아서 궁중의 쓰임새를 절약해야 한다. 검약하는 제도는 궁중에서부터 시작하여 사대부 가정에서 보고 느끼도록 모범을 보여야 하고, 서민에게까지 도달하게 되어야 한다. 그래야만 고질적인 관습을 개혁할 수 있고, 하늘이 내린 재물을 잃지 않을 수 있으며, 백성들의 힘도 점차 펼쳐나갈 수 있을 것이다.[28]

집안을 바르게 다스리는 지도자의 삶은 자기충실이라는 수양을 근본으로 타자배려라는 궁극 목적을 지향한다. 우임금과 문왕의 사례에서도 보았듯이, 자신의 일에는 아주 박하면서도 백성을 위한 일에는 전력을 다한다.[29] 실제로 집안의 실권을 쥐고 있으면서도 개인적으로 물건을 쓰지 않은 공평무사한 정신을 지니고 있다. 그러할 때, 그 효과는 가문의 교화로 드러난다. 이처럼 율곡이 절약과 검소를 강조하는 이유는 그것이 생활에 유용하기 때문이며, 유교의 정통적 소비관의 역설하고 있다[30]고 보여진다.

율곡에게서 가(家)교육은 수기(修己)의 온전함을 통해 위정(爲政)으로 연결하는 거룩한 사업이다. 그것은 유교의 핵심인 수기치인(修己治人)의

28) 『聖學輯要』「第三正家」 "節儉": 儉, 德之恭也. 侈, 惡之大也. 蓋儉則心常不放, 而隨遇自適, 侈則心常外馳, 而日肆無厭. 今以人家子孫言之, 先世勤勞, 立其産業, 子孫以儉約自守者, 傳累代而家業不替, 一有侈縱者出焉, 則肆意爲樂, 積年所聚, 一朝蕩盡. … 至如我國, 先王累代, 以節儉繩家, 量入爲出, 綽有餘財. 故府庫之蓄, 陳陳積億, 自燕山以後, 宮中用度, 日漸侈大, 不遵先王之舊, 厥後因循, 未見改紀. … 閭巷之間, 奢靡成俗, 以美麗之衣, 珍盛之饌, 爭能鬪巧, 倡優下賤, 寢處錦綺, 上下無章, 糜費不貲, 人心日放, 民力日困. … 必也自上以帝堯茅茨土階爲心, 內殿以馬后躬服大練爲法, 節損宮中用度, 儉約之制, 始于掖庭\, 使士大夫家, 觀感取則, 達于庶民, 然後錮習可革, 天財不流, 民力漸舒矣.

29) 김익수, 「栗谷의 正家論」, 『栗谷學』 제5집, 사단법인 율곡사상연구원, 1992, 172-174쪽, 참조.

30) 이종호, 『율곡-인간과 사상』, 서울: 지식산업사, 1994, 222쪽.

방식으로 설명하면, 수기의 완성인 동시에 치인의 기반이요 시작이다. 수기를 바탕으로 치인으로 나아가는 가운데, 치인 중에서도 '내부적 치인'에 속하는 일종의 마디(節)이자, 공동체적 삶에 생명력을 불어넣는 작업이다.

다시 정돈하면, 율곡은 올바른 가정교육, 이른 바 정가(正家)의 기초로 여섯 가지를 제시했다. 그 가운데 '가족 내부의 윤리 체득'의 차원에서 첫째, 집안 내의 부모자식 간의 원활한 관계인 효경(孝敬), 둘째, 아내가 올바르게 제 역할을 하게 한다는 형내(刑內), 셋째, 자식교육인 교자(敎子)를 제시하였다. 그리고 그것을 확장하여 구현하는 '가문의 질서 확립' 방식에서 넷째, 친척과 친하게 지낸다는 친친(親親), 다섯째, 집안 내의 다양한 관계망에서 공평무사함을 실현하는 근엄(謹嚴), 여섯째, 가문의 살림을 걱정하며 절제와 검소를 강조하는 절검(節儉)으로 보완했다. 이 여섯 가지는 가정교육, 정가라는 차원에서 하나의 유기체로 결합되어 있다. 이를 정돈하면 <표 8-4>와 같다.

〈표 8-4〉 율곡의 '가(家)교육' – 정가(正家)의 논리 구조와 특징

家敎育	『聖學輯要』의 內容		倫理的 意味와 敎育的 特徵	
正家	家族 內部 家庭 敎育	孝敬	부모자식 사이의 쌍무 윤리	가족 내 개인교육 공동체교육의 기본 확립 실천의 기초 가문 내실화의 근본
		刑內	아내의 올바름, 부부의 본분	
		敎子	자식교육의 중요성	
	擴張 家族 家門 敎育	親親	친척을 친밀하게 대함	가문 내 본분교육 공동체교육의 질서 확립 응용 실천 가문 내실화의 궁극
		謹嚴	공평무사함을 통한 친친의 방식	
		節儉	절제와 검소를 통한 집안 사람들의 생활 태도	

정가(正家)의 논리 구조를 통해 볼 때, 율곡의 가(家)교육은 두 가지 차원에서 다음과 같은 특성을 드러낸다.

첫째, 가족 내부의 가정교육적 성격을 지닌다. 그것은 부모 자식사이의 쌍무 윤리를 비롯하여 부부 사이의 건전한 관계망을 재고하게 만든다. 다시 말하면 가족 공동체 내의 기본 질서 확립을 통해 보다 큰 규모의 가문(家門) 내실화를 지향한다.

둘째, 확장된 가족 형태인 가문교육적 성격을 지닌다. 그것은 친척 간의 공평무사함과 가문의 지속가능한 삶을 위한 절제와 검소함의 강조이다.

요컨대, 율곡의 가정교육은 소규모의 가족 내 개인교육의 차원에서 대규모의 가문 내 본분교육으로 연계되어, 궁극적으로는 국가 공동체의 기초를 형성하는 교육의 근원이 된다.

제9장

사회교육으로서의 향약 실천

율곡은 일반교육론이나 국민교육론에서 제기한 학교교육뿐만 아니라 사회교육에도 큰 관심을 가졌다. 그가 만든 향약, 즉 <서원향약>과 <해주향약>은 모두 향촌공동체의 교화를 위한 규약이었다. 향약은 원래 중국의 송나라때 남전여씨(藍田呂氏; 呂大防) 집안에서 시작한 향촌의 자치 규약이다. 이른 바 덕업으로 서로 권장하는 '덕업상권(德業相勸)', 잘못과 실수에 대해 서로 바로 잡아주는 '과실상규(過失相規)', 좋은 예의와 풍속을 통해 서로 사귀는 '예속상교(禮俗相交)', 어려움이나 곤란함이 닥쳤을 때 서로 도와주는 '환난상휼(患難相恤)' 등 4대 강목을 유교주의 도덕정신의 핵심 기둥으로 삼고, 지역사회 공동체의 미풍양속을 장려하기 위한 사회교화의 양식이었다. 율곡의 <서원향약>은 우리나 전래의 계(契)의 형식을 빌어 향약계를 조직하고, 선을 권장하고 악을 징계하는 권선징악(勸善懲惡)의 세칙을 규정하였다. <해주향약>은 서원 혹은 유생 중심의 조직체로 운영되는 것이 특징이다. 이런 교화의 양식은 현대적 의미에서 사회교육의 한 모델로 볼 수 있다.

1. 서원향약

서원향약은 율곡이 36세 때 청주목사로 부임하여 청주지역에서 실시한 향약이다. 전임목사인 이증영(李增榮), 이인(李遴) 등이 만든 기존의 향약을 토대로 하고, 송나라 여씨 형제의 여씨향약(呂氏鄕約)을 참고·절충하여 이 향약을 만들었다. 서원향약의 특징은 양반, 양민, 천민, 즉 반(班)·양(良)·천민(賤民) 등 모든 주민을 참여시키는 계(契) 조직을 향약 조직과 행정 조직에 연계시켜 활용하고 있다는 점이다.

서원향약에서는 선악(善惡) 두 편을 만들어 선을 권장하고 악을 징계하는 세칙을 규정하고 있다. 선에 관한 사항으로는 부모에 대한 효도, 형제간의 우애, 가정을 다스리는 일, 친척 간의 화목, 유행에 의한 처신, 의리에 의한 자녀 규제, 청렴 절개의 고수, 은혜를 널리 베푸는 일, 근학, 세약의 각근, 약속 이행, 신용이행, 싸움 화해, 환란 시의 조력, 명확한 시비 판단 등이다. 악에 관한 사항으로는 불효, 불자, 불우, 불제와 스승에의 불공, 부부 간의 무분별함, 정처에 대한 소박, 신의의 상실, 제사의 정성 부족, 예법 무시, 미신 숭상, 가족 간의 불화, 이웃 간의 우애 상실, 도박 음주에의 탐닉, 송사를 즐기는 일, 약자에 대한 냉대와 무시, 납세의 등한시, 예법 준수의 무시, 공공의 일을 빙자하여 개인의 이익을 꾀하는 일, 음식을 마구 먹는 일, 태만으로 대사를 그르치는 일 등이다.[1]

율곡은 향약을 만들면서, 서원향약을 정비하는 이유와 내력 등을 거시적으로 설명하였다. 그것은 국민들의 사회교육을 위한 교육적 장치였다. 그리고 새롭게 창작한 것이기보다는 이전의 것을 수정·보완하여 지역사회의 실정에 맞게 하는 작업을 병행하였고, 지역사회의 실정을 잘 아는 지역 유지들의 뜻을 받들어 설치하였다.

향약은 옛날 한 마을에 사는 사람이 공동으로 마을을 지키고, 질병이 났을 때 서로 도우며, 출입할 때의 경비를 서로 돕고, 자녀들에게 학교교육을 받아 윤리도덕을 돈독하려고 만든 것이다. 하·은·주 삼대의 사회가 훌륭했고 풍속이 아름다웠던 까닭이 바로 이런 향약 같은 것이 잘 시행되었기 때문이다. 그런데 요즘, 세상이 타락하고 진리가 제대로 실행되지 않고 있다. 정치는 황폐해지고 국민들도 흩어졌다. 교육은 제대로 되지 않고 풍속은 어그러졌다. 아

---

1) 한국학중앙연구원, 『향토문화전자대전』 참조.

아! 슬프다.

나는 시원찮은 선비로서 청주 고을의 수령이 되었다. 정무를 보면서 한가하지 않을 뿐만 아니라 병 또한 많다. 하지만 국민을 교육시키고 풍속을 진작시키려는 뜻만은 간절하기 그지없다. 이에 청주 지역사회의 원로들과 그 방법을 논의하였는데, 지역사회 사람들이 모두 향약을 다시 시행하는 것이 좋다고 하였다. 이 지역에서는 이증영이 처음으로 향약을 만들었고, 그 후 이린이 그것을 수정하여 시행하였기 때문에 그 규모를 알 수는 있다. 하지만 이공이 중앙 정부로 돌아가고 지역사회 사람들도 향약을 실시하려는 적극적 의지를 가지지 않아, 이제는 향약의 문구만 남아 있게 되었다. 내가 두 공의 발자취를 계승하여 그들이 만든 향약을 기본으로 하고, 여씨향약을 참고하여 번거로운 것은 줄이고, 엉성한 것은 보충하여 다시 향약의 조목을 만들었다. 완벽하다고 할 수는 없겠지만, 권선징악(勸善懲惡)하는 방법에서 크게 잘못되지는 않을 것이다.[2]

서원향약의 조약을 보면, 향약을 실행할 대표로서 청주 전체에 도계장(都契長) 4인을 두고 또 청주를 25장내(掌內)로 나누어 각 장내에 계장(契長) 1인, 동몽훈회(童蒙訓誨) 1인 색장(色掌) 1인 씩을 두며, 각 마을마다 별검(別撿)을 두어 다음의 조약을 지키도록 하였다. 조약은 모두 21개 조항으로 구성하였다.[3]

1. 선행과 악행의 내용을 정해 두고 권선징악의 재료로 삼는다.
   선행은 부모에게 효도하는 것/ 형제자매 사이에 우애 있는 것/

---

2) 『栗谷全書』卷 16 「西原鄕約」 "立議": 鄕約, 古也, 同井之人, 守望相助, 疾病相救, 出入相扶. 且使子弟受敎於家塾黨庠州序, 以惇孝悌之義. 三代之治隆俗美, 良由是焉. 世衰道微, 政荒民散, 敎替於上, 俗敗於下, 吁可悲哉. 余以迂儒, 叨守大邑, 不閑政務, 固多疵累, 惟是化民成俗之志, 惓惓不已. 玆與鄕中父老, 商議導迪之方, 鄕人皆以爲莫如申明鄕約. 蓋此邑, 自李使君增榮, 始申鄕約, 厥後, 李公遴因而損益之, 規模可觀. 第恨李公還朝, 鄕人意沮, 竟爲文具. 余承二侯之躅, 遂採前規, 參以呂氏鄕約, 煩者簡之, 疏者密之, 更爲條約. 雖不敢自謂得中, 而勸懲之術, 庶幾無大滲漏矣.

3) 이하 이기동, 앞의 논문, 김형효 외, 『율곡의 사상과 그 현대적 의미』, 성남: 한국정신문화연구원, 179-183쪽, 참조.

가정을 잘 다스리는 것/ 친척 및 친구와 화목한 것/ 이웃과 화목
한 것/ 유교의 가르침으로 몸을 가다듬는 것/ 의리로 자녀를 훈계
하는 것/ 청렴과 절개를 지키는 것/ 이웃을 보살피는 것/ 학문에
힘쓰는 것/ 세금을 잘 납부하는 것/ 향약의 규칙을 지키는 것/ 남
과 신의를 지키는 것/ 남의 환난을 구하는 것/ 남의 원통함을 풀어
주는 것/ 남의 잘잘못을 가려주는 것 등이다.

악행은 부모에게 불효하는 것/ 자녀를 사랑하지 않는 것/ 형제
자매 사이에 우애가 없는 것/ 윗사람을 공경하지 않는 것/ 스승을
공경하지 않는 것/ 부부간에 분별이 없는 것/ 본처를 학대하는
것/ 벗에게 신의를 지키지 않는 것/ 장례식 때 슬퍼하지 않는 것/
제사지낼 때 공경하지 않는 것/ 이단을 받드는 것/ 예법을 경멸하
는 것/ 제사를 지나치게 지내는 것/ 친족끼리 화목하지 않는 것/
이웃끼리 불화하는 것/ 젊은이가 윗사람에게 대드는 것/ 지위가
낮은 사람이 높은 사람을 능멸하는 것/ 술과 도박에 빠지는 것/
소송을 좋아하고 싸움을 일삼는 것/ 힘을 믿고 약자를 핍박하는
것/ 말을 만들어 남을 헐뜯는 것/ 세금을 내지 않는 것/ 법령을
두려워하지 않는 것/ 사사로운 이익을 과다하게 추구하는 것/ 기
생을 끼고 술 마시는 것/ 게으름을 피워 일을 망치는 것 등이다.

주민들 가운데 선행과 악행이 있으면 유사(有司), 색장(色掌),
별검(別檢)이 그것을 기록한다.

2. 사계절의 첫째 달 초순에 특별한 일이 없는 날을 잡아 장내(掌內)
   의 동약자들이 모두 모여 신의를 도모한다.

3. 마을에 초상이 나면 색장과 별검이 유사에게 알리고 동약인들이
   각각 쌀 한 되와 글자와 안 새겨진 돌 한 장씩을 내어 부조한다.

4. 장례식을 진행할 때 상을 차려 술판을 벌이는 일이 없도록 한다.
   어기는 자는 예법을 경멸한 죄로써 다스린다.

5. 집에 까닭이 있어 부득이 이장을 할 때에는 공공기관에 그 사실을 보고한다. 만약 풍수에 속아 이장을 안 할 수 있는데도 추진하거나 기일이 지났는데도 장례식을 치르지 않으면 이단을 받든 죄로 다스린다.

6. 나이 든 처녀가 가난하여 시집을 가지 못할 때에는 공공기관에 보고하여 결혼비용을 지급하게 하고 동약인들도 형편에 맞게 부조한다.

7. 온 가족이 병이 들어 농사를 못 짓는 경우가 있으면 마을 사람들이 대신 농사를 지어 준다.

8. 30세 이하로서 문무의 교육을 받지 않은 사람에게는 『소학』, 『효경』, 『동자습』 등의 책을 읽히고, 읽지 않는 자는 벌을 준다.

9. 민간에 시비가 일어나면 계장(契長)이나 유사(有司)에게 가서 잘 잘못을 가리도록 한다. 계장이나 유사는 잘못한 자를 깨우쳐 시비를 그치도록 한다. 만약 독단할 수 없을 때는 약 중의 선비들과 회의하여 따져보아 깨우친다. 잘 잘못이 드러났는데도 잘못한 자가 중단하지 않으면 소송을 좋아하는 죄목으로 다스린다. 향 중에서 감당할 수 없는 것은 공공기관에 보고한다.

10. 곤장 40대 이하의 벌은 계장이나 유사가 담당하고 그 이상은 기관에 보고한다.

11. 관리나 관노가 거리를 다니면서 청탁을 받거나 작폐를 하거나 색장 등이 촌민을 침해하여 시끄럽게 하면 일일이 기관에 보고하여 죄를 다스린다.

12. 처음으로 도적질한 사람은 적발하여 치죄한다.

13. 이유 없이 소를 잡는 자는 치죄하고 부득이한 이유로 잡으면 이유를 갖추어 계장에게 보고한다.

14. 무죄한 사람이 누명을 쓰고 형벌을 받으면 탄원서를 제출하여 석방을 요구한다.

15. 귀찮아 향약에 참가하지 않거나 규약을 어기고 잘못을 저질러도 고치지 않는 자는 기관에 보고하고 처리한 뒤 그 고을에서 축출한다.

16. 죄를 범하여 바로 다스려야 되는 것은 사계절의 정기모임을 기다리지 않고 수시로 논죄한다.

17. 기관에 보고할 것이 있는데 정기모임이 되지 않으면 약 중의 모든 관원에게 통지하고 다른 관원들이 새 원이 되면 상의하여 기관에 보고한다.

18. 도계장이 기관에 보고할 일이 있으면 수시로 연락하여 계장의 모임을 가질 수 있다.

19. 계장이나 유사가 공적인 이유를 빙자하여 사욕을 채우거나 현명하지 않고 바르지 않으면 도계장이 기관에 보고하고 교체한다. 색장과 별검은 각 장내의 계장과 유사가 살펴 그 실책이 큰 자는 교체한다.

20. 도계장이 기관에 보고할 일이 있으면 수시로 연락하여 계장의 모임을 가질 수 있다.

21. 각 장내의 계장이 향소에 통지할 때는 공문서를 사용하고 도계장에게 통지할 때에는 다른 규격의 공문서를 사용하며 도계장은 향소에 직접 문서로 통보하지 않는다.

이상이 향적의 실천사항이다. 선행의 내용은 개인적 도덕 실천 주체의 확립, 가족과 친척 간에 지켜야 할 실천 도덕, 친구와 이웃 간의 실천 도덕과 공동체 의식의 확립 등의 세 분야로 나눌 수 있고, 나머지 세칙도 개인윤리, 가정윤리, 사회윤리의 세 분야로 구분할 수 있다. 이중에서도 주목할 만한 내용은 같은 마음에서 악행이 있을 경우 큰 범죄가 아니면 자체에서 처벌하게 만드는 것인데, 이는 가정에서 부모가 자녀의 잘못을 직접 다스리는 형태와 같다. 이는 바로 사회의 가정화이고, 가정교육의 사회교육화이다.

서원향약은 다음과 같은 측면에서 사회교육적 특징을 지닌다.

첫째, 지역 사회의 주민들에게 도덕 중심의 가치관을 확립하려고 하였다.

둘째, 삶의 기준을 개인에서 가족 공동체로, 가족 공동체에서 다시 마을 공동체로 확산시키는 데 기여하였다. 가족을 나처럼 생각하고, 이웃을 가족처럼 생각하며, 타향 사람을 고향 사람처럼 생각하고, 외국인을 내국인처럼 생각하는 식으로, 남을 나로 치환하는 범위를 무한히 확대할 때 궁극적으로 세계 평화가 실현될 수 있다는 사실을 상기한다면, 그리고 그것은 도덕 중심의 가치관을 확립하는 데서 출발한다는 사실을 상기한다면, 율곡의 이 향약 정신은 대단한 의미가 있다.

2. 해주향약

황해도 해주는 율곡에게 제2의 고향이나 마찬가지이다. 처가가 여기에 있었고, 해주 석담에 거처하면서 『격몽요결』을 짓고 <은병정사>를 설치하여 학생들을 가르쳤을 뿐만 아니라 황해도 관찰사를 지냈기 때문이다. 이는 해주가 상당 기간 동안 율곡의 생활과 교육의 터전이었음을 말해준다.[4] 그러나 당시의 해주는 윤리 도덕적으로 볼 때 자랑스럽게 내세울 만한 지역은 아니었다. 사람들은 모여앉아 장기로 돈내기를 하고, 아무 까닭 없이 스님을 공갈 협박하여 물건을 빼앗는가 하면, 본처를 박대하고, 예의라고는 없어 형제자매가 죽어도 상복을 입지 않는 경우가

---

4) 이종호, 『율곡-인간과 사상』, 서울; 지식산업사, 1994, 246-250쪽, 참조

많았다.

관직에서 물러난 재야의 선비 율곡은 이러한 실상을 보고 매우 분개하였다. 율곡은 그 지역의 전직 관리로서, 또 이제 막 찾아오기 시작하는 문도들을 가르치는 교육자로서, 혹은 처가가 있는 지역사회의 일원으로서, 다시 말하면, 그 지역사회의 지도급 인사로서 해주의 풍속을 교화시키는 데 나서지 않을 수 없었다. 그것이 이른 바 <해주 3약>(해주향약, 해주일향약속, 사창계약속)을 만들어 실시하게 된 계기이다. 율곡은 당시 외가 쪽 조상이자 고려시대의 뛰어난 유학자인 최충을 모신 문헌서원과 연계하면서 이를 실시하였다.

1절에서 언급한 것처럼, 율곡은 청주에서 목사로 있을 당시, 서원향약을 마련하여 실시한 적이 있었다. 그런데 해주 지역은 청주와 지역풍토와 분위기가 달랐다. <해주 3약>, 특히 <사창계약속>에는 민생과 관련된 조항이 많이 들어 있다. 이는 향약이 단지 국민의 사회교육 차원에서 그치지 않고, 일반 서민인 주민들에게 직접적인 도움이 된다고 보았기 때문이 아닐까 생각된다. 율곡은 청주에서 지역사회 유지들에게 의견을 물은 것처럼, 해주에서도 지역의 여러 사람과 함께 논의하면서 향약을 만들어 민간에 유포시켰다.

해주에서 향약이 실시되자, 장기로 돈내기를 일삼던 사람은 장기판을 불태워버리며 지난날의 행동을 부끄러워하였고, 스님을 공갈 협박하여 물건을 빼앗곤 하던 사람도 그 행동을 수치스럽게 여겼으며, 본처를 박대하던 사람이나 형제자매의 상사(喪事)를 소홀히 하며 예절을 모르던 사람들도 제각기 깨달아, 처를 사랑하고 공경하게 되었으며, 형제자매가 죽으면 상복을 입고 슬퍼할 줄 알게 되었다. 어떤 사람은 20여 년이나 버려두었던 본처를 다시 불러 사이가 좋은 부부로 지냈고, 어떤 사람은 아우가 죽자 상복을 입고 몹시 슬퍼하였는데, 이런 사례들은 해주지역에서는 이전에 찾아보기 힘든 일이었다. 그래서 사람들이 그 까닭을 물으면 모두 "이 감사가 가르친 예절이 이와 같았다"고 하였는데, 여기서 '이 감사'는 율곡 이이를 가리킨다.

<해주 3약> 가운데 <해주향약>은 주자의 <증손여씨향약>과 거의 같지만, 내용이 보다 자세하다. 특이한 점은 <입약범례>에서 창고에 모아두었던 베나 곡식과 같은 물건을 지역주민들에게 대출하여 2/10의 이자를 받도록 한 것이다. 또한 서원이 향약을 할 때 모임 장소로 활용되었다.

<해주일향약속>은 전직 품관이 주체가 된 것으로, 실천 강목은 <해주향약>이나 <증손여씨향약>과 마찬가지로 덕업상권, 과실상규, 예속상교, 환난상휼로 되어 있다.[5] <해주향약>이 지역사회의 주민에 의한 순수한 민간 자치성을 지니고 있는데 비해, <해주일향약속>은 국가기관과 연계되어 있다는 점에서 차이가 있다. 또 향헌이 지방자치 기구인 유향소를 감독·통제하도록 한 점도 눈에 띄는 대목이다.

<사창계약속>[6]은 해주의 야두촌을 대상으로 한 것으로, 양반과 양인, 천민에 이르기까지 모두가 가입할 수 있었다. 여기에서도 <해주향약>이나 <해주일향약속>과 마찬가지로 덕업상권·과실상규·예속상교·환난상휼이 실천 강목으로 들어가 있다. 또한 사창법을 포함시켜 양민과 관련된 내용을 규제하는 법조로 삼았다. 이는 송나라 때의 주자가

---

5) 『栗谷全書』 卷16 "海州一鄕約束": 凡一鄕約束有四, 一曰德業相勸, 二曰過失相規, 三曰禮俗相交, 四曰患難相恤. 約束을 이어 나오는 뒷부분은 <鄕會讀約法>이고, 맨 뒷부분에 부록으로 <同居戒辭>가 붙어 있다. 앞에서도 다루었지만, <同居戒辭>는 1577년 율곡이 42세 되던 해, 石潭으로 돌아와 종족을 모아 놓고 함께 살기로 결정하면서 만든 가족 내 규율이다. 그 내규를 <해주일향약속>의 뒤편에 부록으로 붙인 것은, 아마 <해주일향약속>이 해주 야두촌 한 지역의 향약이고, 율곡의 집안도 해주의 어느 지역에 모여 살면서 향약처럼 운영하였기에, 성격이 비슷하여 함께 첨부한 것이 아닌가 추측된다.

6) 『栗谷全書』 卷16 "社倉契約束"에는 立約凡例와 約束(凡契中之約有四, 一曰德業相勸, 二曰過失相規, 三曰禮俗相交, 四曰患難相恤.), 社倉法, 講信儀, 會時坐次 등으로 구성되어 있다.

승안 지역에 큰 흉년이 들자, 그것에 대처하기 위해 만들었던 사창계를 본뜬 것이다. 이는 <해주 3약> 가운데 가장 구체적이고 민생과 관련된 내용이 많다.

<해주향약>은 <해주 3약> 가운데서도 중심이 되는 향약이다. 여기에서는 <입약범례> <증손여씨향약> <회집독약법> 가운데 주요 부분을 발췌하여 제시한다.[7]

〈입약범례(立約凡例)〉

① 처음 향약을 정할 때 약문을 동지에게 두루 보이고 그 마음을 바로잡고, 몸가짐을 단속하고, 착하게 살고, 허물을 고치기 위해 약계(約契)에 참례하기를 원하는 자 몇 사람을 가려 서원(書院)에 모아 놓고, 약법(約法)을 의논하여 정한 다음, 도약정(都約正), 부약정 및 직월(直月)·사화(司貨)를 선출한다.

② 여러 사람들은 나이와 덕망(德望)과 학술(學術)이 있는 한 사람을 추대하여 도약정으로 삼고, 학문과 덕행이 있는 두 사람을 부약정으로 추대한다. 약 중에서 교대로 직월과 사화를 맡는데 직월은 반드시 부릴 노복이 있어 사령(使令)이 가능한 사람으로 삼고, 사화는 반드시 서원 유생(儒生)으로 삼는다. 도정과 부정은 사고가 있지 않으면 바꾸지 않는다. 직월은 모임이 있을 때마다 교대로 바꾸며, 사화는 1년에 한 번씩 바꾼다.

③ 세 가지 장부를 두어 입약(入約)을 원하는 사람을 하나의 장부에 기록하고, 덕업(德業)이 볼만한 사람을 또 하나의 장부에 기록하며, 과실(過失)이 있는 사람을 또 하나의 장부에 기록하여, 직월이

---

7)『율곡선생전서』제16권「잡저(雜著)」"해주향약(海州鄕約)"(한국고전번역원 한국고전종합DB) 및『국역 율곡집』, 민족문화추진회, 1976, 395-422쪽, 참조.

맡았다가 매번 모임이 있을 때, 약정에게 알려서 각각 그 차례를 매긴다.

④ 선적(善籍 착한 일을 기록한 장부)·악적(惡籍 악한 일을 기록한 장부)은 모두 스스로 향약에 참여한 뒤부터 기록하고, 그 이전에는 과실이 있었더라도 모두 말소해 주고 다시 논하지 않고, 반드시 예전 그대로 고치지 않은 뒤에야 장부에 기록한다. 악적에 기록된 것은 허물을 고친 것을 명백히 안 뒤에야 모임 때에 공론으로 말소하고, 선적에 기록된 것은 허물이 있더라도 말소하지 않고 반드시 부모에게 불효하거나, 형제자매에게 우애하지 못하거나, 음간(淫姦)으로 금령을 범하거나 부정한 재물을 취하여 몸을 욕되게 하는 등, 크게 패륜한 행실이 있은 뒤에야 선적에서 말소하고 약에서 쫓아낸다.

⑤ 직월이 만약 같은 약원의 착한 행실이나 악한 행실을 들으면, 상세하게 묻고 실정을 알아서 사사로이 장부에 기록하였다가, 모임이 있는 날 뭇사람에게 보고한다. 직월이 알고도 고하지 않으면, 약정과 부약정이 그 까닭을 문책하여 규약을 위반한 것으로 논의한다. 약원의 과실을 기록한 것이 말소되지 않은 것이 세 번이 되도록 끝내 고치지 않으면 여러 사람이 의논하여 약에서 쫓아낸다. 약에서 쫓겨난 자가 스스로 뉘우치고 허물을 고치면 다시 들어오게 한다. 처음 들어오는 예(例)와 같다.

⑥ 처음 향약을 세울 때 약에 참여한 사람은, 각각 무명 한 필, 삼베 한 필, 쌀 한 말씩을 내어 사화(司貨)에게 위임하여 서원에 간직해 두고, 근실한 재직(齋直 서원을 지키는 사람)을 선발하여 그 출납(出納)을 맡겨 뒷날 길사나 흉사 때 구휼(救恤)하는 자금으로 삼는다. 또 매년 11월의 모임 때에 같은 약원들이 각각 쌀 한 말씩을 내어서 사화에게 맡기면, 사화는 거두고 저장하는 것을 맡아 용도

에 댄다. 쓰고 남는 것이 있으면 백성에게 놓아서 2/10의 이식을 받아 사창법(社倉法)과 같이 하고, 부족하면 같은 약원이 적당히 헤아려 출자를 더하여 보충한다. 베는 거두어들인 것을 이식을 놓지 말고 용도가 다하려 하면 또 각각 한 필씩을 내서 용도에 충당하게 한다. 쌀의 저축이 점점 많아지면 베로 바꾸어서 저축해도 되지만 여러 해 동안 묵어 저축한 것이 점점 여유 있게 되면 물자를 거둘 일이 있을 때 같은 약원에게 거두지 않고 사화가 저장한 것으로 쓴다. 추후로 향약에 들어온 자도 처음에 세운 약원의 예(例)에 의하여 쌀과 베를 낸다.

〈증손여씨향약문(增損呂氏鄕約文)〉

대개는 <여씨향약>을 모방하였으나 절목(節目)은 많이 다르다. 향약은 네 가지로, ① 덕업(德業)을 서로 권하는 것이요, ② 과실(過失)을 서로 바로잡아 주는 것이요, ③ 예속(禮俗)으로 서로 사귀는 것이요, ④ 환난(患難)을 서로 구제하는 것이다.

(1) 덕업을 서로 권함[덕업상권(德業相勸)]

덕(德)이란 부모에게 효도하고, 국가에 충성하며, 형제자매 사이에 우애하고, 어른에게 공경하며, 몸을 도(道)로써 다스리고, 가정을 예(禮)로써 올바르게 다스리며, 말은 반드시 충실하고 믿음직스럽게 하고 행실은 반드시 돈독하고 공경하게 하며, 분노와 욕심을 억누르고 성색(聲色)을 멀리 하며 착한 일을 보면 반드시 행하고 허물을 들으면 반드시 고치며 제사에는 그 정성을 다하고 상사(喪事)에는 그 슬픔을 극진히 하며, 친족 간에 화목하며 이웃을 사귀고, 벗을 가려 어진 이를 가까이하며, 자식을 방정하게 가르치고, 아랫사람은 근엄한 법으로 다스리며, 가난할 때에도 청렴한 지조를 지키고, 부유해져도 예(禮)로 사양함을 좋아하는 것 등을 말한다.

업(業)이란 글을 읽고 이치를 궁구하며, 예를 익히고 수(數)를 밝히며, 가정을 엄숙하게 다스리고, 공부하는 과정을 신중히 하며, 가정을 경영하되 구차하게 하지 않고, 남을 구제하되 인(仁)을 행하며, 약속한 것을 실천하고, 남의 부탁을 들어주며, 환난을 구제하고, 널리 은혜를 베풀며, 남을 착하도록 인도하고, 남의 과실을 바로잡아 주며, 남을 위하여 일을 도모하고, 대중을 위하여 일을 성사시키며, 서로 싸우고 다투는 것을 화해시키고, 옳고 그른 것을 판결하며, 이로운 것을 일으켜 해로운 것을 제거하며, 관직에 있으면 책무를 완수하며, 법령을 두려워하고, 조세(租稅)를 포탈하지 않는 것 등을 말한다.

위와 같은 것은 같은 약원 각자가 정진 수양하고, 서로 권면해야 한다. 모임이 있는 날에 잘 실행한 자를 서로 추천하여 장부에 기록하여 실행하지 못한 자를 경계한다. 위의 덕업이 훌륭한 자와 약원 가운데서 이행하지 못한 자는 같은 약원들이 들은 대로 도약정·부약정 및 직월에게 보고해야 한다.

(2) 과실을 서로 바로잡아 줌[과실상규(過失相規)]

과실은 의리에 위반되는 허물 여섯 가지를 말한다.

첫째, 희락(嬉樂)과 유희(遊戲)에 절제가 없는 것인데, 술에 방탕하여 떠들고 다투며, 음부(淫婦)나 창기(倡妓)를 가까이하고, 바둑이나 장기에 빠지는 것을 말한다. 대개 방탕한 생활로 학문을 폐하는 일이 다 이에 해당한다.

둘째, 분을 내어 다투거나 싸워서 송사하는 것인데, 조그마한 일로써 원한을 일으키고 걸핏하면 분노(忿怒)하거나 욕하고 구타하며, 혹은 관청에 송사를 제기하는 것을 말하니 그만둘 일을 그만두지 않는 유(類)를

말한다. 실지로 원통하거나 억울하여 관청에 호소하는 것은 이런 유가
아니다.

셋째, 행실이 법도에 넘치거나 어그러짐이 많은데도 몸가짐을 삼가지
않고 몸단속을 해이하게 하여 나이가 많거나 덕이 있는 이를 업신여기며
남의 장점이나 단점을 말하며, 세도를 믿고 남을 업신여기며, 자신을 높
게 여기고 남을 얕보며, 혹 가정을 다스리는 데도 법도가 없어서 부부간
에 너무 친밀하여 허물이 없거나 혹은 지나치게 박대하거나 허물을 알면
서도 고치지 않고, 간하는 말을 듣고도 더욱 심하게 하는 것 등을 말하
는 것이니 대개 예(禮)에 벗어나고 법을 어기는 모든 악한 것이 다 이에
해당한다. 향약에 참여한 자가 참여하지 않은 자를 경멸하는 것도 자기
를 높게 여기고 남을 얕보는 것이다.

넷째, 말이 충직하거나 신실하지 못한 것인데, 말하는 것이 실상이 없
어서 다른 사람을 속이며, 단점(短點)을 옹호하고 허물을 숨겨 남이 바로
잡아 주는 것을 미워하거나 남몰래 직월에게 부탁하여 과실을 기록하지
말도록 청하며, 희롱하는 말로 남을 농락하여 침해하고 모욕하거나 악한
자를 편들어 말을 꾸며서 감싸 주며 남을 위하여 일을 도모하다가 도리
어 일을 망치거나, 남과 약속을 하고서 약속한 말을 지키지 않으며, 헛소
문을 함부로 전하여 여러 사람을 현혹(眩惑)시키거나, 없는 일을 거짓으
로 꾸며 잘못이 있는 것처럼 하고 작은 것을 크게 만들고 면전에서는
옳다 하고 돌아서면 그르다 하며, 아무 근거가 없이 남을 조롱하는 글을
짓거나 남의 비밀을 들춰내며 자신은 취할 만한 좋은 점이 없으면서 남
의 그전 허물을 말하기 좋아하는 것 등을 말한다.

다섯째, 지나치게 자신의 이익만을 꾀하는 것인데, 남과 재물을 거래
하면서 남에게 손해를 입히고 자기는 이롭게 하여 오로지 공리(功利)에
만 힘을 쓰고 다른 일은 생각지 않으며, 남에게 물건을 요구하기를 좋아
하여 시골 백성이나 절의 중들을 침해하며, 남의 부탁을 받고도 속이고

숨기는 일이 있거나 남의 뇌물(賂物)을 받고서 관사(官司)에 청탁하기도 하며 관직에 있으면서 청렴결백하지 못한 것을 말한다. 대개 자신의 이익만을 꾀하는 일이 다 이런 것이다.

여섯째, 이단(異端)을 배척하지 않는 것인데, 집안에서 음사(淫祀; 내력이 바르지 않은 귀신을 위하는 곳)를 숭상하는데도 금지하지 않으며, 술가(術家)의 풍수설(風水說)에 유혹되어 선대(先代)의 분묘를 함부로 이장하거나 또는 기일이 지나도 장사 지내지 않거나 종기나 마마로 인하여 제사를 폐하는 것이다. 대개 좌도(左道)를 배척하지 않는 일이 이런 것이다. 한 집안에서 만약 부모가 좌도를 배척하지 않으면 아들이 간하여 그만두게 해야 한다. 만약 완강히 듣지 않으면 어떻게 할 방법이 없으니 이와 같은 것은 자식의 허물이 아니다.

(3) 예속으로 서로 사귐[예속상교(禮俗相交)]

예속(禮俗)으로 서로 사귀는 일이 네 가지이다.

첫째, 어른과 어린이의 등급에 따라 대우하는 일이다.

존자(尊者)는 자기보다 나이가 20세 이상의 연장자로 아버지의 나이와 비슷한 이를 말한다. 만약 스승과 제자 사이라면 나이가 많지 않아도 존자로서 대우한다. 장자(長者)는 자기보다 나이가 10년 이상의 연장자로 형의 연배에 있는 이를 말한다. 만약 장자가 아버지와 친구 뻘이거나 동네 어른으로서 어릴 때부터 공경하던 분이거나 덕망이나 지위가 존경할 만한 사람이면 마땅히 존자로서 대우한다. 적자(敵者)는 자신과의 나이 차이가 위아래로 10년 미만인 자를 말한다. 연장자는 약간 어른이 되고 연소자는 약간 젊은이가 된다. 소자(少者)는 자기보다 나이가 10년 이하인 자를 말한다. 유자(幼者)는 자기보다 20세 이하인 자를 말한다. 나이는 비록 어리더라도 덕망이나 지위가 존경할 만한 사람이면 존장이 동등의 예를 행하게 하여 대등한 자와 대하는 것처럼 해야 한다.

둘째, 찾아가 뵙고 절하는 일이다.

설날에 유자가 존자에게 세배하는 일, 1월 초하룻날 절하는 것이니 만약 그날 무슨 연고가 있으면 이튿날이나 사흗날에 하고, 사흘이 넘어서는 안 된다. 하직을 아뢰는 일, 멀리 갈 적에 하직한다. 다녀와서 찾아뵙는 일, 먼 길을 다녀와서 찾아뵙는다. 축하드리는 일, 경사가 있으면 가서 하례한다. 고맙다고 인사드리는 일이니 만약 찾아왔거나 물품을 보냈으면 몸소 가서 사례하고, 만약 작은 것을 보내오면 편지만 갖추어 사례하고, 꼭 직접 가지 않아도 된다. 다 예로써 뵙는 것이다.

셋째, 초청하고, 맞이하고 전송하는 일이다.

존자를 초청하여 음식을 대접할 적에는 반드시 단자를 갖추고 친히 가서 초청한다. 대체로 모임에는 나이 순서로 차례를 정한다. 잔치에는 첫 자리를 따로 대청의 두 기둥 사이에 탁자를 설치하고, 만약 빈터에서 잔치를 베풀면 탁자를 자리 앞 중앙에 설치한다. 멀리 나가거나 또 먼 데서 돌아오면 전송하고 맞이하는 예

넷째, 경사(慶事)와 조문(弔問)에 물품을 보내는 일이다.

위는 예속으로 서로 돕는 일이다. 직월이 주관하는 데 기일을 두어야 할 경우에는 기일을 정하되, 소집하는 사람은 마땅히 그 약속을 위반하거나 태만히 할 것을 살펴서, 규약과 같지 않을 때는 약정에게 고하여 문책하고 장부에 기록한다.

(4) 환난을 서로 도움[환난상휼(患難相恤)]

환난의 일은 일곱 가지이다.

첫째, 수재와 화재이다. 재난이 적으면 사람을 보내어 도와주고 심하면 친히 많은 사람을 거느리고 가서 도와주며 또 위문하고, 만약 이로 인하여 양식이 떨어지게 되면 여러 사람이 의논하여 재물로써 돕는다.

둘째, 도둑이 드는 일이다. 가까이 있는 사람들은 힘을 합쳐 도둑을

잡고, 힘이 있는 이는 관사(官司)에 고한다. 그 집안이 가난하면 의연금을 모아서 돕고 만약 이로 인하여 조석의 끼니를 못하게 되거나 또는 발가벗게 되면 여럿이 의논하여 재물을 내어 돕는다.

셋째, 질병(疾病)이다. 병이 가벼우면 사람을 보내어 문병하고 심하면 의원과 약을 구해 준다.

넷째, 상사에 조문하고 부조하는 일이다. 이미 위에서 밝혔다. 만약 지극히 가난하여 장사를 할 수 없는 경우에는 여럿이 의논하여 규정된 부조 외에 재물을 더하여 도와준다.

다섯째, 외롭고 어린 사람에 대한 것이다. 약원 중의 한 사람이 죽었을 때 아들이 어려서 의탁할 곳이 없는 경우를 말한다. 그 집이 넉넉하면 그 친족 중에서 정직하고 신실하고 일을 주간할 이를 가려 대처하게 하고 그 재산의 출납(出納)을 조사한다. 친족 중에 마땅한 사람이 없으면 약원 중에서 절친한 이로써 맡게 한다. 그 집이 가난해서 스스로 살아갈 수 없으면 약원들이 협력하여 도와서 의탁할 곳이 있게 해야 할 것이다. 침해하고 속이는 자가 있으면 여러 사람이 힘써서 그를 위해 사리를 밝힌다. 그 자식이 조금 크면 사람을 가려 가르치고, 또 혼인을 구하여 준다. 마음대로 방탕하거나 단속하는 것이 없으면 자꾸 살펴 규제하여 불의(不義)에 빠지지 않도록 하며, 끝내 가르칠 수 없는 정도가 되면 그만둔다.

여섯째, 억울하게 무고(誣告)를 당하는 것인데, 약원 중에서 다른 사람의 무고를 당하여 억울한 죄나 허물을 스스로 밝힐 수 없는 이가 있다면, 형세가 관부(官府)에 고할 만한 것이면 그를 위해 말을 하고, 무고를 풀어 줄 만한 방책이 있으면 풀어 주도록 한다. 혹시 그 집이 이 때문에 의지할 곳이 없게 되면 여럿이 함께 재물을 내어 도와준다.

일곱째, 극히 가난한 것인데, 약원 중에서 가난을 참고 분수를 지키며, 생계가 군색하여 먹을 것이 끊어지는 일이 있으면 재물을 내어 돕는다. 처녀가 혼인을 할 시기가 지났으면 약원들이 연명으로 정장(呈狀)을 하여 관사에 해결해 주기를 진정한다.

위는 환난을 서로 돕는 일이다. 마땅히 구제해야 될 것이 있으면 그 집에서 약정이나 직월에게 알린다. 그 가까이 사는 데에 따라 고한다. 약원들이 듣고 알면 스스로 알리기를 기다리지 말고 약정이나 직월에게 이를 알린다. 그러면 직월은 이를 약원에게 두루 고하고 또 사람을 소집하고 일을 주선한다. 같은 약원끼리는 재물·기구·수레·말·종 등 모두를 없는 것을 서로 빌려 주되 쓰기에 급하지 않은 것이나 장애되는 것이 있으면 굳이 빌려 줄 필요가 없다. 빌릴 만한 것을 빌려 주지 않거나 기한이 넘어도 돌려주지 않거나 빌린 물건을 훼손했을 경우, 약정과 직월이 이를 알면 규약을 어긴 잘못으로 논하고 장부에 기록한다. 이웃이나 마을에 혹시 급한 일이 있으면, 약원이 아니더라도 먼저 듣고 아는 이는 또한 도와주어야 할 것이며, 혹시 힘이 부족하여 도울 수가 없다면 그를 위해 약원들에게 알려 구조하도록 대책을 도모 한다. 이와 같은 일을 하는 이가 있으면, 역시 착한 것을 장부에 기록하여 고을 사람에게 알린다.

〈회집독약법(會集讀約法)〉

모든 향약에 참여하는 사람은 한 달 걸러 한 번씩 서원에서 규약을 강론한다. 봄과 가을 첫 달의 모임에는 각각 술과 과실을 지니고 오며, 또 점심을 지을 쌀도 가지고 와서 사화(司貨)에게 맡기고 재직(齋直)을 시켜서 밥을 짓는다. 밥만 지을 뿐이요, 그릇이나 반찬은 모두 서원 것을 쓰지 않는다. 어기는 자는 규약을 범한 자로 논한다. 술을 마실 때에는 재직에게 술만 데우고 서원의 술잔만 쓸 뿐이며 역시 그릇들은 사용하지 않고 이를 어기는 사람도 규약을 범한 것으로 논죄한다. 나머지 달의 모임에는 점심만 차리고 술과 과실은 가지고 오지 않는다. 점심은 사화가

맡고 술과 과실은 직월이 담당한다. 모이는 날에는 일찍 일어나서 도약정·부약정·직월이 서원에 가서 기다린다.

모두 단령(團領)·조대(條帶)·납화(納靴)를 갖추고 만약 유생(儒生)이면 두건(頭巾)·단령·조대·납혜(納鞋)를 갖춘다. 사화는 먼저 이르러도 밖에서 기다리다가 다른 약원과 같이 예를 행한다.

먼저 어른과 젊은이의 차례대로 동재(東齋)에서 평소의 의식과 같이 절하고 읍을 한다.

부약정 이하는 다른 재(齋)에 모여서 도약정이 동재에 들어가 옷을 갈아입기를 기다렸다가 동재에 나아가서 예를 행한다.

강당(講堂)에 <대성지성공자(大成至聖孔子)>의 위패를 북벽(北壁)에 모신다.

공자 이하는 모두 지방(紙榜)으로 표기(標記)한다. 먼저 정결한 종이를 갖추고 부약정·직월 중에서 글씨 잘 쓰는 이가 세수하고 경건하게 쓴다.

병풍을 설치하고 지방을 병풍 위에 붙인다.

선사 안자(顏子)의 위패, 선사 증자(曾子)의 위패, 선사 사자(思子)의 위패, 선사 맹자(孟子)의 위패는 동벽(東壁)에다 모시고, 선사 주자(周子)의 위패와 선사 정백자(程伯子)의 위패, 선사 정숙자(程叔子)의 위패와 선사 주자(朱子)의 위패는 서벽(西壁)에 모신다. 향로와 향합의 탁자는 마루 중앙에다 설치한다.

문헌공(文憲公) 최충(崔沖) 사당에도 역시 문을 열어 청소하고 향로와 향합을 설치한다.

같은 약원이 도착하면 밖에 있는 자리에서 기다린다.

약원들은 모두 약정과 직월과 같은 복장을 한다. 장자(長者) 이하가 한 위차(位次)를 만들어 사람이 이르는 대로 나이에 따라 절하고 읍하며, 순서대로 앉는다. 작위(爵位)가 다른 이도 장자와 자리를 같이 하되 작위가 다른 이는 따로 앉고 존자(尊者)는 따로 한 위차를 만든다. 여기의 장자·존자는 모두 약정의 나이로 계산한다. 존자가 모두 도착하면 작위가 다른 이와 장자는 존자의 자리에 나아가서 읍을 하고 마치면 동편에 늘어선다. 적자(敵者) 이하는 함께 존자의 자리에 나아가서 두 줄로 차례를 지어 절을 마치면, 적자와 소자는 서편에 늘어서고, 유자(幼者)와 서얼(庶孼)의 무리는 남쪽에 늘어서서, 순서대로 문밖의 자리로 나아가 선다. 대개 모임에는 유자와 소자가 먼저 도착해야 하고 존장보다 늦어서는 안 된다. 대개 약원의 집 자제는 비록 회원에 가입하지 않았더라도 무리들을 따라 순서대로 절할 수 있게 하고, 그렇게 할 수 없다 해도 예식을 관람할 수 있게 하며 각각 점심을 가지고 와서 다른 곳에 모여서 먹도록 한다.

다 모였으면 나이순대로 문밖에 서서 북쪽을 위로 하여 동으로 향하고 약정 이하는 문을 나와 남쪽을 위로 하여 서쪽을 향해 선다. 약정이 서는 자리는 가장 나이 많은 사람과 더불어 정면으로 마주 향한다.

약정이 읍을 하고 가장 나이 많은 자를 맞이해 문에 들어오면 여러 사람이 따라 들어와 뜰 가운데 이르게 되면 약정 이하는 뜰의 동쪽에 서고 존자 이하는 서쪽 뜰에 서서 모두 두 줄을 지어 북쪽을 향하는데 동쪽 뜰에서는 서쪽을 위로 하고 서쪽 뜰에서는 동쪽을 위로 한다.

약정은 혼자 한 줄로 서고, 부약정과 직월도 한 줄로 선다. 만약 부약정이 직월보다 존자이면 직월은 따로 한 줄로 선다. 존자와 작위가 다른 이는 한 줄로 서고 장자도 한 줄로 서며 적자도 한 줄로 서며 소자도 한 줄로 서고, 유자와 서얼도 한 줄로 선다.

서는 차례를 정하면 모두 두 번 절을 한다. 소자 이하 두 사람이 먼저 두 번 절하고 예를 행한 뒤에 동서로 나누어 서서 절하고 서서 배(拜)·흥(興)을 창(唱)하게 한다. 향을 올리는 절차는 먼저 국궁(鞠躬)·배·흥·배·흥·평신을 창하고, 다음으로 궤(跪)를 창하며, 다음으로 상향(上香)을 창하고, 다음으로 배·흥·배·흥·평신을 창하면 예가 끝난다.

이상, <서원향약>과 <해주향약>에서 본 것처럼, 율곡이 향약을 통해 지향하는 사회적 의식, 즉 사회교육의 차원은 현대 사회교육의 목적과도 상당히 일치한다. 사회교육은 학교교육과는 달리 몇 가지 특성이 있다.[8]

그것은 첫째, 행동적이고 기능적이며 성인이 도달할 수 있는 것이어야 한다. 둘째, 학습자들의 구체적인 변화를 지적해야 한다. 셋째, 성인들이 그들의 목적으로 받아들일만한 것이어야 하며, 많은 성인들이 참여할 기회를 제공하는 것이어야 한다. 넷째, 일반교육의 목적에 벗어난 것이어서는 안 된다.

향약은 지역사회의 모든 구성원들이 참여하는 공동체교육이다. 그리고 거기에는 모든 성인들이 각자의 지위와 역할에 따라 일처리를 하면서 참여해야 한다. 따라서 사회교육의 첫 번째 특성에 상당히 부합한다. 또한 향약에 참여하는 지역사회 대부분의 사람들이 향촌 풍속 진작에 기여하면서 도덕적으로 바뀌게 된다는 측면에서, 두 번째 특성에도 부합된다. 세 번째의 경우에는 교육 참여의 기회를 모든 사람들에게 개방했다는 점에서 그러하며, 유교가 지니고 있는 일반교육, 즉 오륜(五倫)의 내용을 담보하려고 노력한다는 점에서 네 번째 특성도 부합된다.

---

8) 박노열, 『사회교육학개론』, 서울: 형설출판사, 1989, 32-33쪽.

제10장

결 어

1

율곡의 교육론은 복잡한 것 같지만 아주 단순할 수도 있다. 왜냐하면 그의 '입지(立志)'에서 시작하는 '성인자기론(聖人自期論)'이 교육의 전모라고 할 수 있기 때문이다. 지금까지 다룬 「자경문」과 「화책」, 지도자 교육서인 『성학집요』, 일반교육론과 국민교육론을 다룬 「격몽요결」과 「학교모범」, 사회교육의 차원에서 검토해 본 향약에 이르기까지 율곡의 교육적 지향은 사람다운 사람이 아름답게 살 수 있는 사회이다.

2

율곡의 교육론을 이해하기 위해 맨 앞에서 교육의 단초로 거론한 '입지'와 '교화'는, 율곡이 지향하는 교육이 어디에 있는지 분명하게 지시한다. 그에 입각하여 율곡은 그의 교육론의 근거, 즉 철학적 사유의 기초로서 세계관과 인간관, 교기질(矯氣質)론을 전개하였다. 율곡은 우주자연의 유기체를 리(理)와 기(氣)의 두 범주로 나누고, 그것을 '보기도 말하기도 어려우며 서로 분리할 수 없는 차원'의 리기지묘(理氣之妙)로 이해하였다. 우주의 근본적 질서이자 보편적 이치로서의 리와 그것을 움직여 가는 힘으로서 기를 말하였다. 그러므로 리(理)는 두루 통하고 기(氣)는 개개 사물과 운동에 국한되어 작용해 나간다는 리통기국(理通氣局)의 세계관을 보여 주었다.

인간도 이러한 리기(理氣)의 사이 세계에 존재한다. 그러므로 사단(四端)으로 품부받은 순수한 선(善)인 성(性)과 칠정(七情)이라는 선악(善惡)이 혼재된 정감(情感)으로 뭉쳐져 있다. 이때 사단은 리이고 칠정은 리와 기를 합한 것으로 이해되었다. 그런데 사단과 칠정은 마음의 경향성인 인심과 도심을 확인해 봄으로서 구체적으로 파악할 수 있다. 인심(人心)은 기(氣)의 발현에 따라 달라지는데, 악한 기(氣)를 발동하면 악한 인심이 되고, 선한 기(氣)가 발동하면 선한 인심으로 드러난다. 반면에 도심(道心)은 순수한 마음의 양태로 천리(天理)를 보존하고 있는 것이다.

교기질(矯氣質)은 바로 기의 작용을 중시하여, 인간의 가변성에 초점을 둔 것이다. 인간은 누구나 바름과 통함이라는 자질을 구유하고 있다. 그런데 청탁수박(淸濁粹駁)의 기질은 제각기 다르게 타고났다. 이때 부정적 의미를 담고 있는 기질인 탁(濁)과 박(駁)은 긍정적 의미의 청(淸)과 수(粹)의 기질로 바꿀 수 있다. "교기질" 이론은 특히, 마음의 기질 변화를 통해 바람직한 인간, 일상사를 마땅하게 처리해 갈 수 있는 교육받은 인간을 기르는 이론적 기초가 된다. 율곡에게서 무엇보다도 중요한 것은 인간을 가능성의 존재, 즉 '인간됨', '사람다움'을 추구할 수 있는 기질 변화의 존재로 보았다는 점이다.

이와 같이 율곡의 리기지묘(理氣之妙)와 리통기국(理通氣局)의 세계관, 사단칠정(四端七情)과 인심도심(人心道心)의 인간관은 인간의 변화 가능성을 탐색한 교기질(矯氣質)의 이론으로 이어지면서 율곡 교육론의 기반을 형성하고 있다고 판단된다.

3

율곡의 『성학집요』에 기록된 수기의 학문 과정은 어찌 보면, 매우 간단하다. 크루쉬나무르티의 "자기로부터의 혁명"과도 유사하다. 그러나 그 속살을 깊이 들여다보면 매우 복잡하면서도 난해하다. 그것은 지금까지 논의한 것처럼『대학』을 축으로『성학집요』를 엮어내는 과정에서 다양한 이론과 실제의 연관을 일상에서 고민하였기 때문이다. 특히 제왕학-성학으로서의 학문 시스템 제시이기에 더욱 그러하다.

『대학』에서『성학집요』로의 심화 내용을 지도자 교육의 내적 차원인 수기교육에서 의미부여하면, 다음과 같다.

첫째,『대학』의 '삼강령'은『성학집요』에서「수기총론」으로 정리되면서 학문적 심화를 예고한다.『대학』의 경1장에서 삼강령이 다루어지고 있다면,『성학집요』에서는『중용』의 수장(1장)을 추가하여 성학(聖學)을 구축한다. 유교에서『대학』과『중용』은 표리관계에 있다. 따라서 율곡은『중용』으로『대학』을 보완함으로써, 유교를 온전하게 그려내었다.

둘째,『대학』의 팔조목 중 수기에 해당하는 부분을 구체적으로 확장하였다. 팔조목 중 수기는 격물-치지-성의-정심-수신의 다섯 조목이다. 이는 궁리와 정심, 검신으로 대체되면서 회덕량과 보덕, 돈독을 통해 더욱 보충되는 형태로 발전된다. 즉 격물치지는 궁리로 설명되고, 성의정심은 정심으로 정돈되면서 회덕량과 보덕으로 보완된다. 또한 수신은 검신으로 확대되어 돈독과 만나면서 학문적 구체성을 보인다.

셋째,『대학』에서 소홀히 한 입지(立志)를 중요하게 지적한다. 공자의 "지어도(志於道)"에서 보았듯이 입지의 문제는 유교에서 파편적으로 거론되었다. 그런데『격몽요결』과『학교모범』등 율곡의 저술 곳곳에서 입지는 학문의 초두에 핵심으로 자리한다. 그것은 율곡이 강조한 독특한 학문 체계이자 중국 유교와 변별되는 조선 유교의 특성이다.

넷째, 삼강령의 체계에서 지어지선의 경지를 수기의 공효로 풀어내었다. 엄밀하게 말하면 지어지선은 명명덕이나 신민의 강령과는 성격이 다르다. 명명덕이나 신민이 명사형의 개념 개념용어로서 이론적 측면이 강

하다면, 지어지선은 지선(至善)이라는 인간의 가장 적절한 삶의 지속을
의미하는 동사형의 실천·행위적 측면이 강하다. 율곡은 그것을 공효(功
效)의 차원으로 정립하면서 지도자가 지녀야 할 덕목을 수기교육의 체계
로 시스템화 했다고 판단된다.

4

율곡은 수기치인(修己治人)의 유교 논리에서, 치인을 정가(正家)와 위
정(爲政)으로 심화시켰다.

정가의 근본은 정명(正名)에 있다. 그 내면적 성찰의 기초는 몸소 도
를 실천하는 직접적 행위를 통해 수기에서 치인으로 유기체처럼 연결된
다. 그 핵심은 가족 윤리의 기초인 효(孝)·제(弟)·자(慈)이다. 이는 아내
와 자식교육으로 이어져 궁극적으로 부모와 자식 간의 관계 문제를 바르
게 하고, 그것을 집안사람인 친척들에게 확장한다. 정가의 외면적 구현
은 공평무사(公平無私)의 객관성을 주장하는 근엄함(謹嚴)과 절약, 검소
에서 시작된다. 이때 유교의 본분론(本分論)에 의거하여 절검(節儉)하는
생활 태도가 매우 강조된다. 왜냐하면 집안을 바르게 하는 삶의 실천 행
위가 절제와 검소에 있기 때문이다. 율곡은 이것을 심각하게 인식했다.
유교적 삶의 차원에서 기본적으로 고민해야 할 안민(安民)의 실천은 절
검과 검소가 근본이라고 본 것이다. 요컨대, 율곡이 요청한 정가의 궁극
목적은 뜻을 정성스럽게 하고 마음을 바르게 가다듬는 일로, 『대학』에
서 "몸을 닦아 집안을 가지런히 한다."는 말의 심화로 이해할 수 있다.

위정의 경우, 율곡은 먼저 정치의 근본이 지도자가 덕을 닦는데 있음
을 밝힌다. 그리고 그것을 실현하기 위한 일차적 작업으로 어진 사람의

등용을 고려한다. 특히, 착한 사람을 취하여 쓰면서, 시대를 인식하고, 역대의 훌륭한 모범적 지도자들의 정치를 본받으며, 세상의 이치를 파악하고, 삼가고 조심하며 정사를 도모해야 한다고 주장했다. 이것이 위정을 실천하는 기초에 해당한다. 그리하여 위정의 실제 구현은 기강을 세우고, 백성들을 편안하게 잘 살게 하며, 궁극적으로는 교육을 통해 백성들의 비뚤어진 마음이나 어긋난 생각들을 바로 잡는 데 두었다.

총괄해 보건대, 율곡의 『성학집요』는 『대학』에 드러난 단순한 차원의 수기치인을 매우 구체적인 인생의 실천 지침으로 발전시켰다고 판단된다. 특히 모호한 의미를 지닌 유교의 이념을 실제적 삶의 현실로 드러내어, 조선 유교를 체계화 하였다. 그것은 이른바, 올바름(正)을 핵심으로 하는 정치로 드러나고, 지속적인 삶의 교정이라는 교육을 지향한다. 달리 말하면, 지도자 교육의 외적 차원인 치인교육으로 드러난다.

5

율곡의 일반교육론과 국민교육론은 사람다움을 일깨우려는 교화와 감화의 연속이다. 특히, 『격몽요결』과 『학교모범』은 그 구조와 성격의 차원에서 실제적으로 동일한 구조를 이루면서, 수신(修身)과 관련된 항목을 먼저 다루고, 제가(齊家)의 문제, 향당(鄕黨)에서의 행동과 대인관계, 입신행도(立身行道) 등의 내용을 담고 있다. 『격몽요결은』 학문의 행동 지침을 세밀하고 상세하게 제시하고, 『학교모범』은 그 대강을 밝히고 있다. 『격몽요결』은 교육의 목적과 세부 내용, 교육의 방향이 일용지도(日用之道)에 있음을 미시적 관점에서 언급하였고, 『학교모범』은 교육의 근원과 필요성, 시대상황 등을 거시적 관점에서 제시하였다.

일반교육과 국민교육의 측면에서 본다면,『격몽요결』은 개인교육 차원의 수기치인에 대해 자세하게 제시하였고,『학교모범』은 공동체교육 차원의 수기치인에 대해 대략적으로 정돈하며 그 영역을 확장하고 있다. 이는 개인적 차원에서 사회적 차원으로 확대되는, 교육의 전체성을 고려한, 조선시대 공교육의 모색이다.

6

율곡의 가(家)교육은 삶의 과정에서 볼 때, 독특한 위상을 차지한다. '수기(修己)→정가(正家)→위정(爲政)'을 현대적 의미에서 개인교육(수양)→가정교육→공동체교육(정치)으로 도식화할 때, 율곡이 내세우는 가(家)교육은 의미심장한 시사를 한다.

첫째, 가(家)교육은 개인의 수양을 실제로 적용하는 최초의 공동체교육이다. 가정은 사회의 세포이고, 인간이 마주할 수 있는 가장 작은 단위의 공동체이다. 따라서 가정교육은 개인의 수양을 통해 습득한 윤리를 실천하는 배움의 기초이다.

둘째, 가(家)교육은 개인과 공동체-사회를 연결하는 고리이자, 공동체 생활의 연습장이다. 즉 가정은 부모자식 간의 수직 관계, 형제자매 사이의 수평 관계를 통해, 상하(上下)·좌우(左右)·전후(前後)의 수직-수평적 윤리 질서를 체득하게 한다. 이는 공동체의 삶을 원활하게 하는 일종의 배움의 응용이요, 실천의 질적 승화이다.

셋째 가(家)교육은 명분과 본분의 확인을 통해, 삶의 주체적 회복을 꾀한다. 가정교육은 가정 내에서 차지하는 자신의 지위와 역할을 통해 사회성을 확보하게 만든다. 그것은 보다 큰 공동체에서 자신의 위상을 점검할 수 있는 능력을 길러 주는 동시에 역할 점검을 통해 삶의 의미와 활력을 불어넣어 줄 수 있다.

이처럼 율곡의 가(家)교육은 현대 교육적 차원에서 볼 때, 인간의 자기 확인, 직책과 본분에 대한 배려, 공동체에 기여하는 방식 등에 대해 구체적으로 재고하게 만든다. 나는 개인적으로 어느 정도 수양이 되었는가? 나는 가정에서 어떤 위치에 있으며 무엇을 해야 하는가? 나는 이 사회에서 어떤 존재이며 무엇으로 기여할 수 있는가? 이런 물음을 유기적으로 연관시키는 가운데 율곡의 사유에 드러난 가(家)교육의 위상과 역할은 보다 분명해질 수 있다. 그리고 그가 추구한 가(家)교육의 내용이 현대적으로 해석될 여지가 있다.

7

율곡은 말한다. "향약은 한 지역사회에 사는 사람이 공동체로서의 지역사회를 지키고, 지역사회의 이웃이 질병이 났을 때 서로 도우며, 다른 지역으로 다닐 때 경비를 서로 보조해 주고, 지역 주민들의 자녀들이 교육을 잘 받아서 상호 간에 윤리적이고 도덕적인 공동체 분위기를 만드는 데 기여하기 위한 것"이라고.

이런 향약의 정신은 정치지도자이자 교육자로서, 지역사회의 지도층 인사로서 지역사회의 구성원을 교육하고, 지역사회의 문화 풍토를 건전하게 만들려는 지도자 교육철학의 반영이다. 그것도 지역사회의 주민과 더불어 논의하고 집행하면서 생활의 합리성을 도모한다. 이는 가정교육과 학교교육을 넘어 사회교육의 차원에서 교육의 범주를 확장한 것이다.

8

요컨대, 율곡의 교육론은 입지라는 개인수양의 교육에서, 성인을 기약하는 지도자 교육에서 마무리 된다. 그 도정에 일반교육과 국민교육, 사회교육에 이르는 구체적인 교육의 실천성이 담보된다. 율곡은 은병정사와 동거계약, 향약을 통해 그것을 직접 실천하였다. 이런 점에서 율곡의 교육은 이론과 실천의 병행이자, 개인교육-학교교육-사회교육이 유기적으로 연관된, 공동체를 지향하는 인간교육이다.

무엇보다도 교육적으로 감동스러운 장면은, 신분을 초월한 교육에서의 인간 평등, 교육 균등의 기회 제공이다. <은병정사학규>에서도 그렇고, <향약>에 참여하는 사람도 그러했다. 당시 계급사회에서 사농공상(士農工商)의 계급을 해체하고, 양반에서 일반서민, 심지어는 천인에 이르기까지, 모두가 교육에 참여할 수 있도록, 사람살이의 길을 열어 놓았다.

참고문헌

『栗谷全書』

『聖學輯要』

『擊蒙要訣』

『學校模範』

『醇言』

『四書集註大全』

『大學章句』

『中庸章句』

『孟子集註』

『論語集註』

『周元公集』

『正蒙』

『河南程氏粹言』

『性理大全』

『朱子語類』

『大學衍義』

『入學圖說』

『聖學十圖』

『通書』

『詩經』

『書經』

『周易』

『禮記』

『老子道德經』

국역 『율곡집』(민족문화추진회 간행, 1976)

강보승, 「栗谷 人心道心說에서 道德性 實現과 現實의 關係 -退溪學派의 栗谷 批判과 견주어-」. 한국유교학회. 『유교사상문화연구』 46, 2011.

_____, 「율곡철학을 통한 웰빙문화의 방향 모색 - 성학집요(聖學輯要)를 중심 으로-」. 동양철학연구회. 『동양철학연구』 60, 2009.

강봉수, 「율곡의 『聖學輯要』에 함의된 도덕교육론」. 한국윤리교육학회. 『윤리 교육연구』 12, 2007.

강태훈, 「『學校模範』에 나타난 栗谷의 教育的 價値論」. 혜전대학. 『論文集』 3, 1985.

금장태, 『유교사상의 문제들』. 서울: 려강출판사, 1990.

김경호, 「조선후기 율곡교육사상의 전승과 변용-『擊蒙要訣』을 중심으로」. 율 곡학회. 『율곡사상연구』 22, 2011.

_____, 「학교모범에 나타난 율곡의 교육사상 -교육이념과 내용을 중심으로- 」. 율곡학회. 『율곡사상연구』 6, 2003.

_____, 「『學校模範』에 나타난 栗谷의 教育思想-교육이념과 내용을 중심으로 」. 율곡학회. 『율곡사상연구』 6, 2003.

김기영, 「율곡 인성론의 교육적 함의」. 한국교육철학회. 『교육철학』 30, 2006.

김기현, 「율곡의 '理氣之妙'가 성선론의 새로운 전개에서 갖는 의의」. 한국양 명학회. 『양명학』 11, 2004.

_____, 「栗谷의 '七情包四端' 명제가 含意하는 두 가지」. 한국유교학회. 『유 교사상문화연구』 54, 2013.

_____, 「栗谷의 善惡觀에 관한 연구」. 대동철학회. 『대동철학』 24, 2004.

_____, 『대학-동아시아적 진보』. 서울: 사계절, 2002.

김미라, 「전통 유아예절교육의 현대적 활성화 방안 연구 -『격몽요결(擊蒙要訣)』 의 '입지(立志)'와 '실천위주' 교육을 중심으로-」. 미래유아교육학회. 『미래유아교육학회지』 18-2, 2011.

_____, 「전통 유아예절교육의 현대적 활성화 방안 연구-『擊蒙要訣)』의 입지 (立志)와 실천위주 교육을 중심으로」. 미래유아교육학회. 『미래유아 교육학회지』 18-2, 2011.

김병희, 「율곡의 아동교육론 -『격몽요결』을 중심으로-」. 한국교육철학회. 『교 육철학』 40, 2010.

_____, 「율곡의 아동교육론-『격몽요결』을 중심으로」. 한국교육철학회. 『교육

철학』 40, 2010.

김순영·진윤수, 「栗谷의 『學校模範』에 나타난 體育思想」. 충남대학교 체육과학연구소. 『體育科學研究誌』 24, 2006.

김영희, 「율곡의 『학교모범』에 기초한 인성프로그램 개발연구」. 경기대학교 학생생활종합센타. 『學生生活研究』 19, 2004.

김왕규, 「栗谷 李珥의 『學校模範』 연구」. 한국한문교육학회. 『한문교육연구』 6, 1992.

김익수, 「栗谷의 正家論」. 『栗谷學』 제5집. 사단법인 율곡사상연구원, 1992.

_____, 「栗谷의 靑少年敎育文化論(中) -主로 『擊蒙要訣』을 바탕으로-」. 한국청소년문화학회. 『한국의 청소년문화』 2, 2002.

_____, 「朝鮮朝에서 孝思想과 家政文化의 定礎 -主로 율곡의 『聖學輯要』의 正家(孝敬)을 중심으로-」. 한국사상문화학회. 『한국사상과 문화』 49, 2009.

_____, 『栗谷先生의 敎育哲學』, 서울: 수덕문화사, 1997.

김태완, 『율곡문답』. 서울: 역사비평사, 2008.

김태오, 「율곡의 「小兒須知」에 반영된 아동교육관」. 한국교육철학회. 『敎育哲學』 제16집, 1998.

김현수, 「율곡의 '理氣之妙'와 『道德經』의 '混'·'玄'」. 율곡학회. 『율곡사상연구』 6, 2003.

김형찬, 「氣質變化, 욕망의 정화를 위한 성리학적 기획 -栗谷 李珥의 心性修養論을 중심으로-」. 고려대학교 철학연구소. 『철학연구』 38, 2009.

김형효, 『동서철학에 대한 주체적 기록』. 서울: 고려원, 1985.

김형효 외, 『율곡 사상과 그 현대적 의미』. 성남: 한국정신문화연구원, 1995.

남지만, 「율곡 인심도심설의 특징」. 율곡학회. 『율곡사상연구』 7, 2003.

노상오, 「栗谷의 心性論」. 한국도덕교육학회. 『도덕교육연구』 14-1, 2002.

來可泓, 『大學直解 中庸直解』. 上海: 夏旦大學出版社, 1998.

리기용, 「栗谷 李珥의 人心道心論 研究」. 연세대학교 대학원 박사학위 논문, 1995.

_____, 「율곡의 도학과 사회개혁」. 율곡학회. 『율곡사상연구』 21, 2010.

_____, 「율곡의 리기지묘(理氣之妙)로부터 여헌의 리기경위(理氣經緯)로」. 율곡학회. 『율곡사상연구』 14, 2007.

_____,「栗谷의 人心道心論에 나타난 知覺과 意志 문제」. 한국사상문화학회. 『한국사상과 문화』 27, 2005.

_____,「이성과 감성, 그리고 도덕성의 性理學籍 相補性 -栗谷의 '心性正意 一路'를 중심으로-」. 율곡학회. 『율곡사상연구』 5, 2002.

_____,「지각의 지평에서 본 율곡의 리기理氣」. 한국동서철학회. 『동서철학 연구』 50, 2008.

_____,「『성학집요(聖學輯要)』를 통해 본 성인(聖人)의 학문과 정치」. 한국사 상문화학회. 『한국사상과 문화』 28, 2005.

林 堅,「栗谷實學思想及其啓迪」. 『栗谷思想硏究』 제15집. 사단법인 율곡학 회, 2007.

문태순,「격몽요결의 학문론 연구」. 안암교육학회. 『한국교육학연구』 10-2, 2004.

박균섭,「은병정사 연구: 학문과 학풍」. 율곡학회. 『율곡사상연구』 19, 2009.

박노열,『사회교육학개론』. 서울: 형설출판사. 1989.

박연경·정인희·황혜정·김영희·박연규,「율곡의 「학교모범(學校模範)」에 기초 한 유아 인성교육 프로그램의 개발」. 한국유아교육학회.『유아교육연 구』 26-1, 2006.

박의수,「율곡 교육사상의 인식론적 연구」. 고려대학교 박사논문, 1991.

박창용,「栗谷 理氣論의 氣重視的 特性」. 동국대학교 대학원.『동원논집』. 14. 2001.

_____,「栗谷 理氣之妙의 現實 代案的 性格」. 율곡학회.『율곡사상연구』 4, 2001.

박홍식,「家庭敎育 擔當者로서의 專業主婦의 役割과 家庭問題」 한국유교학회. 『儒敎思想硏究』 제30집, 2007.

박휘연,「栗谷 修養論의 理論的 土臺와 方法」. 율곡학회.『율곡학보』 1, 1995.

서근식,「退溪 李滉의 四端七情論과 栗谷 李珥의 人心道心論에 담긴 政治哲學 的 意味」. 한국철학사연구회.『한국 철학논집』 33, 2012.

선병삼,「退溪의 四七論에 대한 栗谷의 비판은 정당한가?」. 한국유교학회.『유 교사상문화연구』 55, 2014.

손인수,『율곡사상의 교육이념』. 서울: 문음사, 1997.

_____,『율곡의 교육사상』. 서울: 박영사, 1987.

송석구, 『栗谷의 哲學思想研究』. 서울: 형설출판사, 1994.

신선경, 「사유 방식과 텍스트의 구조:「격몽요결」의 텍스트 구조를 중심으로」. 한국텍스트언어학회. 『텍스트언어학』 14, 2003.

신창호, 「修己의 측면에서 본 『大學』에서 『聖學輯要』로의 학문적 심화」. 동양고전학회. 『동양고전연구』 제34집, 2009.

_____, 「治人의 차원에서 본 『大學』에서 『聖學輯要』로의 학문적 심화」. 동양고전학회. 『동양고전연구』 제36집, 2009.

_____, 「『大學』의 주요 개념에 대한 교육학적 해석-듀이와 화이트헤드의 교육철학과 연관하여」. 동양고전학회. 『동양고전연구』 31집, 2008.

_____, 『修己, 유가교육철학의 핵심』. 서울: 원미사, 2005.

_____, 『『대학』, 유교의 지도자 교육철학』. 서울: 교육과학사, 2010.

_____, 「율곡 교육론의 구조와 성격」-「격몽요결」과 『학교모범』의 비교-. 동양고전연구소. 『동방학』 24호, 2012.

_____, 『유교의 교육학 체계』. 서울: 고려대학교출판부, 2012.

신창호·전선숙, 「栗谷의 『聖學輯要』에 나타난 家교육의 位相」. 율곡학회. 『율곡사상연구』 제20집, 2010.

야마다 케이지. 김석근 역, 『주자의 자연학』. 서울: 통나무, 1991.

양승무, 「退溪와 栗谷의 理氣心性論 비교연구」. 한국유교학회. 『유교사상문화연구』 22, 2005.

오문환, 「율곡의 '군자'관과 그 정치철학적 의미」. 한국정치학회. 『한국정치학회보』 30-2, 1996.

오하마 아키라. 이형성 역, 『범주로 보는 주자학』. 서울: 예문서원, 1983.

유명종, 『退溪와 栗谷의 哲學』. 부산: 동아대출판부, 1993.

유성선, 「栗谷 心工夫의 橋氣質論 研究」. 중한인문과학연구회. 『한중인문학연구』 24, 2008.

유연석, 「栗谷 李珥의 勸學論: 凡人에서 聖人으로」. 율곡학회. 『율곡사상연구』 21, 2010.

유원기, 「율곡의 심성론에 대한 새로운 분석」. 한국양명학회. 『양명학』 28, 2011.

윤 정, 「英祖의 『聖學輯要』 이해와 君師 이념」. 부산경남사학회. 『역사와 경계』 66, 2008.

윤병오, 「도덕 교육의 입장에서 『격몽요결』 읽기」. 윤리철학교육학회. 『윤리
　　철학교육』 14, 2010.

이경한, 「栗谷의 氣質變化論 研究」. 한국철학사연구회. 『한국 철학논집』 4, 1995.

이기동, 「율곡사상의 윤리학적 해석」. 김형효 외. 『율곡의 사상과 그 현대적
　　의미』. 성남: 한국정신문화연구원, 1995.

이동인, 「『격몽요결(擊蒙要訣)』을 통해 본 율곡의 사상과 생애」. 동양사회사상
　　학회. 『사회사상과 문화』 29, 2014.

이두찬, 「栗谷 心性論에 있어서 心의 主宰와 의의」. 성균관대학교 유교문화연
　　구소. 『유교문화연구』 8, 2006.

＿＿＿, 「율곡 '修己論'의 사회철학적 의미」. 한국사상사학회. 『한국사상사학』
　　24, 2005.

이만규, 『가정독본』. 서울: 창작과비평사, 1994.

이병도, 『율곡의 생애와 사상』. 서울: 서문당, 1984.

이상익, 「『성학집요』를 통해 본 율곡의 정치학적 기획」. 『율곡학연구』 제1집.
　　한림대 한림과학원 율곡학연구소, 2005.

이선열, 「17세기 율곡학파의 인심도심 논변 -이세필, 송시열, 윤증의 "기용사
　　(氣用事)" 논변을 중심으로-」. 동양철학연구회. 『동양철학연구』 57,
　　2009.

이영경, 「栗谷의 心性論에 있어서 情과 善惡」. 영산대학교 한국민족문화연구
　　소. 『한국민족문화』 23, 2004.

이영자, 「栗谷哲學의 特性」. 율곡학회. 『율곡사상연구』 5, 2002.

＿＿＿, 「湖洛論爭에 있어서 栗谷 理通氣局說의 영향」. 한국동서철학회. 『동
　　서철학연구』 41, 2006.

이영찬, 『유교사회학의 패러다임과 사회이론』. 서울: 예문서원, 2008.

이조원, 「栗谷 李珥의 정치철학과 禪」. 한국선학회. 『한국선학』 27, 2010.

이종호, 『율곡-인간과 사상』. 서울: 지식산업사, 1994.

이천승, 「18세기 호락논변에 끼친 율곡학의 영향 -'理通氣局說'을 중심으로-」.
　　(사)율곡연구원. 『율곡사상연구』 28, 2014.

이홍군, 「栗谷 修養論의 특징에 대한 고찰」. 율곡학회. 『율곡사상연구』 14,
　　2007.

＿＿＿, 「栗谷 心性論에 있어서 朱子學의 變轉과 自得」. 율곡학회. 『율곡사상

연구』 11, 2005.

_____, 「朱熹와의 聯關속에서 본 栗谷 修養論의 特徵」. 영남퇴계학연구원. 『퇴계학논집』. 14, 2014.

임영란, 「「擊蒙要訣」 초간본과 현전본에 관한 서지적 연구」. 서지학회. 『서지학연구』 54, 2013.

임헌규, 「율곡의 심성론과 심신수반테제」. 대동철학회. 『대동철학』 25, 2004.

_____, 「율곡의 인간 이해에 대한 일고찰」. 한서대학교 동양고전연구소. 『동방학』 24, 2012.

임홍태, 「율곡 이이의 도통론과 도통의식 -『성학집요』의 "성학도통"론을 중심으로-」. 한국철학사연구회. 『한국철학논집』 18, 2006.

張立文, 『氣』. 김교빈 역. 『기의 철학』. 서울: 예문서원, 2004.

장숙필, 「교기질론을 중심으로 본 율곡의 공부론」. 성균관대학교 유교문화연구소. 『유교문화연구』 2, 2008.

_____, 「율곡 경장론의 특징과 그 현대적 의의」. 사단법인 율곡학회. 『栗谷思想硏究』 제10집, 2003.

_____, 「栗谷의 務實的 修己論」. 율곡학회. 『율곡사상연구』 3, 1997.

_____, 「율곡의 사단칠정론」. 민족과 사상연구회 편. 『四端七情論』. 서울: 서광사, 1992.

_____, 『栗谷 李珥의 聖學 硏究』. 서울: 고려대 민족문화연구소, 1992.

전현희, 「퇴계와 율곡의 인심도심설 -주자 심론의 한국적 전개-」. 한국철학사연구회. 『한국 철학논집』 41, 2014.

정덕희, 「퇴계와 율곡의 인간 형성관에 관한 비교 고찰」. 교육철학회. 『교육철학』 제22집, 1999.

정재훈, 「朝鮮前期 『大學』의 이해와 聖學論」. 진단학회. 『진단학보』 86권, 1998.

_____, 「『聖學輯要』를 통해본 朝鮮中期의 政治思想-『大學衍義』와의 비교를 중심으로-」. 서울대학교 규장각 한국학연구원. 『규장각』 22, 1999.

정혜정, 「불교적 조명에 의한 퇴계와 율곡의 공부론 비교」. 한국종교교육학회. 『종교교육학연구』 16, 2003.

정호훈, 「16세기 말 栗谷 李珥의 敎育論 -『擊蒙要訣』『學校模範』을 중심으로-」. 한국사상사학회. 『한국사상사학』 25, 2005.

_____, 「16세기 말 栗谷 李珥의 교육론-『擊蒙要訣』『學校模範』을 중심으로」. 한국사상학회. 『韓國思想史學』 25, 2005.

조남국, 「栗谷 思想에 있어서 倫理의 意味」. 한국유교학회. 『유교사상문화연구』 13, 2000.

_____, 『율곡의 사회사상』. 서울: 양영각, 1985.

조장연, 「우계와 율곡의 사단(四端)·칠정(七情)·인심(人心)·도심(道心)에 대한 분석」. 15. 우계문화재단. 『우계학보』 15, 1997.

_____, 「율곡의 인성론 연구 -사단칠정과 인심도심의 관계를 중심으로-」. 한국한문고전학회. 『한문고전연구』 12, 2006.

주영은, 「「격몽요결(擊蒙要訣)」에 나타난 아동교육에 관한 연구」. 한국보육학회. 『한국보육학회지』, 3-1. 2003.

_____, 「『擊蒙要訣』에 나타난 아동교육에 관한 연구」. 한국보육학회. 『한국보육학회지』 3-1, 2003.

진윤수, 「栗谷의 「擊蒙要訣」과 「學校模範」에 나타난 體育思想」. 한국체육사학회. 『체육사학회지』 15-2. 2010.

_____, 「栗谷의 『擊蒙要訣』과 『學校模範』에 나타난 體育思想」. 한국체육학회. 『체육사학회지』 15-2, 2010.

蔡茂松, 『退溪·栗谷哲學의 比較研究』. 서울: 성균관대학교출판부, 1985.

최도영, 「栗谷 修己論 研究」. 동국대학교 철학회. 『철학사상』 17, 1996.

최복희, 「栗谷 李珥의 心論 이해」. 한국유교학회. 『유교사상문화연구』 34, 2008.

최영진, 「退·栗의 理氣論과 世界認識」. 성균관대 대동문화연구원. 『대동문화연구』 제28집, 1993.

최일범, 「栗谷 李珥의 心性論에 대한 연구」. 퇴계학연구원. 『퇴계학보』 128, 2010.

한예원, 「初學 漢文教材로서의 『擊蒙要訣』의 意義 -朝鮮儒教의 慣習化 過程-」. 한국한문교육학회. 『한문교육연구』 33, 2009.

한형조, 「율곡사상의 유학적 해석」. 김형효 외. 『율곡 사상과 그 현대적 의미』. 성남: 한국정신문화연구원, 1995.

한국학중앙연구원, 『향토문화전자대전』.

한국고전번역원, 『한국고전종합DB』.

황금중,「栗谷의 工夫論과『聖學輯要』」. 한국교육사학회.『한국교육사학』24- 1,
     2002.

_____,「退溪와 栗谷의 工夫論 比較 硏究 -『聖學十圖』와『聖學輯要』를 중심
     으로-」. 한국교육사학회.『한국교육사학』25-1, 2003.

황의동,「栗谷의 爲政論」.『栗谷學』제5집. 사단법인 율곡사상연구원, 1992.

_____,「율곡의 '理通氣局.에 관한 연구」. 새한철학회.『철학논총』56, 2009.

_____,「율곡철학의 현대적 의미 -理氣之妙를 중심으로-」. 율곡학회.『율곡
     사상연구』10, 2005.

_____,「퇴계와 율곡의 철학정신」. 대한철학회.『철학연구』107, 2008.

_____,『栗谷哲學硏究』. 서울: 경문사, 1987.

황준연,「牛溪-栗谷 四端七情·理氣논변 역주」. 우계문화재단.『우계학보』24,
     2005.

_____,『율곡철학의 이해』. 서울: 서광사, 1995.

Zhang Dainian. *Key Concepts in Chinese Philosophy*. New Haven and London: Yale
     University Press, 2002.

Kagan, Jerome. & Snidman, Nancy. *Galen's prophecy : temperament in human nature*
     New York : Basic Books, 1994.

찾아보기

경인한국학연구총서

*대한민국학술원 우수학술 도서   **문화체육관광부 우수학술 도서